Elogios a
Jesus em Mim

"Quinze anos atrás, estive em uma arena com milhares de outras mulheres ouvindo Anne Graham Lotz falar sobre a magnitude e o poder do Espírito Santo. Cada palavra acendia uma pequena fagulha em minha alma. Desde aquela ocasião comecei a prestar atenção na relação de Anne com o Espírito de Deus. Ela anda com Ele, O escuta e confia em Sua sabedoria para cumprir os desígnios do Pai para ela. A verdade que ela me ensinou — e que agora divide com você neste livro — não veio apenas de um profundo estudo, mas da experiência de uma mulher que aprendeu os caminhos da graça durante uma vida de fidelidade."
— PRISCILLA SHIRER, teóloga e autora

"Este livro é um verdadeiro tesouro de sabedoria, do tipo que só pode ser obtido durante uma vida caminhando com Deus e sendo guiado por Seu Espírito Santo. Estou feliz que Anne Graham Lotz tenha trilhado esse caminho e agora o compartilhe conosco. Essa é a única maneira de viver plenamente a vida que foi dada a cada um de nós. Leia e rejubile-se!"
— ERIC METAXAS, autor best-seller do *New York Times* com os livros *Milagres Podem Mudar a Sua Vida* e *Bonhoeffer: Pastor, mártir, profeta, espião*

"Uma das coisas que sempre admirei em Anne Graham Lotz é sua vontade de seguir Deus e conhecê-Lo profundamente. Em seus momentos de sofrimento, Anne aprendeu profundas lições e vivenciou no Espírito Santo um companheiro constante, confortador e amigo. O resultado dessa experiência é seu novo livro, *Jesus em Mim*. Eu o recomendo muito."
— GREG LAURIE, pastor da Harvest Christian Fellowship

"Praticamente todos nós faríamos qualquer coisa para ser guiados literalmente pelas mãos firmes e reconfortantes de nosso Salvador. Amaríamos escutar Sua voz nos dizer claramente que caminho seguir e quando parar. Ah! Se pudéssemos apenas sentir a proximidade e a docura de Sua presença! A boa notícia é que nós *podemos*! Em seu novo e
Graham Lotz explica como o Espírito que resid

prio Espírito de Jesus. Por isso o título *Jesus em Mim*. Minha amiga detalha não apenas como se apoiar no Espírito de Jesus, mas como reconhecer Sua voz, perceber Seu toque, sentir Sua presença e responder a Seu chamado. Eu recomendo este excelente livro para todos que desejam uma comunicação mais próxima com Cristo!"

— Joni Eareckson Tada, fundador do Joni and Friends International Disability Center

"Acabei de passar o dia lendo o maravilhoso livro de Anne, *Jesus em Mim*. É uma verdadeira emoção espiritual — pois não é essa a sensação que um filho de Deus sente ao descobrir que ele ou ela não só é habitado pelo Espírito de Deus, mas que pode ser divinamente guiado e fortalecido pelo Seu Espírito em todos os momentos da vida? A teologia está clara nestas páginas, e você encontrará história após história sobre as nuances dessa caminhada guiada pelo Espírito diante de cada desafio, mudança e reviravoltas da vida."

— Kay Arthur, autor, teólogo e cofundador do Ministério Internacional de Presbíteros

"Uma coisa é ler um livro *sobre* o Espírito Santo, outra é ler um livro de um autor que está *vivenciando* a presença constante e o poder do Espírito Santo. *Jesus em Mim* é um testemunho vivo que vai ensinar, encorajar e inspirar você a ser como Cristo. Independentemente de como está sua vida hoje, Deus usará essas palavras transformadoras para encontrá-lo em seu momento de maior necessidade. Ele *sempre* está com você, até mesmo nos confins da terra."

— Dr. Ronnie Floyd, pastor da Cross Church e presidente do Dia Nacional de Oração

"*Jesus em Mim* é um livro simples, porém poderoso, sobre quem verdadeiramente é o Espírito Santo e a importância Dele em nossas vidas. Em cada página você descobrirá como é ter Jesus vivo dentro de você! Este livro é uma leitura essencial para o povo de Cristo hoje."

— Darryl Strawberry, evangelista e ex-jogador profissional de beisebol

"Anne Graham Lotz se destaca como uma das mais proeminentes e abençoadas vozes do cristianismo em nossos dias. Em seu novo livro, *Jesus em Mim*, Anne nos fornece uma estrutura biblicamente embasada para uma vida guiada, assegurada e confortada pelo precioso Espírito Santo de Deus. Este livro não irá apenas inspirá-lo; ele o fortalecerá!"

— SAMUEL RODRIGUEZ, pastor da igreja New Season, presidente da Conferência Nacional de Liderança Cristã Hispânica, autor de *You Are Next* e produtor executivo do filme *Superação: O milagre da fé*

Livros de Anne Graham Lotz

Magnífica Obsessão: Abraçando uma vida cheia da plenitude de Deus
Feridos pelo Povo de Deus: Descobrindo como o amor de Deus cura o nosso coração
A Oração de Daniel: A oração que move os céus e transforma nações
The Vision of His Glory: Finding hope through the revelation of Jesus Christ
God's Story
Just Give Me Jesus
Pursuing More of Jesus
Heaven: My Father's house
Why?: Trusting God when you don't understand
The Daniel Key: 20 choices that make all the difference
The Joy of My Heart: Meditating daily on God's word
Fixing My Eyes on Jesus: Daily moments in his word
Into the Word: 52 Life-changing bible studies for individuals and groups
Daily Light

Livros Infantis

Heaven: God's promise for me

ANNE GRAHAM LOTZ

· Teóloga renomada e sucessora de Billy Graham ·

JESUS — EM — MIM

Na Pessoa do Espírito Santo

Rio de Janeiro, 2021

Jesus Em Mim

Copyright © 2021 da Starlin Alta Editora e Consultoria Eireli.
ISBN: 978-65-5520-299-1

Translated from original Jesus In Me. Copyright © 2019 by Anne Graham Lotz. ISBN 978-0-525-65104-8. This translation is published and sold by permission of Multnomah, an imprint of Random House, the owner of all rights to publish and sell the same. PORTUGUESE language edition published by Starlin Alta Editora e Consultoria Eireli, Copyright © 2021 by Starlin Alta Editora e Consultoria Eireli.

Todos os direitos estão reservados e protegidos por Lei. Nenhuma parte deste livro, sem autorização prévia por escrito da editora, poderá ser reproduzida ou transmitida. A violação dos Direitos Autorais é crime estabelecido na Lei nº 9.610/98 e com punição de acordo com o artigo 184 do Código Penal.

A editora não se responsabiliza pelo conteúdo da obra, formulada exclusivamente pelo(s) autor(es).

Marcas Registradas: Todos os termos mencionados e reconhecidos como Marca Registrada e/ou Comercial são de responsabilidade de seus proprietários. A editora informa não estar associada a nenhum produto e/ou fornecedor apresentado no livro.

Impresso no Brasil — 1ª Edição, 2021 — Edição revisada conforme o Acordo Ortográfico da Língua Portuguesa de 2009.

Erratas e arquivos de apoio: No site da editora relatamos, com a devida correção, qualquer erro encontrado em nossos livros, bem como disponibilizamos arquivos de apoio se aplicáveis à obra em questão.

Acesse o site **www.altabooks.com.br** e procure pelo título do livro desejado para ter acesso às erratas, aos arquivos de apoio e/ou a outros conteúdos aplicáveis à obra.

Suporte Técnico: A obra é comercializada na forma em que está, sem direito a suporte técnico ou orientação pessoal/exclusiva ao leitor.

A editora não se responsabiliza pela manutenção, atualização e idioma dos sites referidos pelos autores nesta obra.

Produção Editorial
Editora Alta Books

Gerência Comercial
Daniele Fonseca

Editor de Aquisição
José Rugeri
acquisition@altabooks.com.br

Diretor Editorial
Anderson Vieira

Coordenação Financeira
Solange Souza

Produtores Editoriais
Illysabelle Trajano
Thales Silva
Thiê Alves

Produtor da Obra
Maria de Lourdes Borges

Marketing Editorial
Livia Carvalho
Gabriela Carvalho
Thiago Brito
marketing@altabooks.com.br

Equipe Ass. Editorial
Brenda Rodrigues
Caroline David
Luana Rodrigues
Mariana Portugal
Raquel Porto

Equipe de Design
Larissa Lima
Marcelli Ferreira
Paulo Gomes

Equipe Comercial
Adriana Baricelli
Daiana Costa
Fillipe Amorim
Kaique Luiz
Victor Hugo Morais
Viviane Paiva

Atuaram na edição desta obra:

Tradução
Rafael Fontes

Copidesque
Carlos Bacci

Capa
Paulo Gomes

Revisão Gramatical
Thais Pol
Thamiris Leiroza

Diagramação
Joyce Matos

Ouvidoria: ouvidoria@altabooks.com.br

Editora afiliada à:

Dados Internacionais de Catalogação na Publicação (CIP) de acordo com ISBD

L885j	Lotz, Anne Graham
	Jesus em Mim: Na pessoa do Espírito Santo / Anne Graham Lotz ; traduzido por Rafael Fontes. - Rio de Janeiro : Alta Books, 2021. 288 p. : il. ; 16cm x 23cm.
	Tradução de: Jesus In Me Inclui bibliografia. ISBN: 978-65-5520-299-1
	1. Religião. 2. Espiritualidade. 3. Jesus. I. Fontes, Rafael. II. Título.
2021-3340	CDD 200 CDU 2

Elaborado por Vagner Rodolfo da Silva - CRB-8/9410

Rua Viúva Cláudio, 291 — Bairro Industrial do Jacaré
CEP: 20.970-031 — Rio de Janeiro (RJ)
Tels.: (21) 3278-8069 / 3278-8419
www.altabooks.com.br — altabooks@altabooks.com.br

Dedicado aos Solitários

A quem Deus... aprouve dar a
conhecer as riquezas da glória
deste mistério, isto é, *Cristo em vós, a*
esperança da glória.
— Colossenses 1:27

Sobre a Autora

Chamada de "a melhor oradora da família" por seu pai, Billy Graham, Anne Graham Lotz fala ao redor do mundo com a sabedoria e a autoridade de quem passou anos estudando a Palavra de Deus.

O *New York Times* considerou Anne uma das cinco maiores evangelistas de sua geração. Seu sermão *"Just Give Me Jesus"* foi realizado em mais de 30 cidades em 12 países, com centenas de milhares de participantes.

Anne é uma autora best-seller que possui 17 livros publicados. Ela é a presidente do AnGel Ministries em Raleigh, Carolina do Norte, e serviu como líder na Força Tarefa do *Dia Nacional de Oração* de 2016 a 2017.

Seja como delegada no Fórum Econômico Mundial, comentarista no *Washington Post* ou impressionante oradora ao redor do mundo, o objetivo de Anne é claro: levar o renascimento ao coração do povo de Deus. E sua mensagem é direta: convocar a população para um relacionamento pessoal com Deus por meio de Sua Palavra.

Sumário

Introdução: Vivenciando o Espírito Santo como um
Companheiro Constante. 1

Primeira Parte: Amando a Pessoa do Espírito Santo 5

    1. Nosso Auxiliador. 11
    2. Nosso Consolador 13
    3. Nosso Advogado 17
    4. Nosso Intercessor. 21
    5. Nosso Conselheiro 25
    6. Nosso Fortalecedor 31
    7. Nosso Assistente 39

Segunda Parte: Aproveitando a Presença do Espírito Santo 43

    8. Sua Presença na Eternidade. 49
    9. Sua Presença na História. 53
   10. Sua Presença na Humanidade. 63

Terceira Parte: Confiando no Poder do Espírito Santo 73

   11. Seu Poder Transformador. 79
   12. Seu Poder de Nos Transformar. 87
   13. Seu Poder de Transformar Outros. 97

Quarta Parte: Abraçando o Propósito do Espírito Santo 105

   14. Ele Nos Desperta 111
   15. Ele Nos Guia 119
   16. Ele Nos Acende. 125

17. Ele Nos Molda.. 129
18. Ele Nos Equipa... 135

Quinta Parte: Vivendo pelos Preceitos do Espírito Santo 141

19. Seus Preceitos São Verdadeiros............................... 145
20. Seus Preceitos São Confiáveis................................ 149

Sexta Parte: Refletindo a Pureza do Espírito Santo 157

21. Sua Pureza É Refletida em Jesus.............................. 161
22. Sua Pureza É Embelezada em Nós.............................. 165
23. Sua Pureza É Ampliada em Nós................................ 173

Sétima Parte: Confiando na Providência do Espírito Santo 181

24. Confie em Sua Promessa....................................... 185
25. Confie no Selo Dele.. 189
26. Confie na Compreensão Dele................................... 193
27. Confie em Suas Orações....................................... 199

Conclusão: O Foco Inabalável do Espírito Santo: Jesus.................. 209

Apêndice A. Aprenda a Escutar os Sussurros do
    Espírito Santo ao Ler Sua Bíblia.................................. 225
Apêndice B. Aprendendo a Ser Preenchido —
    e Permanecer — com o Espírito Santo............................... 231
Apêndice C. Uma Visão Particular sobre o Pecado....................... 241
Apêndice D. Dons do Espírito.. 243

Com Gratidão às Minhas Famílias....................................... 257
Notas... 261

Introdução

Vivenciando o Espírito Santo como um Companheiro Constante

Em todas as manhãs que estou em casa, se o tempo permite, caminho e corro por cerca de 4km. Essa tem sido minha rotina por quase trinta anos. Quanto mais eu envelhecia, mais grata ficava por ter as condições físicas necessárias para manter esse exercício. Fui consistente e dedicada, não apenas pelos benefícios físicos, mas pelo alívio do estresse proporcionado. As dificuldades do dia a dia pareciam ficar em suspenso durante aqueles trinta ou quarenta minutos que eu levava para completar o trajeto.

Ao longo dos anos, tive muitos parceiros de caminhada que mudaram para outro estilo de exercícios ou desistiram de vez. A amiga que caminha comigo atualmente é maravilhosa. Enquanto andamos, nós entramos em discussões acirradas, resolvemos problemas mundiais, dividimos percepções das Escrituras e, com frequência, terminamos rezando uma pela outra. A companhia dela me deixou ciente de uma faceta interessante de minha rotina. Quando andamos juntas, a jornada não parece tão longa e difícil, comparada a quando estou sozinha. Com ela a meu lado, pareço estar mais alegre, ter mais energia — e o tempo passa voando. De certo modo, sua presença faz a minha caminhada ser mais fácil.

Por outro lado, quando caminho sozinha, minha rotina parece mais difícil, mais longa. Os músculos parecem atrofiados e indispostos para encarar longas caminhadas. Meus joelhos doem quando tento entrar no ritmo para uma corrida. A respiração parece mais árdua e profunda. Minha mente muda para o modo neutro. Eu me vejo simplesmente tentando chegar à próxima esquina, à próxima árvore familiar, à terceira ponte que indica a entrada para o estacionamento e, finalmente, ao meu carro, no qual poderei me apoiar para fazer os últimos alongamentos.

Enquanto direção, ritmo e distância são os mesmos, não importa se estou sozinha ou acompanhada, um bom companheiro faz uma diferença significativa em termos de prazer e bem-estar.

Isso me faz pensar na caminhada da vida. Viver dia após dia, semana após semana, ano após ano demanda esforço, energia, comprometimento, foco e planejamento.

Para ser totalmente honesta, sou experiente o bastante para saber que o caminho da vida nos leva por dores e feridas emocionais, físicas, relacionais e espirituais. Algumas são irritantes. Algumas são perturbadoras. Algumas são muito mais sérias e podem inclusive ameaçar nossa vida. Em alguns momentos, me encontrei simplesmente querendo suportar o dia. O mês. O ano. "Se eu conseguisse aguentar apenas até a Semana Santa." "Se eu pudesse aguentar só até passar nossas férias na praia." "Se eu conseguisse aguentar até o Natal." Havia momentos em que eu cumpria um compromisso só para riscá-lo da lista e passar para o próximo, depois para o próximo e assim por diante. A caminhada em si tornou-se um fardo. Um jugo pesado.

O que eu precisava era de um parceiro de caminhada. Para a vida. Alguém que estivesse comigo ao longo de cada passo dessa jornada, um dia após o outro. Alguém em quem pudesse me apoiar. Alguém com quem poderia falar sobre as questões que povoam minha mente. Alguém que poderia responder minhas perguntas, me ajudar nas decisões. Escutar minhas queixas, medos, preocupações e sonhos. Alguém em quem pudesse confiar, acreditar e me regozijar. Alguém cuja presença traria alegria. E paz. E esperança. Alguém que me conheceria. Alguém que me entenderia. Alguém que me amaria!

Onde eu encontraria um parceiro tão incrível? Surpreendentemente, como uma filha de Deus, eu não precisava procurar por um. Precisava apenas olhar para dentro. Pois Deus me deu o parceiro definitivo para a caminhada da vida: Seu Espírito. E não apenas para a vida, mas para a eternidade![1]

Neste livro, não farei um tratado profundo e detalhado sobre o Espírito Santo, nem explorarei todos os modos que Ele é compreendido ou mal compreendido, abusado ou utilizado, tratado com sensacionalismo ou normalizado, negligenciado ou priorizado. Procurarei dividir com você o que experienciei pessoalmente ao lado desse incrível Companheiro divino. Ainda que

Introdução

eu não possa dizer que começo a entender tudo sobre Ele, estou aprendendo a confiar Nele mais e mais. Afinal, quanto maior meu conhecimento sobre o Espírito Santo, mais compreendo que ainda há muito a aprender! Uma coisa sei com certeza: Ele não é uma parte opcional de minha vida Cristã. Ele é uma necessidade divina.

A necessidade indispensável do Espírito Santo nunca foi tão clara em minha vida quanto durante o período no qual escrevia este livro. Quando comecei o desafio de colocar as palavras no papel, meu pai de 99 anos, que eu amava, foi para o Céu. Eu já era viúva, e sua partida me fez uma órfã. Seis meses depois recebi o diagnóstico de câncer de mama, fui operada e iniciei o brutal tratamento de quimioterapia. Entre os altos e baixos, lágrimas e alegrias, luto e conforto, eu experienciei a companhia constante do Espírito Santo.

Aprendi, dia a dia, que o Espírito Santo é tudo o que Jesus é, porém sem Seu corpo físico. Ele é Jesus sem a carne. Como Jesus é a representação exata do Pai Todo-Poderoso, o Espírito é a representação exata da mente, vontade e emoções de Jesus. Ele é o Jesus invisível. O Espírito Santo é o... *Jesus em Mim!*

Primeira Parte

Amando a Pessoa do Espírito Santo

Pois, mesmo sem tê-lo visto, vós o amais.
— 1 Pedro 1:8

V ocê alguma vez já formou uma opinião ou ideia sobre alguém com base no que lhe contaram? E, quando se encontraram pessoalmente, você percebeu que essa pessoa era muito diferente do que o fizeram acreditar?

Recentemente, fui convidada para participar de um *talk show* apresentado por um casal com presença frequente no noticiário e que havia sido alvo de certa publicidade negativa. Sem querer, internalizei parte da atitude negativa do público. Eu quase recusei o convite, mas, quando alguns conselheiros de confiança insistiram para fazê-lo, aceitei. O que descobri foi quase o oposto do que fui levada a acreditar.

O casal era humilde, acolhedor, charmoso, inteligente, confiável e solidário. Era fácil conversar com eles — nossos espíritos estavam em sintonia. Até hoje me espanto pelo contraste entre a percepção pública formada, bem como das minhas opiniões preconcebidas, e a realidade de suas personalidades amáveis e depoimentos autênticos.

Assim como nossa percepção do outro pode ser drasticamente diferente da realidade, o mesmo pode ser dito sobre nossa percepção do Espírito Santo. Poderia sua percepção ser diferente da verdade ou até mesmo totalmente oposta?

Já escutei chamarem o Espírito Santo de uma "coisa", um sentimento, uma pomba, uma chama, um fantasma, uma emoção, ou até mesmo uma experiência de êxtase. Frequentemente, Ele é referenciado como a terceira pessoa da Santíssima Trindade, como se Ele fosse o último ou uma informação complementar se comparado ao Pai e ao Filho. Todas essas concepções são imprecisas.

Embora o Espírito Santo possa ser simbolizado por uma pomba ou uma chama, ainda que Sua presença possa vir acompanhada de uma emoção, sentimento ou experiência de êxtase, Ele, em Sua essência, é separado dessas coisas. O Espírito Santo não é uma coisa, mas sim uma pessoa. Sua personalidade é enfatizada em João 16, quando durante 11 vezes em 8 versículos, Ele é referenciado pelos pronomes masculinos *Ele, Aquele e Dele*.[1]

Então, para iniciarmos nossa exploração sobre quem o Espírito Santo é, precisamos deixar claro que não estamos falando de uma "coisa". Estamos falando de um "Ele". Ele é uma pessoa viva que possui mente, vontade e emoções. Ele é referenciado como a terceira pessoa da Santíssima Trindade não por ser o último, e sim por ser a terceira pessoa a ser revelada nas Escrituras.

No Antigo Testamento, embora o Espírito Santo e Deus o Filho — a Palavra viva que se tornou Jesus em carne — estejam presentes, é Deus o Pai que é primeiramente revelado. Nos Evangelhos, enquanto o Pai e o Espírito Santo estão certamente presentes, é Deus o Filho que é primeiramente revelado. Começando por Atos e as epístolas, embora Deus o Pai e Deus o Filho também estejam presentes, é Deus o Espírito Santo que é revelado. De fato, o livro de Atos não diz respeito às atitudes dos discípulos ou da igreja primitiva. Ele é um livro que trata das ações do Espírito Santo em meio aos discípulos e à igreja primitiva.

Se o Espírito Santo é uma pessoa com intelecto, vontade e emoções, como Ele realmente se parece? Qual é a Sua personalidade? Quais são Suas responsabilidades? Você está intrigado com essa figura misteriosa? Eu sei que estive e ainda estou. Uma maneira de conhecê-lo é por meio de Seus nomes.

Na Bíblia, os nomes revelam as características das pessoas. Por exemplo, no Antigo Testamento, o neto de Abraão recebeu o nome de Jacó, que significa "enganador" ou "usurpador". Jacó cresceu para se tornar um homem que enganou seu pai, Isaque. Ao fazê-lo, Jacó tomou o lugar de seu irmão, Esaú, como primogênito herdeiro das bênçãos de seu pai. Ele teve um nome apropriado.

Vinte anos após essa fraude, quando Jacó retornou para reclamar sua herança, ele foi impedido de fazê-lo pelo anjo do Senhor, que era uma manifestação visível e tangível do Senhor. Após uma noite inteira de confronto, Deus deslocou o quadril de Jacó para forçá-lo a desistir. Em vez de cair e implorar por piedade, Jacó colocou seus braços no pescoço de Deus e disse que não O deixaria ir até abençoá-lo. Bem ali, nas margens do rio que servia de fronteira com a Terra Prometida... o rio em que eles estiveram lutando, Deus levou Jacó a confessar seu nome... quem ele era... o enganador e usurpador. Então, Deus mudou o nome de Jacó para Israel, que significa "o príncipe que lutou com Deus". Como um homem ferido, Jacó dedicou toda sua vida a Deus, e ele de fato se tornou um príncipe poderoso, um pai de doze filhos que se tornaram os pais fundadores da nação que carrega o nome dele — Israel.[2]

Talvez o exemplo mais familiar de como um nome revela as características de alguém é o nome dado ao Filho de Deus. Ele foi chamado de Jesus, que significa "Salvador", "Libertador", "Redentor", "Resgatador" — Aquele que nos salvará das penas e do poder do pecado.³ Seu nome descreve precisamente quem Ele era... e quem Ele é.

E quanto ao Espírito Santo? Em João 16:7, Jesus Lhe deu um nome que pode ser interpretado como o "Auxiliador", mas que pode ter diferentes significados. O versículo na *The Amplified Bible version** indica que a palavra "Auxiliador" também pode ter diferentes conotações: *"I tell you the truth, it is to your advantage that I go away; for if I do not go away, the Helper (Comforter, Advocate, Intercessor—Counselor, Strengthener, Standby) will not come to you; but if I go, I will send Him (the Holy Spirit) to you [to be in close fellowship with you]."*** Nos próximos sete capítulos, consideraremos as implicações práticas e pessoais de cada aspecto existente no nome atribuído ao Espírito Santo na versão de João 16:7 da *The Amplified Bible*.

Uma das minhas mais profundas e enriquecedoras alegrias tem sido descobrir diariamente como o Espírito Santo se apresenta em cada passo de minha jornada. Cada nome que Ele recebeu — Auxiliador, Consolador, Advogado, Intercessor, Conselheiro, Fortalecedor, Assistente — revela um novo aspecto de Suas lindas características e evoca em mim um profundo amor por Aquele que é meu companheiro constante... o Jesus em mim. Eu oro para que, com este livro, você também vivencie as alegrias da presença do Espírito Santo como um companheiro constante e que essa descoberta faça você amá-lo e confiar Nele cada vez mais.

---

* Não há versão traduzida oficialmente dessa Bíblia no Brasil. (N. T.)
** "Todavia, Eu vos asseguro que é para o vosso bem que Eu parta. Se Eu não for, o Auxiliador (Consolador, Advogado, Intercessor, Conselheiro, Fortalecedor, Assistente) não poderá vir para vós; mas se Eu for, Eu O (Espírito Santo) enviarei [para estar em comunhão com vós]." [Em tradução livre.]

I

Nosso Auxiliador

Conforme a saúde do meu marido Danny piorava devido ao diabetes tipo 1, parei de viajar e abracei a alegria de ser sua cuidadora por cerca de 3 anos. Em uma tarde de agosto, ele estava sentado próximo à piscina, brincando com nosso cão, aproveitando o sol de verão. Eu estava em casa trabalhando um pouco. De repente, percebi que já se passara quase 1 hora desde a última vez que havíamos nos falado. Fui até a janela, olhei para a piscina e vi que ele não estava lá. Aliviada, voltei minha atenção para dentro de casa, procurando por ele e chamando seu nome. Não houve resposta. Apenas silêncio. Senti um aperto no peito quando fui novamente até a janela e vi nosso cão parado no mesmo lugar. Quando o chamei, ele se negou a vir. Nesse momento, corri até a piscina e encontrei o que eu mais temia.

Não há palavras suficientes para descrever meu choro enquanto gritava por ajuda, pulava para dentro da piscina, puxava o corpo do meu marido e aninhava sua cabeça em meu colo. Mesmo quando eu chamava seu nome de novo e de novo, implorando a Deus por ajuda, sabia que já estava olhando para um homem que estava ao lado do Senhor. A expressão em seu rosto era de paz, força e confiança.

Foi necessária toda a ajuda do Auxiliador para me fazer suportar o que aconteceu na sequência: ficar na linha após ligar para a emergência, a chegada da ambulância, os médicos correndo até o jardim e tirando o Danny do meu colo, helicópteros do jornal circulando, policiais cercando a piscina e protegendo a propriedade, carros cheios de curiosos em nossa rua — e a cena que ficou inegavelmente gravada em minha mente: quando Danny foi posto em uma maca e saiu de nossa casa pela última vez.

Em Sua grande compaixão, o Auxiliador enviou ajudas visíveis: um capelão que chegou com a polícia e respeitosamente ficou a meu lado enquanto os socorristas cuidavam de Danny, meu genro que me abraçava quando Danny foi levado, meus filhos que ficaram comigo na pequena sala de espera do hospital, nosso médico que insistiu que colocássemos Danny na máquina de suporte de vida... só por precaução.

Enquanto eu caminhava no vale das sombras que culminou oficialmente no falecimento de Danny na manhã de 19 de agosto de 2015, experimentei momento a momento a presença silenciosa, gentil e amorosa do Auxiliador. Dois dias antes de nosso aniversário de 49 anos de casamento, em vez de aproveitar um jantar de comemoração, eu estava enterrando meu amado marido.

Se eu passasse o restante do livro descrevendo toda a ajuda e apoio que o Auxiliador me deu nesse período, ainda assim não haveria páginas o suficiente. Ele derramou Suas bênçãos quando me encontrei na posição de confortar amigos e família, ao falar para mais de cem homens no grupo de estudos bíblicos que Danny liderava, organizar e supervisionar os arranjos funerários. A incrível evidência de Sua ajuda sobrenatural foi revelada na alegria, paz, força e clareza mental que me fortaleceram para não apenas suportar, mas triunfar na adversidade! Nunca deixarei de agradecer a Deus por Aquele que "é o meu Auxiliador".[1]

Quando olhei minha correspondência recentemente, me deparei com uma mensagem da esposa de um homem que serviu com Danny na Associação de Atletas Cristãos. O marido dela havia falecido há pouco tempo. Ela contou que tinha sido sua cuidadora por mais de 5 anos. Então testemunhou: "Eu nunca conseguiria ter suportado 'meu bendito fardo' se não fosse o apoio do Espírito Santo." E eu sabia exatamente o que ela queria dizer.

Qual é o seu testemunho? Você pode ser um viúvo ou uma viúva aprendendo a viver em uma nova realidade, ou um cuidador passando sua vida zelando por um cônjuge doente, idoso ou criança deficiente, ou um pai tentando criar seus filhos para serem seguidores de Jesus em um mundo conturbado, ou um comerciante atuando de acordo com os princípios bíblicos de integridade, ou um político andando na corda bamba entre a verdade e o politicamente correto, ou um professor ensinando valores junto com o currículo educacional, ou uma vítima de câncer tentando navegar no labirinto de opções cirúrgicas e tratamentos, de qualquer forma o Auxiliador estará disponível para assistir, cuidar ou lhe fornecer alívio. Eu sei. Apenas chame por Ele.

2

Nosso Consolador

Eu não conseguiria suportar os dias seguintes à descoberta chocante do corpo de meu marido na piscina se não fosse a ajuda do Auxiliador. Não apenas experimentei Sua assistência prática, momento a momento durante a crise, mas senti de modo muito profundo Seu conforto e consolação.

Eu fui consolada pelo Espírito Santo em Seu papel de Consolador em períodos de pesar profundo — a perda de dois bebês por aborto espontâneo, o diagnóstico de câncer de meu filho, o término de dois de seus casamentos, a morte de minha amada mãe seguida pela morte de meu pai até a descoberta de meu próprio câncer. Mas nada — *nada* — se equipara ao conforto que Ele me deu desde que Danny se mudou para perto do Senhor.

Não apenas o Consolador agiu internamente para acalmar meu coração, mas também enviou pessoas para me confortar com suas amáveis presenças e preces no momento que Danny foi levado para o hospital. Nas noites em que Danny estava internado, nosso filho, Jonathan, esteve com ele, enquanto nossa filha mais nova, Rachel-Ruth, veio passar a noite comigo.

Eu sabia que Rachel-Ruth não poderia ficar muito tempo a meu lado pois ela tinha três crianças pequenas para cuidar. Sem que eu tivesse expressado esse pensamento em momento nenhum, minha outra filha, Morrow, e seu marido, Traynor, sugeriram se mudar para ficar comigo. Com um sorriso travesso, olhei para meu genro e respondi: "Talvez, mas você terá que pedir a mim, sua sogra, se você pode morar comigo." Com um brilho no olhar e a voz embargada, Traynor pediu, dizendo que sempre foi um sonho dele morar com a sogra.

Então, naquele mesmo dia, Traynor e Morrow se mudaram para viver comigo! Eles colocaram todas as suas coisas em um depósito e, por mais de um ano, viveram nos nossos pequenos quartos do segundo andar. Faltam palavras para descrever o conforto que eles me trouxeram ao se inserir sutilmente em minha rotina, misturando-a aos poucos com a deles. Nos quinze meses que eles viveram em minha casa, nunca trocamos farpas, discordamos ou estivemos sob tensão. Tivemos apenas bênçãos. Por quinze meses eu não passei nenhuma noite sozinha em casa, o que ajudou a arrefecer minha repentina solidão de um modo que eles talvez jamais saberão.

Todas as noites minha filha faria o jantar e nos chamaria à mesa para uma refeição deliciosa. Após o jantar, nossos agradecimentos sempre focavam as bênçãos de Deus. Noite após noite. Semana após semana. Mês após mês. Algumas noites, Morrow e Traynor percebiam que eu estava cabisbaixa, se levantavam, ficavam em minha frente colocando suas mãos em mim e, enquanto Traynor traçava as letras hebraicas para "YHWH" em minha testa, eles oravam pedindo que Deus concedesse sua bênção divina: "Yahweh, o Eterno, te abençoe e te guarde; faça o Senhor resplandecer o Seu rosto sobre ti e te agracie. Que o Eterno revele a ti a sua face de amor e te conceda a paz."[1] E eu era confortada.

Eu sabia que minha filha e meu genro também estavam de luto, mas eu era constantemente lembrada que o Espírito Santo nos consola por meio do amor e carinho dos que nos cercam. Eles se permitiram ser o canal escolhido para transmitir o conforto do Espírito Santo, como Deus nos prometeu: "[consolar] em todas as nossas tribulações, para que também sejamos capazes de consolar os que passam por qualquer tribulação, por intermédio da consolação com que nós mesmos somos consolados por Deus."[2]

O Espírito Santo tem me consolado em todos os aspectos, todos os dias — e não apenas em relação a Danny. Algumas vezes Ele tem utilizado uma passagem das Escrituras para abordar alguma dor não dita. Algumas vezes Ele tem utilizado comentários, mensagens ou e-mails de alguma pessoa aleatória. Algumas vezes Ele tem utilizado algum pensamento ou percepção de algum livro ou sermão que eu esteja escutando.

Certo dia, depois que falei em uma determinada igreja, uma mulher se aproximou de modo tímido e me entregou um papel. Quando voltei ao hotel, li seu recado. Ela havia feito um desenho. Segundo ela, o desenho explicaria da melhor forma possível como Deus tinha lhe falado por meio de minha mensagem. Ela não tinha como saber, mas expressou a mesma dificuldade que eu estava enfrentando, e eu soube que o Espírito Santo estava me consolando por meio daqueles traços, que até hoje ainda carrego em minha Bíblia.

A presença do Consolador foi poderosa quando meu pai faleceu em fevereiro de 2018. Recebi a notícia por telefone enquanto estava com uma querida amiga. Ela imediatamente me abraçou e orou enquanto nós duas chorávamos. Daquele momento em diante fui consolada pela minha família, que me rodeava, e recebi dos amigos tantas mensagens de voz ou texto que precisei silenciar o celular.

Nunca vou esquecer o percurso enquanto escoltávamos papai nos cerca de 190km de Asheville, próximo à casa de nossa família, onde ele vivia, até Charlotte, Carolina do Norte, sua cidade natal, local do sepultamento. O trajeto foi noticiado previamente, e o povo da Carolina do Norte compareceu às ruas para prestar condolências. Por todo o trajeto, os carros que não estavam no acostamento abriam caminho e paravam — em ambos os lados da interestadual. Havia dezenas de milhares de pessoas carregando cartazes, segurando bíblias ou cruzes com uma mão e pondo a outra no coração, ou acenando solenemente. Vi uma mãe segurando um bebê recém-nascido, um pai empurrando a cadeira de rodas de sua filha para o mais perto que ela pudesse chegar da estrada, um rabino assoprando um shofar, janelas com a bandeira americana sendo hasteada enquanto passávamos... todos compartilhando o luto sentido pela minha família. Naquele momento, parecia que todo o mundo havia parado para lamentar e chorar conosco. E eu fui consolada.

Será que você não percebeu o conforto do Consolador porque ele veio de modo indireto, por intermédio de algo ou alguém? Como Maria Madalena na tumba vazia, suas lágrimas o estão cegando para a presença de Jesus bem a seu lado?[3] Bem ali, *dentro* de você? Minha oração é para que Ele se valha dessas palavras para consolá-lo enquanto você experimenta o companheirismo constante do Espírito Santo. Peça que Ele lhe abra os olhos para enxergar a proximidade Daquele que é, de fato, Jesus em você.

3

Nosso Advogado

Alguma vez você já necessitou de um advogado? Alguém que pudesse interceder em sua causa e ajudá-lo diante de seu chefe? Ou parente? Ou sogra? Ou de alguma autoridade? Um dos nomes adotados para o trabalho realizado pelo Espírito Santo é Advogado.

Meu marido e eu necessitamos do Advogado para interceder em nosso nome durante um momento de humilhação pública quando fomos, em essência, afastados de uma igreja da qual fizemos parte por 15 anos. Meu marido foi diretor do conselho de diáconos, líder da congregação de ministros e professor da maior escola dominical da igreja. As coisas começaram a mudar quando o antigo pastor se aposentou e Danny foi colocado no comitê responsável pela escolha do novo pastor. Danny adotou uma posição firme, defendendo a inerrância bíblica das Escrituras, enquanto todos os outros membros, exceto um, rejeitaram esse posicionamento. Em uma manhã de domingo, ele foi publicamente afastado do comitê enquanto sons de aplausos ecoavam pelo santuário.

Semanas após meu marido ter sido retirado do comitê, os diáconos votaram para que meu grupo de estudos bíblicos composto de mais de quinhentas mulheres fosse removido dos ritos da igreja. O temor deles era que, durante o período de mudança, a presença de meu grupo de estudos influenciasse a congregação de um modo que eles consideravam inaceitável. Nos dias que se seguiram, diversos jornais locais estampavam histórias sobre a filha de Billy Graham que tinha sido expulsa de uma Igreja Batista. Enquanto me abstive de criticar publicamente a igreja ou alguém envolvido, eu orava para que o Advogado se manifestasse e nos defendesse. E Ele o fez! Um ano depois, o mesmo jornal que carregara os detalhes humilhantes de nosso afastamento estampava uma página dupla que efetivamente exonerava a mim e a meu grupo de qualquer conduta antiética.[1]

Se você já viajou com um corpo missionário, fez parte da liderança de uma igreja ou se envolveu em um ministério fora de seu lar, já deve ter vivenciado o estremecimento ou ruptura de alguns relacionamentos. Nós não esperamos que esse tipo de situação ocorra dentro da comunidade Cristã. Infelizmente isso acontece com certa frequência. Em vez de se tornar ressentido, raivoso ou amargo, esse é o momento para se voltar ao Advogado e pedir Sua orientação.

O Advogado sabe o que está fazendo. E Ele já fez muitas coisas magníficas. Nós O vemos atuando ao longo do Antigo Testamento. Ele concedeu a José a simpatia de Potifar até que ele administrasse tudo o que Potifar possuía; depois José ganhou a simpatia do carcereiro-chefe, que o colocou como responsável de toda a prisão; em seguida, ele recebeu a simpatia do Faraó em pessoa, que o colocou como Segundo em Comando no Egito, onde José salvou o mundo — incluindo sua própria família — durante uma escassez severa.[2] Nós vemos o Advogado agindo quando Neemias, copeiro do Rei Persa, recebeu a bênção de retornar e reconstruir as muralhas de Jerusalém anos após ter sido preso e exilado no cativeiro babilônico.[3] E novamente quando a Rainha Ester recebeu os favores do rei, colocando-se em risco para proteger seu povo da aniquilação.[4]

Nós também O vemos em ação no Novo Testamento. Quando a igreja primitiva enviou seus dois primeiros missionários, eles escolheram Paulo e Barnabé, que levaram consigo um jovem companheiro, João Marcos. Mas, no começo da jornada, João Marcos os deixou e retornou para sua casa em Jerusalém.[5] Quando Paulo e Barnabé retornaram, um tempo depois, deram um relato emocionante do impacto do evangelho no mundo dos gentios até sua chegada à igreja de Antioquia e o retorno ao conselho em Jerusalém. Após um tempo pregando e ensinando em Antioquia, Paulo sentiu ser necessário sair em outra viagem missionária. Barnabé concordou em ir, mas queria levar João Marcos com eles. Paulo discordou prontamente, pois o jovem os havia deixado em sua primeira viagem, falhando em cumprir o que lhe fora atribuído. "Por esse motivo, tiveram um desentendimento tão exacerbado que decidiram se separar."[6] Paulo e Barnabé tomaram caminhos diferentes, com Paulo levando Silas e Barnabé levando João Marcos. Ainda que a bênção dos esforços missionários tenha sido dobrada graças à separação das duplas, a intervenção do Advogado foi necessária para reconciliar esses irmãos cristãos e parceiros de ministério, bem como para prevenir que se desenvolvesse uma divisão na igreja primitiva.

Embora a Bíblia não nos dê detalhes específicos, sabemos que, no fim da vida de Paulo, um de seus últimos desejos antes de ser executado foi pedir a Timóteo: "Toma a Marcos e traze-o contigo, pois ele me é de grande auxílio para o ministério."[7] Obviamente, o Advogado agiu na causa de João Marcos para que ele e Paulo se tornassem ministros e companheiros de confiança.

De que modo você precisa que Alguém o defenda? Jesus prometeu: "E Eu rogarei ao Pai, e Ele vos dará outro Advogado, a fim de que esteja sempre convosco."[8] Independentemente de sua situação envolver um mal-entendido com um vizinho, um desentendimento em sua igreja, uma tensão em seu lar, uma calúnia em seu colégio ou uma fofoca em seu escritório, o Espírito Santo está disponível para defendê-lo e zelar por sua causa. Sempre. Chame por Ele. Ele nunca perdeu uma causa.

4

Nosso Intercessor

Não obstante o Espírito Santo, em Seu papel como Advogado, atue em seu benefício para defendê-lo, na condição de Intercessor Ele atua ativamente entre você e os outros para apaziguar as diferenças. Um intercessor é um mediador, e o Espírito Santo está pronto para ser um intermediário quando os relacionamentos estão abalados ou em dificuldade.

Todo pai necessita de um intercessor! Eu certamente precisei — mais vezes do que sou capaz de contar.

Todos os nossos três filhos amaram frequentar a Universidade de Baylor em Waco, Texas. A educação era incrível; o foco, voltado aos valores cristãos; e a vida social, cheia de entusiasmo e diversão. Danny e eu só tínhamos uma única preocupação: a escola estava há 24 horas de distância de nossa casa na Carolina do Norte. Eu me consolava dizendo que eram apenas 6 horas de distância se fôssemos de avião, mas quem é que pode arcar com viagens de avião frequentes? Então, só podíamos ver nossos filhos no máximo duas vezes por ano enquanto eles estivessem estudando — apenas no Natal e nas férias de meio de ano.

No segundo ano que nossa filha mais nova, Rachel-Ruth, estava em Baylor, ela ligou para falar sobre as matérias que cursaria no próximo semestre. Juro pela minha vida, eu não consigo me lembrar agora quais eram, mas lembro claramente que tivemos uma discussão séria. A conversa terminou com Rachel-Ruth desligando na minha cara. Quando liguei de volta, ela não atendeu. Repetidamente. Foi aqui que o Intercessor se manifestou.

Por coincidência divina, minha agenda incluía uma palestra em Dallas no mês que aquela discussão com a Rachel-Ruth aconteceu. Quando aceitei esse convite, eu não teria como imaginar que necessitaria de um encontro cara a cara com ela. Mas, é claro, o Espírito Santo estava ciente, então Ele fez os arranjos necessários. Após finalizar meus compromissos em Dallas, entrei em um carro, dirigi até Waco e apareci na porta de Rachel-Ruth. Ela jogou seus braços em volta do meu pescoço e disse que sentia muito pelo distanciamento que tinha ocorrido entre nós. Depois disso, choramos e conversamos até que a situação fosse resolvida. Eu sabia que o Intercessor agira em nossos corações — amolecendo o meu para que escutasse com mais simpatia os argumentos dela sobre o caminho de seus estudos e convencendo o dela a ser mais respeitoso em seu tom enquanto explicava seus desejos. No final, o Intercessor ajudou a reparar e reconciliar o que tinha se tornado um relacionamento abalado.

Um aspecto maravilhoso do Espírito Santo é que, se Ele reside em você e dentro da pessoa com quem teve um relacionamento abalado ou danificado, você pode orar e estimulá-lo dentro de vocês. Peça para que Ele atue em seu coração e no coração da outra pessoa para que possam se reaproximar.

Eu conversei recentemente com uma amiga, Patti, sobre como ela e o marido, John, praticaram esse princípio com a filha deles, Mandi, e o marido dela, Scott.[1] No começo do relacionamento com Scott, Mandi começou a se afastar das funções e dos encontros familiares, principalmente e de modo evidente em relação a Patti e John. Os fortes laços familiares que eles possuíam aparentavam ter se rompido do dia para noite, sem aviso ou explicação. Mandi passou a ser absorvida pelo relacionamento com Scott junto de novos amigos que aparentavam encorajar o distanciamento, deixando Patti e John se sentindo confusos e alienados em relação à sua filha.

A situação piorou quando Mandi e Scott noivaram. Eles correram para se casar, desdenhando da tradicional bênção dos familiares. Após o casamento, eles tinham o mínimo de contato possível com a família.

Patti e John passaram diversas noites em agonia pela "perda" de sua linda filha. Eles sabiam que estavam em uma batalha espiritual e estavam cientes de que o Inimigo havia mirado em sua família, querendo destruir o relacionamento abençoado que eles tinham.

Patti e John deixaram que seus corações partidos os colocassem de joelhos e oraram incessantemente para que o Intercessor agisse em seu favor. Ele assim o fez. Uma doença que acarretou a perda de um amado membro da família fez com que Mandi e seus pais tivessem um contato frequente.

Na sequência, o Espírito Santo começou a instigar em todos eles um desejo de se reconectar.

Muitos anos depois, o nascimento do primeiro filho de Mandi e Scott deu a todos uma vontade imensa de vivenciar o que Deus quer que as famílias sejam. Pouco depois, o Intercessor mexeu com o coração de Scott e o inspirou a ter uma conversa cara a cara com John. Eles falaram abertamente sobre o doloroso começo da relação deles, atitude que permitiu que uma relação mais verdadeira florescesse. Patti e John agora encontram muito prazer em seus papéis como avós, assim como ser uma parte constante na vida da filha.

Eles sempre necessitarão da ajuda do Intercessor, mas a cura começou, a unidade familiar foi restaurada e o coração de todos continua a fluir de elogios e gratidão para Aquele que fez com que tudo isso fosse possível.

Mesmo compartilhando essas histórias sobre o toque curador do Intercessor, confesso que tive relacionamentos abalados ao longo dos anos que não foram resolvidos ou reconciliados, apesar das orações sinceras. Ainda assim, confio que a falta de solução não se deva à falta de atuação do Intercessor. Imagino ser mais provável que alguns dos envolvidos, e me incluo nisso, tenham endurecido seus corações para Suas ações. Esse é um motivo para orar com o Rei Davi: "Sonda-me, ó Deus, e analisa o meu coração. Examina-me e avalia as minhas inquietações! Vê se há em mim algum sentimento funesto, e guia-me pelo Caminho da vida eterna!"[2] Estou ciente de que algumas feridas demoram mais para cicatrizar e que certas coisas quebradas demoram para se remendar.[3] Então, continuo a orar por meu coração, e pelo coração dos outros, para que eles estejam disponíveis para a ação do Intercessor.

Se você tem algum relacionamento abalado ou arranhado, machucado ou fragmentado, danificado ou rompido, ore. Peça para que o Intercessor alcance e suavize seu coração enquanto Ele ativamente opera. Ele irá. Eu sei.

5

Nosso Conselheiro

Quando era mais nova, li a história de Salomão no Antigo Testamento, filho e herdeiro do trono do Rei Davi. Com a morte de Davi, Salomão, além da dor pela perda do pai, sentiu o peso da responsabilidade que agora carregava. O jovem rei tentou encontrar Deus ao oferecer um extravagante sacrifício. Deus respondeu ao desespero de Salomão e o questionou sobre o que ele desejava.

Salomão não queria fama, fortuna, ou até o apoio da população. Em vez disso, ele pediu: "Dá-me sabedoria e conhecimento, para que eu consiga governar esta nação com justiça, pois quem é capaz de liderar este teu grande povo?"[1] Em resposta, Deus concedeu Sua bênção a Salomão e garantiu abundância de sabedoria e conhecimento que jamais seriam superados por nenhum rei antes ou depois dele.[2]

Fiquei verdadeiramente impressionada com o pedido de Salomão. Se ele foi capaz de pedir sabedoria a Deus, por que eu não poderia fazer o mesmo? Então comecei a orar pela sabedoria de Deus. Continuamente. Consistentemente. E acredito que Deus atendeu minha oração na proporção em que fui capaz de abrir meu coração, mente e vida para Aquele que é o Conselheiro. Olhando para trás, consigo ver com clareza que o Conselheiro não me deu apenas conselhos, mas prodigalizou sabedoria de novo e de novo durante pequenas e grandes decisões, já que Ele assumiu a responsabilidade de zelar por toda minha vida.

Nunca estive tão agradecida pelas orientações do Conselheiro desde quando fui informada por minha médica que eu provavelmente teria câncer de mama. Eu tinha marcado uma consulta por uma questão médica quando ela identificou uma massa que parecia suspeita. Inicialmente, tentei amenizar as preocupações dela falando que não havia histórico de câncer de mama na minha família, exceto por uma prima quase 40 anos atrás. Mas concordei em fazer uma mamografia e um ultrassom. Eu não consigo explicar como, mas o Auxiliador me disse de antemão qual seria o resultado do diagnóstico.

Estava bem claro. Os dois testes mostravam que eu tinha câncer de mama. Quando a radiologista me mostrou os resultados na tela, embora estivesse chocada, eu não estava sequer traumatizada. Ela se virou para mim, olhou diretamente em meus olhos e disse: "Sra. Lotz, você está bem?" E eu respondi: "Sim. Estou. Deus está no controle da minha vida." E eu tinha certeza de que Ele estava. E está. E estará. Quando a médica saiu, a técnica pegou em minhas mãos e orou pedindo a cura sobre mim, me levando em seguida até meu carro. Eu sabia que o Confortador estava usando aquela jovem moça para assegurar Seus amorosos cuidados.

O diagnóstico me colocou em uma dependência profunda do Conselheiro, agora eu estava inserida em um mundo novo de opções e decisões que moldariam minha vida durante o tratamento do câncer. A primeira decisão que precisei tomar foi como e quando contaria a meus filhos, seus cônjuges e meus netos.

Fui direto para casa depois do radiologista e, em vez de ligar para amigos ou família, me voltei para o Conselheiro. Eu sabia que meus familiares me visitariam dentro de três dias, no domingo, o mesmo que fizemos três anos antes quando nos reunimos ao redor de meu marido e desligamos os aparelhos de suporte à vida dele. Antecipando que teríamos um dia cheio de emoções, eu não conseguia suportar a ideia de aumentar o peso em seus corações contando o que tinha descoberto. Enquanto eu orava, o Conselheiro não sussurrou apenas, Ele parecia falar claramente por meio de Deuteronômio 29:29: "Os conhecimentos ocultos pertencem a Yahweh nosso Deus: o saber revelado, entretanto, pertence a nós e a nossos filhos." Eu sabia que precisava contar para meus filhos, seus cônjuges e meus netos sobre o câncer.

Naquele domingo, após o almoço, peguei minha Bíblia. Em vez de guiá-los para um momento de contemplação devocional, como era nosso costume, lhes contei sobre como Deus estava agindo em minha vida. Como mãe, eu nunca estive tão grata por ver a fé inabalável deles diante da situação. É claro que houve lágrimas, mas todos estavam confiantes de que Deus havia nos dado uma bênção disfarçada. Como águias que cortam o céu em uma tempestade, nós abriríamos nossas asas de fé e prevaleceríamos!

Com Morrow tomando a dianteira, eles me cercaram e colocaram suas mãos sobre mim. Meu filho, Jonathan, colocou suas grandes mãos ao redor de meus tornozelos enquanto se ajoelhava. Rachel-Ruth fez uma oração pela vitória contra o Inimigo. Um por um, do mais novo ao mais velho, minha família orou a Deus para que sua vontade fosse feita e que Sua glória fosse revelada enquanto trilhávamos esse "vale da sombra da morte".[3] Eu tinha uma sensação profunda de que o Pai estava sorrindo, com lágrimas em Seus olhos, enquanto era tocado pelas orações deles.

Na sexta-feira seguinte, a médica que tinha descoberto o nódulo me encaminhou para uma cirurgiã. Eu verifiquei com meu médico particular, e ele confirmou que a cirurgiã indicada era excelente. Registrei-me na clínica, preenchi a papelada, conversamos e, na sequência, ela realizou uma biópsia. Algo me inquietou, mas coloquei minhas preocupações de lado, sabendo que o resultado que sairia em poucos dias mudaria muitas coisas. No domingo à noite eu não conseguia dormir. Parecia ter perdido a paz profunda obtida desde o diagnóstico. Estava sem sono e agitada. Por volta das quatro da manhã, perguntei a Deus o porquê de meu espírito estar tão descontente. O Conselheiro me deu a impressão de que a cirurgiã que eu tinha encontrado não era a certa para mim. Essa percepção me afundou em um choro desesperado enquanto pedia ajuda ao Conselheiro. Aonde eu deveria ir? Como encontraria o cirurgião escolhido por Deus em um momento tão crítico de necessidade?

Quando a manhã veio, minha leitura devocional incluía Isaías 30:21: "Teus ouvidos escutarão uma palavra atrás de ti: 'Este é o caminho, segui-o já!'" Eu sabia que o Conselheiro sussurraria Suas direções para mim, o que Ele fez quase que imediatamente. Minha filha Rachel-Ruth ligou cedo para verificar como eu estava. Tanto ela quanto Morrow tinham me acompanhado na consulta com o cirurgião. Eu dividi com ela o que senti que o Espírito havia me dito, mas que eu não sabia o que fazer. Ela me lembrou de que, naquele mesmo dia, eu teria um almoço com minha cunhada, Vicki Lotz, e Sylvia Hatchell, a técnica do time feminino de basquete da Universidade da Carolina do Norte. Sylvia passou quatro anos lutando contra um caso de leucemia avançada. Quando Vicki marcou esse almoço no fim de maio, o único dia que nós três tínhamos disponível em nossas agendas era este dia, 27 de agosto. Eu sabia que aquele almoço com Sylvia e Vicki seria um compromisso divino. E ele foi!

Eu fui para o almoço sem saber como contar para elas sem adicionar uma camada de melancolia no que deveria ser um almoço divertido entre amigas. O que eu diria? Próximo ao fim do almoço, acabamos falando sobre a saúde de Sylvia. Ela estava e está indo notoriamente bem. Perguntei se ela estava satisfeita com o tratamento e ela respondeu: "Sim, é claro. Foi o melhor possível." Eu sabia que Deus havia aberto a porta para que eu revelasse meu diagnóstico, e então o fiz. Os olhos da minha cunhada se encheram de lágrimas, mas Sylvia, a espontânea treinadora nota dez que é, pegou seu telefone e levantou da mesa, e a próxima coisa que fiquei sabendo era que tinha uma consulta marcada no *Centro de Tratamento de Câncer UNC Lineberger*, local de seu tratamento de leucemia. Vicki então nos guiou em uma prece. Eu saí daquele almoço repleta de paz novamente, confiante de que o Conselheiro havia me ajudado com Sua sabedoria e direção.

Na semana posterior àquele almoço, voltei para a primeira cirurgiã para buscar os resultados. Ela foi gentil e esclarecedora. Eu a informei de que buscaria uma segunda opinião na UNC, o que fiz. Como Morrow, Rachel-Ruth e eu comparamos os dois centros de câncer e os cirurgiões, sabíamos que o Conselheiro estava nos guiando para a UNC.

A sabedoria do Conselheiro nessas decisões iniciais me encorajou bastante, e fiquei cada vez mais confiante de que Ele me guiaria em todos os passos nessa jornada contra o câncer.

Eu tinha alcançado o ponto, não apenas na jornada contra o câncer, mas na minha jornada de fé, em que todas as decisões, especialmente aquelas que envolvem os outros, precisavam ser confirmadas pelas Escrituras. Eu precisava ter certeza de escutar a voz do Espírito Santo. Embora eu jamais possa afirmar ter escutado a voz do Espírito, já que tomo Suas ações pela Sua palavra e ajo pela fé, as decisões são confirmadas pelo desenrolar dos acontecimentos e a confirmação em meu próprio espírito.

Alguma vez já tomei decisões erradas? Com certeza! As erradas parecem se avolumar tanto em minhas memórias que, se eu não for cuidadosa, posso entrar em uma espiral mortal de autoflagelação. Principalmente porque sei como é tomar uma decisão sem confiar no Conselheiro.

Será que Deus pode perdoar as confusões criadas por nossas decisões errôneas? Sim, Ele pode! Com toda certeza! Mas nós ainda precisamos suportar a dor e o sofrimento que às vezes essas escolhas acarretam. Eu suportei muitas noites sem dormir, soluçando em meu travesseiro, pelas escolhas erradas que feriram as pessoas que amo.

A pior escolha que já fiz aconteceu quando cheguei em casa depois de passar o dia no escritório e vi meu marido alegremente sentado próximo à piscina, brincando com o cachorro. Minha filha tinha acabado de entrar e me dizer que o pai dela queria ficar ao ar livre. Eu decidi que o deixaria lá fora um pouco mais para que pudesse adiantar algumas coisas do trabalho. Ainda que ele fosse capaz de ir e vir usando o andador, o esforço era complicado para ele, e eu sabia que ele precisaria de meu apoio e ajuda. Mas, em vez de seguir essa indicação sutil do Conselheiro para avisar a Danny que eu estava disponível e poderia ajudá-lo a entrar, escolhi deixá-lo lá fora. Essa decisão me assombrará pelo resto da vida. Porque nunca mais ele entrou novamente.

Mas até essa decisão errônea gerou frutos, pois aprendi a dolorosa lição de me perdoar. Se Deus disse *Anne, Eu te perdoo*, e Ele o fez, então quem sou eu para dizer "Obrigado, Deus, mas não consigo me perdoar"? Seriam meus princípios superiores aos Dele? Então, eu simplesmente precisei abaixar minha cabeça e permitir que a Sua graça me cobrisse, me absolvendo da culpa. E creio ter escutado o gentil sussurro do Espírito: *Anne, o tempo de Danny estava em Minhas mãos. Os dias dele eram determinados. Eu coloquei limites na vida dele que não poderiam exceder. O 19 de agosto de 2015 era a hora dele.*[4]

O que mais aprendi com as escolhas certas e erradas? As decisões sábias e ignorantes? Aprendi, e ainda estou aprendendo, a confiar firmemente no Conselheiro. O escritor dos Provérbios nos encoraja: "Confia no Senhor com todo teu coração e não te apoies em teu próprio entendimento."[5] Devo confiar Nele quando eu, de forma intencional, específica e pessoal, peço por Seus conselhos, invocando Sua promessa: "Se algum de vós tem falta de sabedoria, roga a Deus, que a todos concede liberalmente, com grande alegria."[6]

O melhor assessor, o melhor gerente de negócios, o melhor guia espiritual é o Conselheiro. Ele está sempre disponível, 24 horas por semana. Sem cobranças. Mas nós temos que procurá-lo. Se quisermos vidas que realmente funcionem, você e eu não podemos simplesmente seguir nossos caminhos; ou seguir nossa própria lógica; ou de algum modo concluir que sabemos mais; ou decidir que, se seguirmos o caminho do Espírito Santo, de algum modo conseguiremos menos do que se vivêssemos de nosso próprio jeito; ou pensar que, se conseguirmos o que queremos, seremos mais felizes; ou se pensamos não necessitar dele para tomar uma pequena decisão, ou _____ (você pode preencher os espaços).

No que o Conselheiro pode ajudá-lo neste momento? Poderia ser que, como eu, você precise que Ele o absolva da culpa de uma ou mais decisões ruins? Você precisa se perdoar? Ou oferecer o perdão a outra pessoa por uma decisão errada que foi tomada?

Você também está enfrentando o câncer e as escolhas de médicos, cirurgiões, tratamentos ou acompanhamento? Ou precisa de sabedoria não para cuidar da saúde, mas para decisões de negócios pendentes? Casamentos. Carreira. Educação. Precisa de direção? Discrição? Discernimento? Libertação? Fale com seu Conselheiro. Abra seu coração. Seja sincero. Transparente. *Confie Naquele que é o Jesus em você.*

6

Nosso Fortalecedor

Quando eu era apenas uma garotinha na Carolina do Norte, quase todos os domingos à tarde minha família saía para caminhar na montanha. Eu achava interessante que algumas árvores ou eram fortes e altas ou estavam caídas no chão. Quando comentei isso com minha mãe, ela me explicou que, devido ao relevo, certas árvores não tinham proteção natural contra o vento forte, e o barulho era tão alto que às vezes parecia até um trem passando. Ela disse que, com nada para diminuir a força do vento, as árvores ou cresciam fortes o bastante para aguentar a pressão ou eram derrubadas.

A vida às vezes se parece com as árvores nas montanhas. Quando os ventos sopram, trazendo tempos de pressão, perseguição, sofrimento, doença, problemas, tribulações, ataques ou agonia, ou ficamos em posição fetal, esperneando em autopiedade, ou nos firmamos no Espírito Santo, que, de modo único, nos fortalece por dentro quando nos apoiamos Nele. Como Paulo testemunhou, o Fortalecedor é mais poderoso quando estamos mais em baixa, porque é nesse momento que dependemos mais de Suas forças.[1]

É comum nos sentirmos fracos quando encaramos os ventos da oposição, perseguição ou alguma outra situação que nos sobrecarrega. Esses ventos são a oportunidade necessária para nos fortalecermos diante da pressão.

Essa força que cresce sob pressão é apresentada na história de José no Velho Testamento. Ele era um jovem bonito e, de certo modo, mimado — o favorito de seu pai, Jacó. Em um ataque de inveja, seus irmãos se cansaram de José e o venderam para uma caravana de Ismaelitas que passava.[2] Ele acabou sendo levado para a ala de escravos no Egito, onde foi comprado por Potifar, o capitão da guarda do Faraó.

Após servir Potifar fielmente, José foi assediado sexualmente pela esposa de Potifar. Quando ele rejeitou suas tentativas de assédio e fugiu de sua presença, ela o acusou de tentar estuprá-la. Ele foi jogado na prisão, na qual definhou, esquecido por todos, exceto Deus.[3]

A Bíblia nos dá indícios de um possível motivo para que Deus permitisse que José fosse escravizado e aprisionado por 30 anos sem ter tido culpa nenhuma. José foi um filho leal e obediente de Jacó, apenas para ser vendido por seus irmãos. Ele foi um administrador fiel dos bens de Potifar, apenas para ser acusado falsamente pela esposa de Potifar. Ainda assim, Deus fez com que os ventos fossem tão poderosos, que José deve ter sido tentado a sucumbir, desistir e quebrar diante da pressão. Entretanto, a tradução literal dos Salmos 105:18 relata o seguinte: "Prenderam-lhe os pés em grilhões, e seu pescoço rendeu-se aos ferros."[4] Nós quase conseguimos visualizar o Fortalecedor atuando nas masmorras do Egito.

Quando José finalmente alcançou sua liberdade, ele era forte de caráter, focado em sua fé e totalmente alheio aos tesouros e tentações que o cercavam enquanto ele buscava viver pela glória de Deus e salvação dos outros.[5]

Em diversas oportunidades, Deus me disse que me fortaleceria nas ventanias da adversidade. Em Jeremias, Ele claramente me avisou que pessoas me atacariam mas que Ele me transformaria em uma coluna de ferro.[6] Por meio de Isaías, Ele me disse que pessoas teriam raiva e me antagonizariam, mas eu não deveria ter medo pois Ele me fortaleceria.[7] No livro do Apocalipse, Ele me encorajou a aguentar com paciência e humildade, e, caso assim o fizesse, Ele me faria "uma coluna no templo do meu Deus".[8]

Essas promessas me voltaram à mente durante uma experiência recente com ventos turbulentos. Eu fui honrada com o convite de um membro do Conselho Legislativo do Estado de Telangana na Índia, para falar no segundo encontro anual do Dia Nacional de Oração, realizado na capital de Hyderabad. Tendo visitado a Índia quatro vezes antes, eu sabia que essa seria uma tarefa difícil, mas senti que o Conselheiro me indicava que esse era um ato Dele.

Os ventos contrários começaram quase imediatamente. Como os anfitriões indianos anunciaram minha presença por meio de letreiros, igrejas e sites, os inimigos do evangelho se articularam para ameaçar, intimidar e até chegaram ao ponto de tentar me impedir de falar na Índia. O foco dos ataques estava concentrado no tipo de visto que eu havia solicitado, que para os extremistas hindus era falsificado. Entretanto, eu sabia que não era.

A recepção negativa gerada fez com que algumas pessoas ficassem preocupadas com minha segurança. Um amigo querido insistiu que eu falasse para os organizadores que as dificuldades eram excessivas, que a previsão era muito perigosa e que Deus estava fechando uma porta. A preocupação de meu amigo era válida, pois o governo da Índia se tornou hostil a qualquer religião que não seja o Hinduísmo. A perseguição à igreja cristã estava aumentando.

Para ser honesta, se Deus tivesse fechado a porta, de certo modo teria me sentido aliviada. Eu sabia que a viagem por si só era cansativa, a mudança no fuso horário e o esforço da tradução necessária para falar com múltiplas audiências seria um desafio enorme em qualquer circunstância, principalmente com o cansaço que eu sentia uma semana após as festividades de Natal. Mas rejeitei essa linha de pensamento, pois Deus não havia fechado a porta. O convite ainda estava de pé, eu dei a minha palavra de que participaria e estava comprometida. Eu conseguia literalmente sentir o Espírito Santo fortalecer minha determinação.

Faltando duas semanas para a viagem, o visto chegou. Mas os ventos contrários se levantaram novamente no dia do embarque, quando precisei ir ao médico por causa de uma situação inesperada. Voltei para fazer minhas malas por volta das 12 horas e pretendia sair de casa lá pelas 16h15. Isso me daria tempo suficiente para pegar o voo internacional para Londres às 18h30 junto com as pessoas que me acompanhariam.

Por volta de 15h30, recebi um e-mail de minha assistente informando que a Embaixada Indiana recomendava fortemente que eu não fosse para Hyderabad. Liguei para o número do oficial que estava em contato com minha assistente e falei com um homem que reafirmou que eu *não* deveria ir à Índia daquela vez. Ele não me deu um motivo válido, apenas que não seria seguro ir. Eu senti que estava sendo sutilmente ameaçada. Respondi que, caso não saísse dentro de uma hora, eu não chegaria a tempo de falar no Dia Nacional de Oração. Quando desliguei o telefone, liguei para um dos conhecidos de meu pai na Índia, acordando-o no meio da noite, e contei o que estava acontecendo. Ele imediatamente disse que aquilo era uma armação e que, enquanto meu visto não fosse revogado no papel, eu estava livre para viajar.

Procurei o número da Embaixada Indiana em Washington, D.C., e pedi para que minha filha ligasse para verificar se o homem com quem eu tinha falado tinha autoridade legítima. Quando ela ligou, descobriu que aquele homem fazia parte do corpo diplomático indiano e que a embaixada recomendava que eu não viajasse naquele dia. Novamente, nenhum motivo foi dado. Foi interessante perceber que, quanto mais resistência eu sofria, mais o Espírito fortalecia minha determinação de seguir em frente.

Já eram 16h30, mais tarde do que o horário que eu planejava sair. Meu notebook estava aberto quando recebi um e-mail da Embaixada Indiana dizendo que meu visto tinha sido revogado! Eu olhava para a tela sem acreditar. Lá estava — por escrito! Liguei de novo para o contato de meu pai na Índia, que imediatamente começou a chorar. Com ambos chorando, ele começou a orar, dizendo palavras de adoração e elogios Àquele que está no controle de tudo, mas sua oração carregava um pouco de desespero. Quando desliguei o telefone, olhei para aqueles que estavam comigo na sala e questionei em uma voz trêmida: "Como é possível que o Inimigo às vezes pareça mais forte que o Senhor?"

Naquele momento, eu estava ciente de que a resistência estava criando em mim uma força de vontade que eu não possuía anteriormente. Expressei o que estava sentindo — que eu sabia que Deus tinha me chamado para ir até a Índia naquele momento, naquele dia. O que eu não conseguia entender era como a porta poderia ser fechada.

Avisei aqueles que viajariam comigo que não iríamos mais. Nós decidimos partir para um plano B, que consistia em gravar um vídeo da mensagem e enviá-lo eletronicamente. Às 17h15 o telefone de minha filha tocou. Era a Embaixada Indiana dizendo que, afinal de contas, eu poderia viajar! Ela pediu para que repetissem, e a mulher deixou claro: "Diga a sua mãe que ela pode ir à Índia." Mas seria tarde demais? Eu quase concordei com o sibilo da serpente em meus ouvidos — *Não vá. Você não conseguirá pegar o avião. Além disso, é uma viagem muito difícil, principalmente para alguém de sua idade.* Rejeitei essa tentação com a força de vontade que eu sabia que não era minha. E firmemente decidi tentar pegar o voo e, se eu não conseguisse, saberia que fiz tudo o que era humanamente possível e estava a meu alcance.

Pegamos nossas malas, arrastando-as o mais rápido possível para fora, jogamos tudo na parte de trás do SUV que minha filha estava dirigindo, colocamos nossos cintos e... nada aconteceu. O carro estava morto. O motor nem sequer ligou! Eu disse a todos que, de algum modo, teríamos que nos empilhar em meu pequeno carro, e então saímos. Quando fomos até o bagageiro do SUV, a porta não abria. O sistema elétrico do carro teve uma pane geral. Então arrastamos nossas malas pelo banco traseiro e as jogamos em meu carro — sentamos nelas e as seguramos enquanto acelerávamos para o aeroporto.

Chegamos na área do check-in apenas 45 minutos antes da partida do voo para Londres. O atendente checou meu passaporte e o visto, marcou minhas malas, virou-se para minha acompanhante e pediu o seu visto. Enquanto ela procurava freneticamente, me voltei para minha assistente e perguntei se ela sabia onde estaria o visto. Ela respondeu que não sabia pois não estava envolvida a esse nível com os preparativos da minha acompanhante, mas, depois de uma pausa, disse que poderia ser um visto eletrônico. Nós olhamos atentamente para nossa documentação de viagem, e lá estava! Até o atendente soltou um suspiro de alívio.

Nós passamos pela segurança e chegamos um pouco antes das portas do avião serem fechadas.

Enquanto me acomodava no assento do avião com o coração quase saltando para fora, meus pensamentos divagando em todas as direções, eu sabia com convicção que estava exatamente onde Deus queria minha presença. Quanto mais o Inimigo tentou me impedir, mais o Fortalecedor atuou em mim. Minhas expectativas estavam grandes para ver o que Deus planejava, porque o Inimigo parecia estar com muito medo. Em meu íntimo eu sabia que estava em uma missão.

Chegamos em Hyderabad 24 horas depois. Recebi uma breve explicação sobre os costumes locais e o carimbo no passaporte que garantiu oficialmente minha presença no país! Eu fui recepcionada de forma calorosa por oficiais e pastores locais, e depois me dirigi ao hotel. No caminho, novamente me falaram o quão perigoso estava pregar o evangelho e que eu deveria ter o cuidado de não falar contra outras religiões. Respondi que não era minha intenção falar contra outras religiões, mas que não tinha viajado até a Índia para deixar o evangelho de lado.

Quando chegamos ao hotel, fomos graciosamente recebidas e levadas até nossos quartos. Tive tempo o bastante para tomar café com um dos responsáveis pela organização. Mais uma vez, fui respeitosamente avisada para não ofender as autoridades.

O Dia Nacional de Oração estava agendado para o dia posterior à minha chegada. Nesse dia, fui até o restaurante local para o almoço. A mulher indiana alocada para nos ajudar recebeu uma ligação, que atendeu longe da mesa.

Quando ela retornou, o olhar em seu rosto me dizia que algo tinha acontecido, então perguntei se tudo estava bem. Ela respondeu: "Na verdade, não. Eles pediram para que você não se manifestasse no Dia Nacional de Oração hoje à noite. Que apenas enviasse seus cumprimentos." Eu senti a presença do Fortalecedor quando olhei para ela e respondi: "Eu não vim até a Índia apenas para dar um oi. Eu vim para enviar uma mensagem, e assim o farei."

Enquanto dirigíamos para o encontro naquela noite, fui informada de que o ministro-chefe, que era hindu, estaria acompanhado de membros do Judiciário indiano. Eles tinham o poder necessário para me prender e deportar na hora. Em momento nenhum isso me perturbou. Como José no Antigo Testamento, eu estava fortificada como uma coluna de ferro.

Com o ministro-chefe e outros dignatários sentados atrás de mim, eu compartilhei a mensagem que Deus havia me enviado, clamando à população para orar pela Índia assim como Daniel orou pelo povo de Judá.[9] A audiência diante de mim veio de todos os cantos da nação e a estimativa policial era que cerca de meio milhão de pessoas estava presente. Eu fiz o meu melhor para explicar que qualquer pessoa poderia orar, mas que só quem possuía um relacionamento firme com Deus receberia uma resposta. Então expliquei como esse relacionamento com Deus poderia ser estabelecido... e preguei o evangelho.

Eu não fui deportada. De fato, falei três outras vezes enquanto estive em Hyderabad: uma vez para pastores e líderes, uma vez para 450 igrejas rurais que, juntas, me permitiram falar com cerca de 10 mil membros de suas congregações, e uma vez para cerca de 8 mil mulheres. Em cada ocasião, precisei superar avisos, repreensões ou outros tipos de pressão que poderiam comprometer as mensagens. Ainda assim, quando dei as boas-vindas nos dois últimos eventos, tantas mãos estavam erguidas e tantas pessoas ficaram de pé para indicar que aceitavam Jesus como seu Salvador que parecia até que todos aqueles milhares de pessoas estavam aceitando aquele compromisso. No fim, a Palavra de Deus seguiu adiante, o evangelho foi pregado e acredito que Ele foi glorificado, pois muitas pessoas responderam à verdade e foram salvas.

Antes de deixar Hyderabad, me encontrei com o membro do conselho que originalmente havia feito o convite. Ele expressou seu espanto diante de tantos obstáculos que foram necessários superar. Com um rosto que emanava a alegria dos céus, ele tocou na área próxima a seu coração e disse com dificuldades em meu idioma: "Meu telefone não parou de tocar. Pastores estão me ligando para dizer que a igreja foi revivida na Índia!"

Quando peguei o avião para sair de Hyderabad de manhã, olhei para fora da janela enquanto as luzes da cidade apareciam. Elas eram apenas pontos na escuridão. E o Auxiliador, Confortador, Advogado, Intercessor, Conselheiro e Fortalecedor parecia sussurrar em meu coração: *Anne, é isso o que nós fazemos. Nós abrimos buracos na escuridão.*

Eu estava repleta de agradecimentos ao Fortalecedor, que me possibilitou ter força para resistir e superar as intrigas do Inimigo. Apesar de meu corpo estar cansado por diversas noites mal dormidas e comidas desconhecidas, apesar de estar ansiosa para chegar em casa e me cercar de minha família, eu sabia que tinha deixado parte de meu coração com aquelas queridas lideranças, que possuíam a responsabilidade de continuar a acender a Luz. À medida que o avião subia cada vez mais alto, minhas orações também o faziam — orações para que o Espírito Santo espalhasse sua presença na grande nação da Índia, acendendo um verdadeiro renascimento no coração de Seu povo.

Refletir sobre minha própria experiência me faz pensar em você. Que ventos fortes de adversidade estão passando pela sua vida? Está o Inimigo sussurrando em seu ouvido, sugerindo que você foi esquecido por Deus? Deixado de lado ou não amado por Ele? Que de algum modo Ele não está satisfeito com você e que a ventania é o modo de Ele puni-lo? Ou é evidência de que você não faz parte dos planos de Deus e suas bênçãos?

Entretanto, será que a ventania não é o trabalho do Fortalecedor em sua vida? Pense nisso...

7

Nosso Assistente

Por mais difícil que tenha sido, a missão na Índia não foi uma crise. É comum que as adversidades e obstáculos se manifestem ao longo da jornada. Por outro lado, existem momentos em que somos confrontados por súbitos estados de necessidade e urgência.

Alguma vez você já vivenciou uma crise assim? Algo inesperado, indesejado e desastroso que repentinamente explodiu em sua vida? Aconteceu quando você foi realizar seu check-up anual e foi diagnosticado com uma terrível doença? Aconteceu quando seu cônjuge se afastou... deixou... apenas saiu de sua vida e de seu casamento sem nenhum aviso prévio? Aconteceu quando seu chefe avisou que seus serviços não eram mais necessários e, após trabalhar fielmente quase por sua vida toda, você se encontrou sem emprego e sem aposentadoria? Aconteceu quando a polícia ligou informando que seu filho tinha sido preso por vender drogas?[1]

Crises são crises porque elas são emergências inesperadas, indesejadas e desastrosas.

Um dos aspectos mais intrigantes da interpretação do nome do Espírito Santo proposto em João 16:7 é o Assistente. Isso nos revela que o Espírito Santo pode ser uma forma de apoio tanto em situações comuns quanto em momentos de emergência. Quando nos encontramos na iminência de uma crise, o Assistente está sempre presente para nos ajudar. Seu papel é confirmado e destacado em Salmos 46:1: "Deus é nosso refúgio e nossa fortaleza, auxílio sempre presente na adversidade."

Um exemplo dessas emergências está indelevelmente cravado em minha mente. Muitos anos atrás, fiz o trajeto da casa de meu pai, onde estive durante muitos dias, para a casa em que vivia com meu marido. Era um dia lindo, sem nuvens e sem nenhum tráfego na Interestadual 40. Com mais ou menos 1h30 das 4 horas necessárias para realizar o trajeto, dirigindo a aproximadamente 110km/h, avistei um carro solitário indo devagar na pista direita. Movi meu carro para a pista ao lado para poder manter a velocidade. Quando eu estava a cerca de 15 metros do carro, e sem nenhum aviso prévio, ele foi com tudo para a esquerda. Não tinha como evitar acertá-lo em cheio! Pisei fundo no freio, joguei com força o volante para a esquerda para evitar acertar a porta do motorista — e aí as coisas ficaram doidas.

Embora eu tenha evitado acertar a motorista, bati na frente do carro dela, não apenas uma vez, mas de novo e de novo. A força da colisão fez com que ambos os carros girassem, colidindo como se fossem carrinhos de bate-bate em um parque de diversões. Metal amassando, vidros quebrando, a força do impacto... tudo era surreal.

Com o carro quase capotando, fui capaz de retomar o controle e parar os movimentos giratórios, apenas para me encontrar atravessando a estrada em direção à saída no lado da pista. Os nós das minhas mãos ficaram brancos de tanto que eu agarrava o volante. Pisei no freio novamente, e dessa vez o carro respondeu a tempo. Consegui guiá-lo até o acostamento e parar. Eu simplesmente fiquei paralisada. O que aconteceu na sequência é um fenômeno que nunca esquecerei. Eu escutei aplausos! Saudações! Vozes que gritavam: *Anne! Nossa! Esse foi um exemplo incrível de direção! Muito bem!* Exceto que não havia ninguém no carro. Não tinha ninguém comigo. Eu estava lá, escutando, até que uma batida na janela me trouxe de volta à realidade. Um motorista que presenciou o acidente olhava pela janela querendo saber se eu estava bem. Mas eu não conseguia falar. Eu o escutei falando com outro motorista: "Acho que ela está em choque", o que me fez sorrir. Ele não fazia a menor ideia! O verdadeiro choque diminuiu quando as vozes começaram a desaparecer. E eu precisava lidar com as consequências.

Eu tinha orado pedindo proteção antes de sair da casa de meu pai, um hábito que tenho antes de fazer viagens longas. Fico grata por ter orado antes, pois o acidente foi tão inesperado que não houve tempo suficiente para orar naquele momento. Tudo o que pude fazer foi gritar internamente. *Socorro!* A coisa mais maravilhosa sobre o Espírito Santo é que Ele sempre está disponível para nos ajudar.

Nosso Assistente

E o Assistente se manifesta de todas as formas. Estava frio lá fora, mesmo assim dois motoristas que estavam de passagem ficaram comigo até que o patrulheiro chegasse para tomar os depoimentos. A mulher que estava dirigindo o outro carro explicou que acabou dormindo no volante — 3km de distância da casa dela! Apesar de o carro dela ter sido danificado, ela saiu ilesa para contar a história!

Olhando para trás, estou confiante de que a oração que fiz antes de sair da casa de meu pai foi atendida. Eu não tenho dúvida alguma de que as vozes que escutei após o acidente eram do grupo de anjos enviados pelo Assistente para zelar por mim. Essa experiência deixou uma verdadeira lição: o único modo de se prevenir em uma emergência é ter orado antes. Nos momentos de crise não há tempo suficiente para estabelecer uma relação com Deus, não há tempo para acertar com Ele, não há tempo para aprender a orar. Não há tempo o bastante. Ponto. As crises surgem sem aviso! Então é extremamente importante estabelecer um relacionamento com Deus por meio da fé em Jesus Cristo... agora. Para ter certeza de que essa relação estará livre de pecados que possam colocar uma distância entre Deus e nós... agora. Para estabelecer uma vida de orações... agora. *Agora*. Antes que a crise surja. E quando ela acontecer, você e eu podemos contar com o Espírito Santo para ser nosso Assistente. Ele pode até não evitar as emergências, mas Ele estará conosco e nos ajudará a superá-las.

Uma das histórias mais confortadoras que confirmam a presença de Jesus ao nosso lado pode ser encontrada nos evangelhos de Marcos.[2] Depois de alimentar 5 mil pessoas com 5 pães e 2 peixes, Jesus colocou Seus discípulos em um barco e os enviou para Betsaida. Durante o anoitecer, uma tempestade inesperada surgiu no Mar da Galileia. Marcos se recorda de que Jesus "notou que os discípulos remavam com dificuldade, pois o vento soprava contra eles. Em plena madrugada, Jesus vinha na direção deles, andando sobre o mar".[3]

Pense nisso. Os discípulos estavam exatamente no local que Jesus os colocara. Eles estavam em Suas bênçãos quando a tempestade surgiu. Mas Ele estava vigilante. Ele os viu, Ele foi até eles e os trouxe de volta da crise de um modo que todos tiveram sua fé fortalecida.

Que emergência surgiu em sua vida? Como você está lidando com ela? Você está emocionalmente à deriva enquanto é cercado pelas ondas do medo? Está em uma espiral de confusão espiritual, se questionando sobre o que fez de errado para merecer isso? Você está fisicamente esgotado e insone de tanto procurar uma saída? Então é hora de pedir ajuda a Aquele que está de vigília. Pare de duvidar da presença Dele. Peça que Ele lhe dê conforto por meio de Sua Palavra. Convide-o para ocupar-se com sua situação. Dê a Ele a liberdade e autoridade absolutas para tomar as rédeas. Confie Nele para superar esses momentos. Ele irá. E sua fé Nele sairá fortalecida como resultado.

Segunda Parte

Aproveitando a Presença do Espírito Santo

Tu me fizeste conhecer o caminho da vida,
a plena felicidade da tua presença e o eterno
prazer de estar na tua destra.
— Salmos 16:11

Quantas coisas estão a nosso redor que simplesmente não notamos?

Como o medidor na minha torradeira. Há pouco tempo fui procurar na internet por uma nova torradeira porque a que eu tinha há mais de 20 anos não assava mais os dois lados do pão. Enquanto lia as críticas na internet sobre a marca que eu estava interessada, me deparei com uma compradora feliz com o modelo que havia escolhido porque de um lado ela torrava o pão e do outro o deixava quente e macio. Resolvi olhar se era isso que fazia minha torradeira assar apenas um dos lados. Era exatamente isso. Minha torradeira tinha uma função que estava ligada. Quando desliguei e coloquei o pão, os dois lados assaram igualmente. Eu precisei rir, me sentia boba por nunca ter notado aquela função mesmo tendo a torradeira há tantos anos.

Embora torradeiras sejam um nada perto do Espírito Santo, será que muitos de nós também não deixamos de notar Sua presença? Talvez nunca tenhamos sido ensinados a notá-la.

Como eu já compartilhei, cresci nas montanhas da Carolina do Norte. Algumas de minhas memórias não são agradáveis, como de sentir a falta de meu pai durante suas longas e frequentes ausências, brigar com meus irmãos e chorar pelos animais de estimação que morreram. Mas a maioria das minhas memórias estão repletas de carinho, amor e diversão, incluindo caminhar com minha família até o cume atrás da casa, curtir almoços chineses com pauzinhos e tudo, participar de jogos bíblicos com meus avós e levar meu cachorro, Peter, até o novo McDonald's em Asheville para um hambúrguer — para ele — sem cebolas e picles.

Uma coisa que não consigo lembrar é sobre o Espírito Santo. Apesar de meus pais e avós amarem, obedecerem e servirem a Jesus em nossa família, não lembro de me ensinarem sobre o Espírito Santo. Isso me faz pensar que talvez você diga a mesma coisa.

O que você aprendeu ou lhe foi ensinado sobre o Espírito Santo? A única lembrança que tenho de qualquer menção ao Espírito Santo veio da igreja — e nós íamos à igreja todos os domingos. Ele era chamado de o Espírito Sagrado. Todos os domingos, sem exceção, após os dízimos serem levados, quatro anciões em atitude solene caminhavam em sincronia até o corredor central para comunicar as bênçãos coletadas na mesa da comunhão. Enquanto eles marchavam solenemente, a congregação entoava em ritmo um refrão:

Glória ao Pai e ao Filho e ao Espírito Sagrado.
Assim como foi no início, é agora, e sempre será,
Um mundo sem fim.
Amém. Amém.

No fim do culto, novamente sem exceções, o pastor daria sua bênção, indicando em minha pequena mente infantil que poderíamos ir para casa e aproveitar o almoço de domingo. Então eu não estava muito atenta ou curiosa sobre as palavras utilizadas. Estava levemente ciente de que ele sempre encerrava a oração falando em nome do Pai, em nome do Filho e em nome do Espírito Sagrado. Amém.

Somente alguns anos depois, quando eu ensinava na escola dominical, aprendi a verdade sobre quem é o Espírito Santo. Eu tinha 29 anos, era meu segundo ano ensinando sobre a Bíblia, e dando o meu melhor para transmitir as mensagens existentes no evangelho de João para as 500 mulheres que se sentavam diante de mim todas as quartas-feiras. Em retrospectiva, eu era como um cego guiando o outro. O único motivo de eu saber um pouco mais do que elas era o fato de ter passado a semana estudando antes do nosso próximo encontro.

Na semana anterior a 22 de fevereiro de 1978, eu estava dedicada como de costume, me preparando para ensinar João 14 em minha aula. E lá estava! Jesus disse a Seus discípulos: "E Eu rogarei ao Pai, e Ele vos dará outro Advogado, a fim de que esteja para sempre convosco — o Espírito da Verdade. Que o mundo não pode receber, porque não o vê, nem o conhece; vós o conheceis, porque Ele vive convosco e estará dentro de vós."[1]

Fui acometida por diversos pensamentos em rápida sequência...

... Que o Espírito era outro conselheiro.

... Que o Espírito era uma pessoa diferente de Jesus, mas era como Ele.

... Que o Espírito emanaria do Pai.

... Que o Espírito estava *com* os discípulos naquele momento, mas estaria *dentro* deles em outro.

Como o vídeo desacelerado de um botão de flor se abrindo, a revelação pareceu desabrochar gradualmente. O Espírito seria "outro" conselheiro. Então quem era o primeiro conselheiro, que faria o Espírito ser *outro*? Jesus! O Espírito seria exatamente como Jesus e ainda assim seria uma pessoa diferente. Ele viria de Deus. Assim como Jesus é a expressão de Deus em forma humana, o Espírito é a expressão espiritual de Deus. Jesus claramente identificou o Conselheiro como o Espírito Santo.[2] Os discípulos já O conheciam, pois Jesus estava preenchido com o Espírito. Eles estavam com Jesus; logo, eles já estavam com o Espírito. Mas Jesus anunciou que chegaria um dia em que eles não mais estariam com o Espírito, pois Este seria enviado para habitar dentro deles.

Que incrível, maravilhosa descoberta que até hoje me enche de arrepios! É mais do que justo dedicar nossa atenção a Ele para assim conhecer, amar e aproveitar a presença Daquele que é o Jesus em mim – e em você.

8

Sua Presença na Eternidade

Era a véspera do Natal de 1968. Três astronautas estavam a bordo da nave espacial *Apollo 8* enquanto ela orbitava a lua na primeira missão desse tipo. Com câmeras transmitindo a vista da janela da cápsula espacial, a experiência dos astronautas foi compartilhada com o mundo no que foi considerada a maior transmissão daquela época. A tripulação composta de Bill Anders, Jim Lovell e Frank Borman disse que tinha uma mensagem para todas as pessoas na terra. Com o cenário estéril e cinza da lua abaixo e o planeta Terra pendurado como se fosse uma bola de gude azul na escuridão do espaço, dezenas de milhões de pessoas assistiram e escutaram as vozes dos astronautas transmitidas por frequência de rádio vindas do espaço. Cada um deles se revezou lendo as passagens de Gênesis 1:1–10 presentes na versão King James da Bíblia...[1]

No princípio, Deus criou os céus e a terra.

A terra, entretanto, era sem forma e vazia. A escuridão cobria o mar que envolvia toda a terra, e o Espírito de Deus se movia sobre a face das águas.

Disse Deus: "Haja luz!", e houve luz.

Viu Deus que a luz era boa; e separou a luz das trevas.

Chamou Deus à luz "Dia", e às trevas chamou "Noite". Houve então, a tarde e a manhã: o primeiro dia.

Depois disse Deus: "Haja entre as águas um limite para separá-las em duas partes!"

Fez, portanto, Deus o firmamento e separou as águas estabelecidas abaixo desse limite, das que ficaram por cima. E assim aconteceu.

E Deus ao firmamento deu o nome de "Céu". A tarde passou, e raiou a manhã: esse foi o segundo dia.

Então disse Deus: "Que as águas que estão sob o céu se reúnam em um só lugar, a fim de que apareça a parte seca!" E assim aconteceu.

Deus outorgou o nome de "Terra" à parte seca, e a massa das águas que se haviam ajuntado Ele chamou de "Mares". E observou Deus que isso era bom.

Sempre aplaudirei esses três homens que levaram ao mundo inteiro um poderosíssimo e incomparável momento de adoração. Eu me pergunto, porém, quantas pessoas escutaram a descrição bíblica da Criação, mas não perceberam a presença do Espírito Santo no segundo versículo? "A terra, entretanto, era sem forma e vazia. A escuridão cobria o mar que envolvia toda a terra, e o Espírito de Deus se movia sobre a face das águas." A verdade escondida à vista é que o Espírito Santo já estava presente na Criação. De onde Ele veio? A resposta: Ele não veio. Ele sempre esteve e Ele sempre estará. O versículo claramente afirma que Ele é o Espírito de Deus e, desse modo, é eterno. Ele não tem começo e não terá fim.

Como uma pessoa eterna, o Espírito de Deus sempre esteve presente em todos os momentos e em todos os lugares. De fato, não há nenhum lugar no universo que Ele não esteja, não está ou não estará totalmente presente.[2]

Embora a Bíblia não use a palavra *Trindade* para se referir ao Pai, Filho e Espírito Santo, muitas passagens das Escrituras referenciam as três pessoas da Divindade. Enquanto os três primeiros versículos de Gênesis nos dão um sutil indício, os versículos 26 e 27 são surpreendentes ao mudar de pronomes no plural (quando Deus fala "Façamos o ser humano à nossa imagem, de acordo com nossa semelhança") para o singular ("Deus, portanto, criou os seres humanos à sua imagem, à imagem de Deus os criou"), indicando que Deus é único, mas ao mesmo tempo é mais do que um.

Todas as três pessoas da Divindade estão claramente designadas na Grande Comissão em nome Daquele que Jesus nos comandou batizar e fazer discípulos: "Portanto, ide e fazei com que todos os povos da terra se tornem discípulos, batizando-os em nome do Pai, e do Filho, e do Espírito Santo."[3]

Quando o apóstolo Pedro abriu sua primeira carta para as igrejas da Ásia Menor, escreveu que os crentes poderiam ter certeza de que todas as três pessoas da Trindade estavam envolvidas em sua salvação e crescimento espiritual. Ele revelou que eles foram "escolhidos em conformidade com a presciência de Deus Pai, pela obra santificadora do Espírito, para a obediência e a aspersão do sangue de Jesus Cristo".[4]

Uma outra imagem desse mistério pode ser vista no batismo de Jesus. Mateus testemunhou que as pessoas da Trindade (os nomes destacados) estavam presentes: "E sendo Jesus batizado, saiu logo da água, e eis que se abriram os céus, e viu o *Espírito* de *Deus* descendo como uma pomba[5] e vindo sobre Ele. Em seguida, uma voz dos céus disse: 'Este é meu *Filho* amado, em quem muito me agrado.'"[6]

Eu não entendo o mistério da Trindade ou posso explicá-lo.[7] É dito que, se nosso Deus fosse pequeno o bastante para nós o entendermos, Ele não seria grande o bastante para nos salvar. Então eu simplesmente coloco meu coração à disposição do amor do Pai, que, mesmo sabendo que eu pecaria, planejou minha redenção e depois enviou Seu Filho como sacrifício para perdoar meus pecados. Eu amo o Filho, que, quando foi enviado pelo Pai, ergueu-se do trono do Céu, tirou Sua túnica gloriosa, veio até a terra, passou por tudo até Sua crucificação e depois se ergueu dos mortos para abrir os portões do Paraíso para mim. E estou aprendendo a amar e aproveitar a companhia do querido Espírito Santo, que é a presença de Jesus dentro de mim, em todos os momentos do dia. Honrai a Deus, eu não preciso entendê-lo para experimentar e aproveitar Sua presença.

Eu lhe peço para reservar alguns instantes para adorar e aproveitar a presença divina. Se você tem acesso ao YouTube, pode escutar o áudio dos astronautas lendo Gênesis 1 na vastidão do espaço...[8] ou perceber um lindo nascer ou pôr do sol... ou a lua cheia em uma noite fria de outono... ou o cheiro de grama recém-cortada após uma chuva de verão... ou o som das ondas quebrando na praia... ou a sensação das mãos fofas de um recém-nascido... ou a visão de nuvens brancas ao longo de um céu azul-cobalto... ou _____ (preencha esse espaço).

Apenas tire um tempo para adorar Aquele que estava presente no começo, pairando sobre nosso planeta, energizando-o para transformá-lo em um lugar de beleza.

9

Sua Presença na História

O Espírito Santo, que está presente na eternidade, também é uma constante no tempo e espaço na história da humanidade.

Se podemos afirmar que temos alguma familiaridade com o Espírito Santo, isso está baseado em nosso conhecimento obtido no Novo Testamento. Mas é possível encontrar sinais de Sua presença ao longo do Antigo Testamento.

O Espírito Santo no Antigo Testamento

Um contraste interessante a notar sobre o modo como o Espírito Santo se relaciona com o povo de Deus no Antigo Testamento em comparação ao Novo Testamento é melhor observado no uso das preposições. Porque no Antigo Testamento Ele agiu *sobre* certas pessoas para empoderá-las e equipá-las para certas tarefas. Quando a tarefa era finalizada ou quando o Espírito Santo não poderia mais utilizar a pessoa, Ele saía de cena. Ele aparentava ir e vir sem ligações permanentes.[1]

Sua Presença Atuando sobre os Indivíduos

Os próximos exemplos no Antigo Testamento são amostras do motivo pelo qual Ele se manifestava em uma pessoa:

- Ele dotou os trabalhadores das habilidades necessárias para a construção da Tenda do Encontro.[2]

- Ele deu o conhecimento necessário aos anciões de Israel para que eles ajudassem Moisés a julgar o povo.[3]
- Ele concedeu a Gideão a bênção e a coragem aos olhos do povo de Deus necessários para derrotar o inimigo.[4]
- Ele concedeu força física a Sansão.[5]
- Ele concedeu ao Rei Davi planos detalhados para o templo que seu filho Salomão construiria.[6]
- Ele ungiu Isaías para pregar.[7]
- Ele ergueu Ezequiel da situação em que se encontrava e o colocou no local em que Deus desejava que ele estivesse.[8]

Um dos exemplos mais notáveis no Antigo Testamento da atuação do Espírito Santo *sobre* alguém é o de Saul, filho de Quis. Quando o profeta Samuel ungiu Saul como o escolhido por Deus para ser o primeiro Rei de Israel, "o Espírito de Deus se apossou dele",[9] permitindo que ele passasse de um cuidador de burros a líder de uma nação. A presença do Espírito de Deus sobre Saul se tornou evidente conforme ele se tornava um guerreiro valente, capaz de salvar Israel de um de seus maiores inimigos.

Um dia Deus falou com o Rei Saul por meio do profeta Samuel, ordenando que ele destruísse um inimigo em particular, os Amalequitas. Saul obedeceu apenas parcialmente. Em vez de destruir tudo como Deus ordenara, ficou com o espólio para ele e seus homens.[10] As consequências foram devastadoras. Deus rejeitou Saul como rei e removeu a bênção do Espírito Santo dele.[11]

Saul continuou como rei de Israel mas sem a presença do Espírito de Deus. Como resultado, ele perdeu sua sanidade; ficou indefeso diante do maior guerreiro do inimigo, o gigante Golias; foi humilhado por um jovem pastor que venceu Golias e, por consequência, todo o exército Filisteu com apenas um estilingue; sua popularidade passou para o jovem rapaz que derrotou Golias; e ele foi derrotado em uma batalha, na qual perdeu a vida.[12]

Sua Presença Atuando sobre Davi

Quando o Espírito foi removido de Saul, quase simultaneamente Ele se manifestou *sobre* o jovem pastor, Davi, quando Samuel o ungiu como o segundo rei de Israel.[13] Mas a presença do Espírito Santo não era garantia de uma vida livre de dificuldades. Estima-se que se passaram entre quinze e vinte anos do

Sua Presença na História

momento em que Davi foi ungido até o dia em que ele assumiu o trono. Anos e anos lutando, fugindo de Saul, participando de batalhas e desenvolvendo um grupo de homens poderosos que, com o tempo, se tornariam líderes de seu exército.[14] Ainda assim, em meio a tantas dificuldades e decepções, a Bíblia descreve Davi como um homem amado por Deus.[15] Todos os reis que o sucederam foram comparados ao patamar estabelecido por Davi.

As orações e canções escritas por Davi nos Salmos eram verdadeiramente inspiradas pelo Espírito de Deus e isso é evidenciado pelo fato de terem um lugar garantido na Palavra de Deus. Os salmos de Davi revelam o amor e a confiança absolutos que ele possuía no Senhor. Eles foram utilizados como modelos de oração para o povo de Deus por gerações. As palavras articuladas de Davi parecem expressar nosso desespero, angústia, medo, esperança, raiva, alegria e confiança.

Sem os Salmos estaríamos espiritualmente empobrecidos. Pense nas palavras que Davi usou quando estava no campo, cuidando das ovelhas do pai, observando um espetacular nascer ou pôr do sol: "Os céus revelam a glória de Deus, o firmamento proclama a obra de suas mãos." Ou guiando as ovelhas até o pasto, meditando em: "O Senhor é meu pastor; nada me faltará." Quando os Filisteus vieram contra ele, escreveu: "O Senhor é a minha luz e a minha salvação: a quem temerei?" Quando ele passou por um dos piores momentos de sua vida, revelou sua experiência pessoal: "Perto está o Senhor dos que têm o coração quebrantado, e salva os de espírito abatido." Fugindo de seus inimigos, escondido entre cavernas e pedras, ele orou: "Em ti busquei refúgio, ó Senhor; não permitas que eu jamais seja frustrado. Por tua justiça, abriga-me. Inclina para mim teu ouvido e apressa-te em resgatar-me. Sê minha Rocha inabalável, a fortaleza da minha salvação."[16]

A sensibilidade e maturidade espiritual de Davi eram memoráveis. Ele era um homem do povo, um líder entre os líderes, um rei cujo maior Filho um dia se sentaria em seu trono para sempre.[17] Tudo isso faz a queda de Davi ser ainda mais devastadora.

Muitos anos após Davi ser entronizado, quando reis costumavam sair para a guerra, Davi permaneceu em casa. Ele estava contemplativo, à vontade, de guarda baixa, vulnerável a tentações. A tentação veio na forma de uma linda mulher que se banhava enquanto o rei observava a cidade no terraço do palácio. Após questionar, foi informado de que ela era a esposa de um de seus servos leais, Urias, que naquele momento estava combatendo os inimigos de

Davi. Ele mandou buscá-la, teve relações sexuais com ela, a engravidou, manipulou as circunstâncias para que Urias fosse assassinado e a tomou como esposa.[18] Uma queda impressionante que serviu como um alerta ecoando pelos séculos. Se Davi foi capaz de afundar no pecado e na desgraça, isso pode acontecer com qualquer um. Especialmente quando estamos relaxados espiritualmente, à vontade, de guarda baixa e com tempo livre em nossas mãos. Esse é o momento em que precisamos ser mais vigilantes!

Por mais terrível que o colapso moral de Davi tenha sido, ele aparentava deixar isso de lado. A mulher lhe concedeu um filho, e por um tempo tudo na superfície parecia bem. Mas, por baixo da fachada, seu espírito estava em agonia quando ele perdeu a paz e adentrou em um estado de fraqueza física, emocional e espiritual. Ele mostra consciência disso ao confessar seus pecados no Salmo 32: "Enquanto mantive meus pecados inconfessos, meus ossos se definhavam e minha alma se agitava em angústia. Pois dia e noite tua mão pesava sobre mim e minhas forças se desvaneceram como a seiva em tempo de seca."[19] Embora aparentasse estar bem, dia e noite ele se sentia miserável e mal conseguia suportar o peso de sua culpa.

Deus apiedou-se de Davi e não o deixou afundar na culpa ou angústia. Ele enviou seu porta-voz, Natã, para confrontá-lo.[20] O pecado de Davi estava exposto. É importante notar que ele não negou o que fez, nem arrumou desculpas ou culpou os outros. Com um rosto que deveria arder de vergonha e um coração partido, ele amadureceu. Ele respondeu às acusações de Natã: "Pequei contra Yahweh."[21]

Se você também possui um nó no estômago feito por uma culpa que você não consegue aliviar, ecoe as palavras de Davi como se fossem sua própria oração: "Pois no íntimo reconheço minhas transgressões, e trago sempre presente o horror de meu pecado. Pequei contra ti, contra ti somente, e pratiquei o mal que tanto reprovas."[22] Deus é misericordioso com aqueles que o procuram verdadeiramente arrependidos. Não mude as palavras para que seu pecado pareça menor. Diga o que ele é. É fornicação, não sexo seguro. É adultério, não um caso do coração. É mentira, não um exagero. É assassinato, não um direito de escolha. É manchar a reputação de outra pessoa, não fofoca. É calúnia, não um pedido piedoso. Deus promete que, se você e eu, de forma honesta, sincera e humilde, confessarmos nossos pecados — dando-lhes o nome correto aos olhos de Deus —, Ele nos perdoará e purificará.[23]

Passados 3 mil anos após a confissão de Davi no Salmo 51, suas palavras ainda são utilizadas pelos penitentes em busca da misericórdia de Deus, porque "o verdadeiro e aceitável sacrifício ao Eterno é o coração contrito; um coração quebrantado e arrependido jamais será desprezado por Deus".[24] Glória a Deus! Deus recebe todos que vêm até ele com um coração humilde, arrependido.

Notem a súplica de cortar o coração de Davi no versículo 11: "Não me afastes da tua presença, nem tires de mim teu Santo Espírito!" Davi sabia que a bênção do Espírito Santo poderia ser dada e tomada. Ele presenciou o que aconteceu com Saul quando o Espírito de Deus foi removido dele. Ele sabia que não era digno da presença constante do Espírito Santo, então implorou a Deus para receber o que não merecia.

Deus, que é amável com os pecadores, respondeu a honesta súplica de Davi. Ainda que Ele tenha permitido que Davi sofresse as consequências de seus atos horríveis, o Espírito de Deus não foi removido, mantendo-se na vida dele.

Eu não consigo deixar de pensar se você, também, sucumbiu às tentações que levaram à queda de Davi. Você foi tentado a procurar prazer sexual fora do casamento, e assim o fez? Ou sucumbiu à tentação da multidão que o cerca e experienciou o sexo antes do casamento? É viciado em pornografia e cada vez precisa de mais imagens depravadas para satisfazer seu apetite, que ficou insaciável? Caiu na tentação de esbanjar, mimar, comer demais, beber demais, mentir, trair, roubar, subornar, trapacear, abusar... de _____ (preencha os espaços). Embora você tenha adotado a atitude mundana de que está tudo bem e todo mundo faz isso, o peso de sua culpa está sendo minimizado? Roubando sua felicidade? Você começou a se odiar e a teia de pecados e enganação que teceu agora o prende, e ainda assim você encobre com uma atitude desleixada?

Você, assim como Davi, teme perder sua salvação? Ostenta um sorriso falso no rosto para encobrir o vazio que sente por dentro? Está convencido de que seu pecado e culpa o desqualificam de ter o privilégio supremo de ter o Espírito de Deus em sua vida? De que você não é digno? No Antigo Testamento, isso provavelmente seria verdade. Mas tudo mudou de forma drástica com a morte, ressurreição e ascensão de Jesus aos Céus. Nossa relação com o Espírito Santo mudou há 2 mil anos, quando Ele entrou para a história de um modo radicalmente novo.

O Espírito Santo no Novo Testamento

Antes da morte de Jesus na cruz, depois da ceia na noite em que foi traído, Ele começou a preparar Seus discípulos para Sua partida. Em um quarto próximo ao templo em Jerusalém, no cair da noite, Ele espalhou a verdade entre Seu pequeno e seleto grupo de seguidores. Ele os ensinou sobre a importância da humildade na servidão ao lavar os pés deles, incluindo os de Judas, antes que Ele o dispensasse da mesa. Jesus então ensinou aos onze discípulos restantes sobre o Paraíso, o lugar que Ele chamava de a Casa de Seu Pai, que Ele prepararia para eles, contando abertamente como poderiam chegar lá. Falou-lhes das perseguições que sofreriam por estar associados a Ele, e sobre a vontade do Pai de compartilhar o fruto eterno se eles se apoiassem Nele como os ramos se apoiam na videira.[25]

As faces dos onze homens devem ter perdido a cor à medida que absorviam o que Jesus falava. Ele estava se preparando para partir! Com olhares consternados, começaram a entender que Ele esperava que os discípulos continuassem seu ministério diante de Sua ausência física! Por dentro eles devem ter gritado em protesto: *Não! Não! Não! Não podemos seguir em frente sem Você. Não nos deixe! Por favor!*

Observando suas expressões de protesto e pesar, Jesus rapidamente reafirmou: "Não vos deixarei órfãos; voltarei para vós. Todavia, Eu vos asseguro que é para o vosso bem que Eu parta. Se Eu não for, o Advogado não poderá vir para vós; mas se Eu for, o enviarei."[26] Que impressionante! O que Jesus declarou me paralisa e embola meus pensamentos. Ele disse que seria vantajoso para seus discípulos que Ele — Jesus — *fosse embora*. Como isso poderia ser possível? O que seria melhor do que ter a presença física de Jesus com eles? Aparentemente, a presença do Espírito Santo seria melhor! De novo e de novo naquela noite, Ele revelou que se manifestaria para eles na forma do Espírito Santo, que o Pai lhes enviaria.

Dado que o Espírito Santo estava presente até mesmo antes do início do tempo e que Ele estava presente no Antigo Testamento, manifestando-se sobre certas pessoas para dotá-las das responsabilidades que Deus planejara para elas, como essa chegada do Espírito Santo poderia ser diferente? Ao que Jesus estava fazendo referência?

Sua Chegada no Pentecostes

Jesus estava se referindo a um dia tão histórico como o dia em que Ele nasceu em Belém, como o dia em que Ele foi crucificado no Calvário, como o dia em que Ele levantou do túmulo e como o dia em que Ele ascendeu ao Paraíso. Ele estava se referindo ao quinquagésimo dia após sua morte e ressurreição e décimo dia após Sua ascensão, quando o Pai enviaria o Espírito Santo, não para atuar *sobre* Seu povo, mas para estar *dentro* dele.

Após Sua ressurreição, Jesus continuou a elevar a expectativa de Seus discípulos para o advento único da terceira pessoa da Trindade. Ele lhes concedeu um tanto de Seu Espírito para ajudá-los em Sua ausência antes do Pentecostes; Ele os instruiu a não sair de Jerusalém até que o Espírito fosse concedido; e os encorajou ao revelar que, com a chegada do Espírito Santo, Ele lhes daria o poder para levar Seu ministério pelo mundo.[27]

Mas então, após Jesus ascender ao Paraíso, nada aconteceu. Durante 10 dias, 120 de Seus seguidores se encontraram para orar em uma sala que, provavelmente, era a mesma em que os discípulos haviam se reunido com Jesus na noite em que Ele foi traído. Embora nos digam que "Todos estes perseveravam unânimes em oração",[28] não nos dizem como ou sobre o que eles oravam. Mas é seguro afirmar que oravam com fervor, sinceridade e quase desespero — sem parar — para Jesus cumprir Sua promessa e retornar até eles em sua forma Espiritual. O que sabemos com certeza é que suas preces foram atendidas no dia da Festa de Pentecostes.

Pela descrição de Atos 2, no raiar do dia, Seus seguidores estavam sentados juntos na sala. Talvez orando, lendo as Escrituras ou discutindo as últimas instruções dadas por Jesus. Às nove da manhã, sem aviso, eles escutaram o som violento do vento. As árvores não estavam se curvando, as roupas não estavam se embolando e as cortinas nas janelas não se moviam. O barulho do vento lembrava um furacão. Antes que pudessem reagir ao que escutavam, foram atingidos pelo que observavam: na cabeça de cada pessoa surgiu uma chama! Então, cada um foi preenchido pela certeza da presença de Jesus. De fato, Ele nunca parecera tão próximo. Eles devem ter se sentido envoltos por Ele! Saturados Nele! Completados por Ele! Sem dúvidas, eles sabiam que Jesus tinha voltado conforme dissera. Mas Sua presença agora estava neles na pessoa invisível do Espírito Santo. O Pai cumpriu Sua promessa! E, sem nenhum esforço consciente, o enorme alívio... a alegria extasiante... a emoção que eles experimentaram cresceu em seus corações e derramou de seus lábios em uma sinfonia de louvores![29]

Em seu estado de euforia, os seguidores de Jesus se encaminharam para a área próxima ao templo. Rapidamente foram cercados por centenas de pessoas que convergiam até a cidade para celebrar a Festa de Pentecostes. A presença sobrenatural do Espírito Santo foi revelada quando os espectadores perceberam que os discípulos falavam na língua de cada ouvinte! "Perplexos e admirados comentavam uns com os outros: 'Porventura não são galileus todos esses que estão falando? Como, então, cada um de nós os ouve falar em nossa própria língua materna? (...) O que significa tudo isto?'"[30]

Apoiado por outros discípulos, Pedro assumiu a responsabilidade da liderança, se ergueu e se dirigiu aos espectadores com autoridade. Contou a eles que, em cumprimento das Escrituras, Deus espalhou Seu Espírito. E depois, no primeiro ato público de apresentação dos evangelhos, ele descreveu a vida, morte, ressurreição e ascensão de Jesus que ele e os outros discípulos testemunharam.[31] Ele concluiu declarando que "exaltado à direita de Deus, Ele recebeu do Pai o Espírito Santo prometido e derramou o que vós agora vedes e ouvis".[32]

Depois Pedro proclamou a verdade...

... para o mesmo povo que ficara parado e nada fizera enquanto Jesus sofria o pior crime perpetrado na história da humanidade.

... para as mesmas pessoas que ativamente participaram da turba gritando "Crucifica-o!"[33]

... para os mesmos homens que pregaram Jesus na cruz.[34]

Pedro gritou para que todos escutassem: "Que todo o povo de Israel tenha certeza disto: este Jesus, a quem vós crucificastes, Deus o fez Senhor e Messias."[35]

Surpreendentemente, a multidão não avançou contra Pedro ou o arrastou para ser apedrejado. Pelo contrário, eles estavam arrasados e perguntaram o que poderiam fazer. A resposta de Pedro marcou um momento único na história: "Arrependei-vos e cada um de vós seja batizado em nome de Jesus Cristo para o perdão de vossos pecados; e recebereis o dom do Espírito Santo."[36] Cerca de 3 mil pessoas responderam! Arrependidos! E receberam o Espírito Santo! Naquele dia histórico, a igreja nasceu!

Então, caro pecador. O que o faz se sentir indigno do perdão e redenção de Deus?

Se Ele pôde perdoar as pessoas que não fizeram nada quando Jesus foi preso, tentado, torturado e depois crucificado,

... se Ele pôde perdoar as pessoas que consentiram com Sua morte e O entregaram para ser executado,

... se Ele pôde perdoar as pessoas que se reuniram e gritaram "Crucifica-o!"

... se Ele pôde perdoar os romanos que se encarregaram da sentença de morte e O pregaram na cruz,

... se Ele pôde perdoar a multidão culpada pelo maior crime cometido no passado, presente ou futuro da história humana, por que você acha que Ele não pode perdoá-lo? Como aqueles na multidão nas escadas do templo, apenas clame por Ele. Entregue-se à Sua misericórdia. Se lhe faltam palavras, talvez as seguintes o ajudem:

Deus misericordioso,

Eu clamo a Ti. Agora. Sei que sou um pecador. Eu racionalizei o meu pecado, o defendi, o executei, o neguei, mas não consigo me esconder da culpa. Enquanto transpareço confiança em público, em meu íntimo estou envergonhado... vazio... sem esperança. Mas cansei de fingir. Estou cansado de carregar o peso da culpa. Meu pecado continua me atormentando. Desejo ser livre... verdadeiro... real... sem nada a esconder. Perante Você e os outros. Eu sei que não mereço Vossa atenção, muito menos o perdão, mas dentro de mim agora habita uma chama de esperança. Se Você pôde perdoar aqueles que crucificaram Jesus, então Você poderia me perdoar também? Você disse que não ignorará um coração quebrantado, arrependido.[37] *Então, por favor, Deus do Rei Davi, não ignore ou rejeite meu clamor.*

Eu confesso a Você o meu _____ (preencha o espaço).

Sinto muito. Como Davi, sei que pequei contra o Senhor, não apenas contra mim ou os outros. Purifique meu interior. Desejo vivenciar a liberdade da culpa e a liberdade do medo de Vosso julgamento. Crie em mim um coração puro. Eu convido Você a entrar em minha vida enquanto me entrego totalmente à Sua autoridade. Resgate-me. Use-me. Para Sua glória.

Aproveitando a Presença do Espírito Santo

As palavras específicas não são tão importantes quanto o sentimento e sinceridade de sua fé ao se dirigir a Deus, e apenas a Deus, buscando perdão e redenção. Ele o perdoará. Ele o libertará. Foi por isso que Ele nos enviou Seu único Filho. O nome Dele — Jesus — significa "Aquele que o salvará de seus pecados".[38] Mas, além disso, porque você está vivendo nesse lado do Pentecostes, isso fica ainda melhor.

10

Sua Presença na Humanidade

No início de tudo, Adão e Eva possuíam corpos perfeitos, trabalhos perfeitos, saúde perfeita, recursos perfeitos, relações perfeitas, um ambiente perfeito — ainda assim, não estavam satisfeitos. Eles queriam a única coisa que não poderiam ter. Eles desobedeceram a Deus e a pegaram. Essa falha moral e espiritual deu início a todos os pecados. O pecado adentrou não só em suas vidas, mas na vida de toda a raça humana a partir daquele momento, exceto por Jesus.

Depois que Deus julgou nossos primeiros pais e antes de removê-los de Sua presença, Ele matou, ou sacrificou, um animal e os vestiu com sua pele.[1] Eu me pergunto se haviam lágrimas em Seus olhos enquanto fazia isso, porque Ele sabia que seria uma solução temporária. Ele sabia que o remédio permanente para o pecado no mundo — o único modo que as pessoas poderiam voltar a se relacionar corretamente com Ele — seria pelo derramamento do sangue do Cordeiro, Seu único Filho, que só aconteceria milhares de anos depois.

Deus deixou claro que, sem derramamento de sangue, não haveria perdão.[2] Embora eu não entenda totalmente porque um sacrifício de sangue era, e ainda é, necessário, um escritor puritano colocou isso desta forma em sua oração:

Perante a cruz eu me ajoelho e vejo
  quão hediondo é meu pecado,
  minha ofensa que te provocou a 'amaldiçoar',
  o mal que provoca a severidade da ira divina.

Mostre-me a enormidade do meu pecado pela
  coroa de espinhos,
  as mãos e pés perfurados,
  o corpo açoitado,
  os choros de morte.

Vosso sangue é o sangue do Deus encarnado,
  é infinitamente valioso, seu valor acima sem comparação.
Infinito deve ser o mal e a culpa
  que demanda tal preço.[3]

Agradeça a Deus pelo precioso sangue do Cordeiro! Porque, se não há perdão, não há como existir um relacionamento correto com Deus.

Após o pecado de Adão e Eva e antes da Cruz, Deus desenvolveu um sistema que exigia dos pecadores um sacrifício de sangue para se conectar a Ele. Quando a lei foi disposta nos tempos de Moisés, o método do sacrifício foi clarificado. A lei ordenava que os pecadores deveriam trazer um sacrifício de sangue até a Tenda do Encontro presente no acampamento Israelita.[4] Posteriormente, o local designado seria o templo em Jerusalém. A oferenda variava de um touro, ou uma cabra, a uma pomba para os mais pobres. Mas o princípio era o mesmo: o pecador deveria segurar a oferenda. Era como se o pecado fosse transferido para o animal. O pecador então pegava uma faca e matava o animal, desse modo deixando claro que o pecador era o responsável pela morte causada. O sacerdote então pegaria o sangue e derramaria no altar, e a expiação era dada, absolvendo o pecador da culpa e o reconciliando com Deus.

Centenas de anos passariam, milhões de animais seriam sacrificados, oceanos de sangue seriam derramados, ainda assim os pecadores não tinham garantia de que seus pecados foram perdoados. Suas incertezas estavam embasadas em uma lógica simples. Como o sangue de touros, cabras e cordeiros poderiam expiar um pecado?[5] Mas eles seguiam o sistema do sacrifício baseados na fé, já que apontava para algo — Alguém — que eles não compreendiam totalmente. De nossa perspectiva, sabemos que esse sistema de sacrifícios apontava para Jesus.

No Antigo Testamento, os penitentes que realizavam sacrifícios em obediência à Palavra de Deus receberam, o que poderia ser considerado notas promissórias de Deus garantindo que um dia eles seriam perdoados. Até que

Sua Presença na Humanidade

chegou um dia que um homem de aparência comum andou próximo ao Rio Jordão. Ele chamou a atenção de João Batista, o primeiro porta-voz de Deus em quase quatrocentos anos a entrar em cena em Israel. O papel profético que João recebeu de Deus foi o de preparar o caminho para o Messias ao chamar o povo para se arrepender. As pessoas vinham às centenas para escutá-lo e ser batizadas, como sinal de arrependimento, para se afastar do pecado. Nesse dia, com a multidão se agarrando a cada palavra dita, João gritou: *"Olhem!"* Então ele apontou para Jesus de Nazaré como o Cordeiro de Deus, aquele que tiraria o pecado do mundo.[6]

Três anos depois aquele mesmo homem, Jesus de Nazaré, identificado como o Cordeiro de Deus, seria pregado na cruz e sacrificado para acabar com o pecado no mundo. Os pecados do passado. Os pecados do presente. Os pecados do futuro. Todo o pecado expiado pelo derramamento do sangue de Jesus Cristo. E assim todas aquelas promissórias foram pagas!

Sou muito grata por pecadores de hoje não precisarem mais ir até um local específico e massacrar um animal. Em vez disso, vamos até o altar da cruz e seguramos o Cordeiro de Deus com nossas mãos de fé. Quando confessamos nossos pecados, é como se a culpa fosse transferida para o Cordeiro de Deus. Temos consciência de que, mesmo se ninguém mais tivesse pecado, o nosso seria o bastante para demandar Sua morte, e nós dizemos a Ele que sentimos muito e estamos dispostos a nos afastar do pecado. Como resultado, nosso pecado é expiado pelo Seu sangue; nós somos perdoados e levados a um relacionamento digno com Deus e alcançamos a vida eterna.[7]

Deus seja louvado! Se você clamou a Ele utilizando a oração do capítulo anterior — ou qualquer outra oração de arrependimento —, está perdoado. Você está resgatado. Seu coração foi purificado. Você adentrou em uma relação digna com Deus por meio da fé em Seu Filho, Jesus Cristo. Você está em paz com Deus! Tire um momento para apenas dizer: "Obrigado! Obrigado! *Obrigado* por escutar meu choro, perdoar meu pecado e resgatar minha vida!"

A Presença Interior do Espírito Santo

A Cruz está no centro do tempo. Antes da Cruz, as pessoas eram perdoadas de seus pecados e entravam em comunhão com Deus ao esperar por um futuro Salvador, exercendo sua fé ao participar do sistema de sacrifícios como

Aproveitando a Presença do Espírito Santo

Deus requeria. As pessoas de hoje são perdoadas de seus pecados e entram em comunhão com Deus ao olhar para a Cruz, exercendo sua fé ao clamar que Jesus como Cordeiro de Deus se sacrificou por seus pecados.

Entretanto, nesse lado da Cruz, nossa experiência de salvação tem uma dimensão extra. Nós agora possuímos a presença interna do Espírito Santo. Essa é a diferença dramática que o Pentecostes fez. O Espírito Santo não apenas age *sobre* pessoas específicas. O Espírito Santo agora está *dentro* de todos aqueles que têm fé em Jesus Cristo.

Isso significa que todas as pessoas podem ser perdoadas. Todas as pessoas podem ter um relacionamento digno com Deus. Todos podem restabelecer uma associação com Deus. Todos podem nascer novamente. Nós podemos recomeçar. E o melhor de tudo, todos podem vivenciar a presença de Jesus que vive dentro de nós. Até você. Até eu. Aleluia! Glória ao Salvador!

Esse impressionante milagre, algo sobrenatural, é ilustrado pela experiência vivida pela Virgem Maria. Ela era uma jovem morando em um pequeno vilarejo montanhoso em Nazaré. Presumimos que ela era igual a qualquer outra jovem na cidade — pobre, de certo modo sem educação, ainda assim, como todas as garotas do vilarejo, possuía o sonho de ser uma esposa e ter filhos. Mas ela deve ter sido diferente por sua inocência, pureza, piedade e desejo pelas coisas de Deus. Ela até mesmo deve ter se agarrado ao desejo de que o Messias chegasse durante o período de sua vida. Embora ela conhecesse a profecia de Miqueias 5:2 — que dizia que Ele não viria de Nazaré, e portanto ela não teria esperanças do seu próprio envolvimento com Ele —, ainda assim poderia sonhar.[8]

Quando alcançou a idade matrimonial, por volta dos 13 ou 14 anos, ela foi prometida a um homem justo chamado José. A partir desse momento, estava casada com José em todos os sentidos, exceto na intimidade sexual. O noivado durou cerca de 1 ano, período em que eles moraram separadamente. José, nesse tempo, preparou a casa que eles dividiriam formalmente após a cerimônia de casamento. Por anos, por séculos, de acordo com a tradição judaica, esse era o jeito do povo dela. Tudo no noivado de Maria era normal... tradicional... costumeiro... *até a chegada do anjo.*

O que Maria estava fazendo nesse dia divisor de águas? Estaria ela peneirando trigo? Colhendo uvas? Tirando leite de uma vaca? Fazendo queijo? Assando pão? Buscando água? Estaria ela apenas com suas responsabilidades diárias quando Deus adentrou em sua vida? Suspeito que Maria nunca tivesse visto um anjo antes, ainda assim não era a aparência dele que a preocupava ou amedrontava. Foi o modo como ele a cumprimentou. "Alegra-te, mui agraciada! O Senhor está contigo!"[9] Vendo a expressão dela, o anjo imediatamente procurou acalmá-la dizendo para que não temesse. Mas o que ele revelou deve tê-la arremessado em uma confusão espantosa: "Maria, não temas; pois recebeste grande graça da parte de Deus. Eis que engravidarás e darás à luz um filho, a quem chamarás pelo nome de Jesus. Ele será Grande, e será chamado Filho do Altíssimo. O Senhor Deus lhe dará o trono de seu pai Davi, e Ele reinará para sempre sobre o povo de Jacó, e seu Reino nunca terá fim."[10]

Precisamos dar créditos a Maria por não desmaiar ou fugir em pânico ou rir histericamente de algo tão absurdo. Em vez disso, com muito equilíbrio e sinceridade, ela questionou: "Como acontecerá isso, pois jamais tive relação sexual com homem algum?"[11]

Considere atentamente a resposta do anjo, porque a explicação dele para o que aconteceria fisicamente com Maria equivale ao que acontece espiritualmente quando eu ou você recebemos a presença de Jesus Cristo pela fé. O anjo respondeu deste modo: "O Espírito Santo virá sobre ti, e o poder do Altíssimo te cobrirá com sua sombra. E por esse motivo, o ser que nascerá de ti será chamado Santo, Filho de Deus. Porquanto para Deus não existe nada que lhe seja impossível."[12]

Apesar da notícia impressionante...

... apesar desse fato imediatamente virar sua vida de cabeça para baixo

... apesar do fato de saber que seria humilhada publicamente

... apesar da probabilidade de que José a rejeitasse

... apesar da imediata destruição de todas as suas esperanças, planos e sonhos

... apesar de tudo o que isso custaria,

Maria imediatamente se submeteu ao que ela reconheceu como a vontade de Deus na vida dela ao responder: "Eis aqui a serva do Senhor; que se realize em mim tudo conforme a tua palavra!"[13] Naquele momento, Maria aceitou totalmente o que Deus havia planejado para ela, algo muito diferente de tudo que ela tinha pensado para si. Sua fé na Palavra de Deus quando o anjo lhe contou, e sua submissão à vontade de Deus ao deixar sua vida de lado para aceitar a Dele, resultou na miraculosa concepção da vida de Jesus em seu interior.

E essa é a similaridade entre a experiência de Maria e a nossa: quando você e eu colocamos nossa fé na Palavra de Deus, que diz...

... que todos somos pecadores

... que a morte física, espiritual e eterna são os custos do pecado

... que Deus enviou Seu único Filho, Jesus, para morrer na cruz para que qualquer um que tivesse fé Nele não perecesse, e sim tivesse a vida eterna

... que o sangue de Jesus é o suficiente para redimir por qualquer e por todos os pecados

...que, se confessarmos nossos pecados, Deus nos purificará e nos perdoará.

Quando colocamos nossa fé na Palavra de Deus, que diz...

... que Ele nos concederá vida eterna, que não é apenas o Paraíso quando morrermos, mas também uma relação pessoal digna com Deus agora.

Quando colocamos nossa fé na Palavra de Deus, que diz...

... que teremos o direito de nos tornarmos filhos de Deus, nascidos em Sua família, se acreditarmos no nome do Senhor Jesus Cristo e O recebermos em nossos corações.

Quando colocamos nossa fé na Palavra de Deus, que diz...

... que se escutarmos a palavra da verdade, que é o evangelho como eu já relatei, e acreditarmos nele enquanto o colocamos em prática

... que se proclamarmos Jesus como nosso Salvador e Senhor, segurando o Cordeiro de Deus com nossas mãos de fé, confessando nosso pecado e culpa, acreditando que agora eles foram transferidos para Ele e agora estamos purificados com Seu sangue, nesse momento concebemos espiritualmente a vida de Jesus em nosso interior na forma da pessoa do Espírito Santo. E isso é um milagre![14]

A Bíblia descreve isso como o milagre do renascimento.[15] Porque quando a vida Dele é concebida dentro de você, você se torna uma nova criação em seu interior.[16] Embora ainda tenha sua velha mente, emoções e vontades pecadoras até se unir a Jesus na glória, você agora tem Sua mente para pensar os pensamentos Dele, as emoções Dele, para amar aqueles que você sequer gosta, e a vontade Dele para fazer a coisa correta até quando tiver tendências de fazer a coisa errada.

A Presença Permanente do Espírito Santo

Como vimos, do Dia da Pentecostes até os dias de hoje, todos aqueles dispostos a se afastar do pecado e publicamente professar sua fé em Jesus como Senhor, Salvador e Messias são perdoados de todos os pecados.[17] Não apenas isso, mas os pecadores confessos adentram em um relacionamento com Deus ao receber pessoalmente o Espírito Santo, que não apenas atua *sobre* mas *dentro* deles.[18] Para sempre! Ao contrário do rei Saul, Ele nunca irá deixá-lo. E, ao contrário do rei Davi, você nunca precisará temer que o Espírito Santo o deixe. Ele nunca irá abandoná-lo.[19]

Quando você realmente renascer, nunca poderá deixar de ter renascido. Pense nisso. Se nunca fez nada para merecer a salvação ou a bênção do Espírito Santo, o que você poderia fazer para perdê-las? E, se Deus lhe concedeu a vida eterna mas de algum modo você a perdesse, então seria temporária, e não eterna.

Eu deveria ter por volta de 9 anos quando experimentei pela primeira vez as alegrias de saber que eu era de Jesus e Ele era meu. Não me lembro do ano exato, mas lembro-me do dia. Era uma Sexta-feira Santa. Por diversos anos, um filme antigo intitulado *Rei dos Reis* passava na televisão para a celebração da Páscoa. Minha mãe reunia meus irmãos e eu para assistirmos à apresentação especial como uma família, usando-a para imprimir em nós um olhar sério sobre os eventos retratados.

Na Sexta-feira Santa do ano em questão, por algum motivo não me lembro de assistir ao filme com minha família. Poderia ser porque eles estavam distraídos com alguma outra coisa e assisti sozinha, ou poderia ser que assistimos juntos mas a mensagem parecia diretamente para mim. Quando vi a cena da cruz, embora a tivesse visto incontáveis vezes no passado, nesse dia em particular tive certeza de que Jesus tinha morrido por mim. Quando o filme acabou, fui até meu quarto, ajoelhei ao lado da cama e disse a Jesus que eu sabia que Ele tinha morrido por meus pecados. Disse que sentia muito. Eu pedi que Ele me perdoasse e me purificasse com Seu sangue. Pedi que Ele fosse meu Salvador. Eu me lembro de pensar que queria que Ele se sentisse bem por Seu sacrifício... que toda dor e todo sofrimento e sangue e tortura e humilhação e agonia que eu vi descritos na tela foram justos do ponto de vista Dele por causa da resposta de uma garotinha. E depois eu O convidei, com lágrimas escorrendo por minhas bochechas, para adentrar em meu coração. E estou convencida de que, naquele dia, Jesus entrou em meu coração na pessoa do Espírito Santo.

Embora eu não entendesse, ou até mesmo soubesse sobre o Espírito Santo, sabia que algo estava diferente. Eu me lembro de descer silenciosamente as escadas para contar para minha mãe o que havia feito e que me sentia limpa. Leve. Como se um peso invisível tivesse sumido. E o peso que agora sei que era o fardo da culpa, que simplesmente vem por sermos pecadores, mesmo se o pecado fosse de uma garotinha de 9 anos, nunca mais retornou. E o Espírito Santo nunca foi embora.

Uma bênção crucial da presença do Espírito Santo dentro de mim é que eu não estou sozinha e nunca estarei. Após viver com meu marido por 49 anos, a transição repentina para a solitude é algo para o qual eu não estava preparada. Meus preciosos filhos diminuíram o peso de ser uma viúva com suas presenças reconfortantes. Como dividi com você antes, minha filha mais nova ficou comigo enquanto Danny estava ligado aos aparelhos de suporte de vida. No dia em que ele foi removido, minha filha mais velha, Morrow, e seu marido, Traynor, se mudaram para minha casa e viveram comigo pelos 15 meses seguintes.

Mas o dia de Morrow e Traynor voltarem para seu próprio lar chegou. Com tenra afeição eles se mudaram aos poucos, deixando a maior parte da mudança para o dia em que eu estava com meu pai, para a Ação de Graças. Quando retornei, entrei em uma casa vazia. Realmente vazia. Pela primeira vez desde o dia em que Danny se mudou para o Paraíso. Enquanto eu passava pela porta, envolta em silêncio, sentia a presença do Espírito Santo. E ainda sinto.

Quando volto de viagem e não há ninguém para me receber na porta, eu não estou sozinha.

Quando sento para fazer uma refeição para uma pessoa, eu não estou sozinha.

Quando me aconchego para ler sentada próxima à lareira em um Domingo à tarde, eu não estou sozinha.

Quando a campainha toca inesperadamente às duas da manhã, eu não estou sozinha.[20]

Quando me encontro de noite na mesma cama que dividi com meu marido por 49 anos, eu sei que não estou sozinha.

Ainda assim eu anseio por uma fé mais forte, que vê o invisível, escuta o inaudível, compreende o incompreensível! Uma fé forte o bastante para me guiar por todos os desafios da solitude. Uma fé que me guie até o fim pela jornada do câncer. Uma fé forte o bastante para alcançar meus filhos, netos e além. Uma fé forte o bastante para contagiar aqueles ao redor. Uma fé na contínua presença de Jesus em mim. Fé que aproveita a presença do Espírito Santo, que vem do início, Enviado como um presente do Paraíso, para viver em mim. Para sempre!

Você também anseia por uma fé que realmente funcione? Uma fé que o guiará pelas horas solitárias do luto? Que será forte nas adversidades? Que permanece inabalável quando as condições práticas estão estraçalhadas? Que brilha como uma luz na escuridão, direcionando para Jesus? Então aceite o Espírito Santo com absoluta, total e irrestrita confiança, e comece a experimentar a presença constante Dele... no seu interior.

Terceira Parte

Confiando no Poder do Espírito Santo

Recebereis poder quando o
Espírito Santo descer sobre vós.
— Atos 1:8

D anny Lotz e eu nos casamos em 2 de setembro de 1966, na mesma capela na montanha que meus pais se casaram 23 anos antes e na qual fui criada. Em quase todos os domingos durante minha infância, minha família e eu poderíamos ser encontrados sentados próximos ao lado direito da Igreja Presbiteriana de Montreat. A mesma capela em que fui batizada e compartilhei meu primeiro testemunho publicamente. Uma miríade de memórias importantes enche meus pensamentos todas as vezes que relembro tudo o que aconteceu ali dentro.

Nosso casamento aconteceu em uma linda noite no final de semana do Dia do Trabalhador, e foi tudo o que eu poderia ter sonhado. A velha capela de pedra coberta com painéis de madeira estava lotada de flores adornando a parede frontal, caindo em cascatas das vigas e elegantemente cobrindo o fim de cada banco. O caminho para o altar estava alinhado com o mesmo pano branco que meus pais percorreram quando se casaram.

Enquanto eu estava de braços dados com papai, esperando para entrar na capela onde proferiria meus votos, ele sussurrava palavras de encorajamento ao pé do ouvido. Ao longe eu conseguia ver meu futuro marido, esperando, sorrindo de orelha a orelha. À medida que os padrinhos e as madrinhas tomavam seus lugares, a música parou. Com o floreio mais dramático possível que o velho órgão conseguia fazer, a marcha nupcial começou, e papai e eu começamos lentamente a caminhar até o altar.

Meu sogro, um pastor de Nova York, presidiu a primeira parte da cerimônia, perguntando: "Quem entrega esta mulher para se casar com este homem?" Meu pai respondeu com sua voz alta e confiante de pregador: "A mãe dela e eu entregamos." Então ele beijou minha bochecha, colocou minha mão sobre a de Danny, virou-se para nos olhar e completou a cerimônia ao nos guiar durante os votos de casamento. Nessa breve cerimônia, me tornei uma esposa. E eu sabia que tinha assumido um compromisso para toda a vida.

Não se passaram 24 horas e meu compromisso foi desafiado de um modo hoje hilário, mas que foi terrível na época.

Confiando no Poder do Espírito Santo

Na manhã depois do casamento, estávamos com um voo agendado de Atlanta para San Diego, onde passaríamos o restante de nossa lua de mel. Após o café da manhã, entramos no conversível Oldsmobile Starfire azul-claro de Danny e seguimos para o sul na Interestadual 85 em direção à Atlanta.

Com cerca de 1 hora de viagem, percebi que o combustível estava baixo. Com um tom de voz sereno, mencionei isso para Danny. Ele disse para não me preocupar. Dez minutos depois, olhei e o indicador mostrava que o tanque estava quase vazio. Não querendo aparentar ter um temperamento forte no primeiro dia do casamento, eu disse do modo mais gentil: "Danny, querido, você não acha que deveríamos parar para abastecer? O indicador está mostrando que o tanque está quase vazio." Novamente, sua resposta foi que o indicador não estava funcionando direito e que tudo estava bem.

Decorridos alguns minutos, sentimos o carro chacoalhar, escutamos o motor engasgar e tudo ficou silencioso enquanto Danny guiava o carro para o acostamento da rodovia. Nós ficamos sem gasolina! Para piorar as coisas, esse trecho da rodovia era uma espécie de terra de ninguém. Nenhum de nós conseguia lembrar da última vez que tinha visto um posto de gasolina.

Meu alto, bonito, bronzeado e atlético marido disse: "Anne, sem problemas. Eu vou encontrar um pouco de gasolina. Fique aqui." Em seguida, levantou as janelas, trancou as portas para me manter segura e desceu a rodovia. Agora eu estava com muitos problemas. O carro não tinha gasolina. Meu marido tinha saído. Estava muito quente lá fora. E nós tínhamos parado em um local que parecia o destino de todos os esgotos da cidade, garantindo que eu ficaria com as janelas fechadas!

Quarenta e cinco minutos depois avistei um caminhão vindo da direção oposta com as luzes piscando. Ele deu a volta e encostou na traseira do carro. De dentro saiu meu marido com um galão de gasolina. Ele rapidamente encheu o tanque, agradeceu ao motorista do reboque, acenou enquanto ele se afastava, abriu a porta, girou a chave na ignição e... nada aconteceu. Ele tentou novamente. Nada! A bateria estava morta!

Para lhe dar o devido crédito, meu marido tentou fazer o melhor possível quando reafirmou para mim: "Anne, está tudo bem. Agora eu sei onde fica o posto de gasolina." Com isso, ele levantou as janelas, trancou as portas e desceu a rodovia. De novo. Dessa vez eu esperei por cerca de trinta minutos antes de ver as luzes do caminhão se aproximando. Ele manobrou para ficar de frente para o carro. Danny desceu e, com a ajuda do motorista, abriu o

Confiando no Poder do Espírito Santo

capô, conectou cabos que iam da bateria do carro até o caminhão, então escorregou até o assento do motorista e virou a chave na ignição. Dessa vez o carro respondeu.

Enquanto o caminhão desengatava, um carro pisou firme nos freios, encostou na pista lateral e deu a volta até o local em que estávamos estacionados. As quatro portas abriram de supetão e de dentro pularam o irmão mais velho de Danny, Sam, e três de seus amigos, que estavam indo para Atlanta depois do casamento.

Com um olhar espantado, Sam exclamou: "Danny, o que está acontecendo?" Danny contou. Então Sam, padrinho de Danny, perguntou com um sorriso sarcástico: "Como vai a vida de casado?" À qual meu marido respondeu com entusiasmo: "Ótima, Sam! Você deveria tentar!" Eu estava feliz por Sam não ter me perguntado. Nauseada pelo cheiro do pântano ao lado da estrada e encharcada de suor por ficar trancada no carro, se alguém tivesse me oferecido uma anulação, eu teria aceitado na hora!

Logo naquele primeiro dia de casada aprendi uma simples mas valiosa lição de vida: ninguém pode seguir no vazio. Você e eu não podemos seguir em um carro, casamento ou vida vazios. É por isso que Deus nos deu Seu Espírito Santo. Ele é o "combustível" — o poder — que nos permite viver a vida Cristã.

Embora tendo feito seus votos com o Senhor Jesus e adentrado em um relacionamento pessoal com Ele, você se sente ficando vazio aos poucos? Está tentando muito ser um "bom Cristão" e se esforçando para agradar a Deus apenas para perceber que os resultados esperados não chegam? Você se encontra apenas seguindo o fluxo? Está frequentando a igreja e os estudos bíblicos, mas aos poucos percebe que vive por trás de uma fachada, fingindo ser mais espiritualizado do que realmente é? Com um sorriso falso nos lábios e as palavras "corretas" na língua, você está apenas suportando mais uma semana... mais um dia... mais uma hora... mais um passo? Esperando que ninguém perceba? Sua mente está agarrada aos pensamentos de *Eu não consigo fazer isso. Eu não sou apto a viver a vida cristã*?

Não se sinta desencorajado. Há esperança! Aquele que está em seu interior lhe permitirá viver fora dos votos que você fez. A chave é aprender a confiar no poder Dele.

II

Seu Poder Transformador

O Poder do Espírito Santo é impossível de medir em uma escala humana, porque se trata do poder do próprio Deus. Além da cruz, ressurreição, ascensão e retorno de Jesus, não há maior demonstração de Seu poder na Bíblia do que os versículos de abertura em Gênesis 1 — os mesmos versículos que os astronautas da *Apollo 8* leram.

O segundo versículo de Gênesis 1 descreve o planeta Terra como sem formato — amorfo, vazio de substância ou sentido, desprovido de luz e coberto por água em condição fluida, instável. Em essência, não era bom para nada. Apenas um desperdício de espaço... uma bolha na escuridão... até que o Espírito de Deus começou a circundá-la. Enquanto o planeta estava naquele estado sem sentido, o Espírito Santo começou a pulsar e energizá-lo até que estivesse pronto para responder aos comandos de Deus: "Haja luz."[1] Quando o comando foi dado, impressionantemente, a luz surgiu!

Por todo o Gênesis 1, lemos que, conforme o Espírito de Deus circundava o planeta e a palavra de Deus era proferida, mudanças aconteciam dia após dia em resposta. No segundo dia as águas foram divididas para que a Terra tomasse forma com um céu e ambiente para respirar. No terceiro dia a palavra de Deus chamou, e a terra seca surgiu. Nela, Deus adicionou plantas frutíferas e árvores. No quarto dia o planeta, que era destituído de direções, recebeu a luz do sol durante o dia e as estrelas e a lua à noite para servir como sinais e estações. No quinto dia os mares foram preenchidos por peixes e o ar foi preenchido por aves enquanto o planeta ganhava vida.

No sexto dia a terra foi ocupada por todos os tipos de animais e criaturas. Foi então que Deus disse: "Façamos [perceba o plural indicando que Deus o

Pai; Deus o Filho, que é a palavra Viva; e Deus o Espírito falavam como um só] o ser humano à nossa imagem, de acordo com a nossa semelhança. Deus, portanto, criou os seres humanos à sua [singular] imagem, à imagem de Deus os criou: macho e fêmea os criou."[2] Então Deus o fez! Macho e fêmea foram criados, e a raça humana começou.

Quando Deus avaliou os resultados de tudo que Ele havia feito, Ele pronunciou Sua satisfação e viu que era muito bom, em um contraste dramático em relação a como o planeta foi descrito em Gênesis 1:2 quando era sem forma, vazio e escuro.[3]

O mesmo poder do Espírito Santo que transformou o planeta Terra no início está disponível hoje para transformar a vida humana. Às vezes a transformação que Ele traz é inesperada e dramática. Às vezes acontece mais lentamente, levando dias, meses e até mesmo anos. Mas Seu poder para fazê-lo permanece intacto. É o mesmo desde o princípio dos tempos. Totalmente capaz. Completamente suficiente. Indiscutivelmente adequado.

Transformação Antecipada

A evidência do poder do Espírito Santo de transformar é vista claramente na vida de um dos discípulos de Jesus. Simão Pedro era um pescador que tinha a tendência de dizer e fazer a coisa errada na hora errada. Embora fosse um seguidor comprometido de Jesus, sua vida como apóstolo foi repleta de falhas atrás de falhas. Como você e eu, ele teve dificuldades para manter seus votos.

A relação de Simão com Jesus começou quando o irmão dele, André, exclamou: "Encontramos o Messias."[4] Ele deve ter feito um ar de desdém, se perguntando como seria possível seu irmão saber que eles haviam encontrado o Messias. Mas ele fielmente seguiu André e foi apresentado a Jesus. O Salvador olhou para ele e viu não quem ele era, mas quem ele se tornaria.[5] Jesus trocou o nome dele, de Simão para Pedro, para refletir a mudança que ele passaria por meio do poder do Espírito Santo. Mas Simão Pedro voltou a pescar. Aparentemente, ele não estava tão impressionado.

Muitos dias depois Simão Pedro e André estavam limpando suas redes de pesca quando avistaram uma multidão reunida perto do lago. Jesus estava no meio da multidão, tentando ensinar. Enquanto André, Simão Pedro e outros pescadores observavam a comoção, Jesus se aproximou de Pedro e depois subiu em seu barco vazio! Ele pediu para que Pedro se afastasse um pouco da margem; depois Jesus começou a pregar, usando o barco de Pedro como um púlpito flutuante. Quando Ele parou de ensinar, virou-se para Pedro e disse, em essência: "Vamos pescar!" Pedro protestou dizendo que tinha pescado a noite toda e não fora capaz de pegar nada. Os peixes não estavam mordendo a isca. Vendo o que deveria ser uma expressão confiante no rosto de Jesus, ele desistiu de questionar e concordou em tentar novamente: "Confiando em tua Palavra, lançarei as redes..."[6]

Quando Simão Pedro seguiu as instruções de Jesus e pescou do modo Dele, recolheu tantos peixes que sua rede começou a arrebentar. Um segundo barco parou ao lado de Pedro para ajudá-lo a transportar os peixes, mas a pesca era tão grande que ambos os barcos começaram a adernar! A reação de Pedro revelava que agora ele concordava com André. Jesus era, com certeza, mais do que um simples homem. Pedro caiu de joelhos e implorou para Jesus entrar em sua vida. Pedro nunca tinha se sentido tão sujo, pecador e indigno. Ele sabia que estava na presença de Deus e estava aterrorizado.

Jesus rapidamente o tranquilizou, dizendo para ele não temer, que daquele dia em diante ele deixaria de ser um pescador de peixes para ser um pescador de homens. Em antecipação àquela promessa transformadora, Pedro largou as redes, saiu do barco e deixou tudo para seguir Jesus.[7]

Transformação Necessária

Embora Pedro tenha seguido Jesus sem hesitação ou ressalvas, ele tropeçava vergonhosamente enquanto tentava viver à altura de seu compromisso. Um dia Jesus perguntou aos Seus doze seguidores mais próximos o que as pessoas diziam sobre Ele. Eles compartilharam os rumores que escutaram — ora que Ele era João Batista, ora Elias ou Jeremias, ou algum outro dos profetas que voltou dos mortos. Com um olhar penetrante, com o objetivo de deixar claro o foco e fortalecer a fé deles, Jesus cortou os rumores e os guiou direto até a verdade quando Ele perguntou: "Mas vós, quem dizeis que Eu sou?"[8]

A liderança de Pedro estava clara, assim como sua arguta inteligência, quando ele respondeu pelos outros onze homens: "Tu és o Cristo, o Filho do Deus vivo."[9] O elogio que seu testemunho provocou em Jesus deve ter deixado o rosto de Pedro corado e seu coração emocionado: "Abençoado és tu,

Simão, filho de Jonas! Pois isso não foi revelado a ti por carne ou sangue, mas pelo meu Pai que está nos céus."[10] Pedro foi alçado ao próprio pináculo da fé. Depois, tão rápido quanto, naufragou nas profundezas do fracasso.

Logo após o testemunho da fé de Pedro, Jesus confidenciou a Seus discípulos que em breve Ele sofreria, seria morto e depois se ergueria dos mortos. Pedro — que acabara de testemunhar que Jesus era o Filho de Deus... Deus encarnado... Deus na forma humana — teve a audácia de contradizê-lo. Que impressionante a audácia em repreender Jesus! Ele firmemente declarou: "Deus seja gracioso contigo, Senhor! De modo algum isso jamais te acontecerá!"[11] Só consigo imaginar o rosto do Filho de Deus com os olhos em chamas, repreendendo Pedro: "Para trás de mim, Satanás! Tu és uma pedra de tropeço, uma cilada para mim, pois tua atitude não reflete a Deus, mas sim, os homens."[12]

Depois de uma reprimenda tão dura, é lógico assumirmos que Pedro jamais viria a contrariar novamente seu Senhor. Mas o encontramos fazendo isso na mesma noite que Jesus foi traído por Judas. Jesus avisou que todos os discípulos o abandonariam quando Ele fosse derrubado. Mas Pedro pensava que sabia mais e declarou: "Ainda que venhas a ser motivo de escândalo para todos, eu jamais te abandonarei!" Quando Jesus se virou para ele e revelou que Pedro negaria qualquer associação com Ele três vezes naquela noite, Pedro enfaticamente respondeu: "Mesmo que seja necessário que eu morra junto a ti, de modo algum te negarei!"[13] Mas, perante a multidão, ele negou três vezes que conhecia Jesus.[14]

Houve outros momentos dramáticos de fracasso, como quando Pedro saiu do barco e tentou andar sobre a superfície do lago, como viu Jesus fazer, e afundou em meio às ondas.[15] Ou quando estava com Jesus, Tiago e João em uma montanha e viu Jesus transfigurado em toda Sua glória como o Filho de Deus. Como se não fosse fenomenal o suficiente, viu Moisés e Elias surgirem para conversar com Jesus! É difícil imaginar sequer um sussurro diante de uma visão tão sobrenatural, mas Pedro exclamou, em alto e bom som, que eles precisavam construir três tabernáculos, um para Jesus, um para Moisés e outro para Elias. Seu comentário foi ridículo por muitos motivos, um dos piores por implicar que Jesus fosse tratado como um simples homem, apenas um profeta como os outros. Nessa ocasião, Deus o Pai se manifestou diretamente do Paraíso e disse para que Pedro se calasse e escutasse Seu Filho.[16]

Cada uma dessas cenas nos mostra que, apesar de todo o comprometimento de Pedro em ser um discípulo, ele sofria com a tendência de fracassar. Seu espírito estava obviamente disposto, mas sua carne era fraca.[17] Ele necessitava do poder transformador do Espírito Santo. Sua experiência tem sido como a de Pedro? Para cada passo adiante em sua vida Cristã, você parece dar dois passos para trás. Você recaiu diversas vezes em seu modo antigo de pensar? No modo antigo de falar? No modo antigo de fazer as coisas? No modo antigo de ver as coisas? Embora você saiba que está salvo... que saiba que é um seguidor de Jesus Cristo... nem sempre age como tal. Você é tão inconsistente enquanto tenta viver de acordo com seus votos que parece que está desistindo? Convenceu-se de que não é do tipo "bom Cristão"? Se serve de consolo, mais cedo ou mais tarde todos os cristãos passam por esse momento de crise.

Esse sentimento de frustração por conviver com tal padrão de fracassos é como tentar cortar uma árvore grande com uma motosserra sem antes tê-la ligado. Os fracassos recorrentes podem ser bênçãos disfarçadas, a medida que o levam a seu "eu" mais profundo. Chega um momento em que você percebe que precisa mais do que simplesmente força de vontade. Mais do que suas próprias escolhas. Mais do que qualquer coisa sua.

Você precisa do poder transformador do Espírito de Deus.

Transformação Vivenciada

Para Pedro, tudo mudou no Pentecostes, quando o Espírito Santo foi derramado sobre ele e os outros discípulos. Naquele momento transformador, o poder de Deus foi ativado na vida de Pedro. A diferença era drástica e evidente. Antes do Pentecostes ele tinha muito medo da opinião alheia, até mesmo de uma jovem serva, a quem ele negou conhecer seu Senhor; depois do Pentecostes ele, de forma corajosa — e pública —, proclamou Jesus como o Messias de Israel, o Salvador dos pecadores, o Senhor erguido e único Filho de Deus. Usando as Escrituras do Antigo Testamento, ele articulou os evangelhos com clareza e relevância. Milhares responderam à estrondosa declaração de Pedro ao se arrependerem de seus pecados e clamando Jesus como o Messias, Senhor e Salvador.[18]

Será que a ousadia de Pedro foi uma reação emocional ao Pentecostes e não o genuíno poder do Espírito Santo? Uma possibilidade, exceto que, se as emoções minguassem, a coragem de Pedro deveria ter minguado também. Em vez disso, ele continuou a viver e pregar com autoridade e vigor.

Não muito depois do Pentecostes, Pedro e outro discípulo, João, foram até o templo orar. Eles entraram pelo Portão Formoso, onde um homem de 40 anos, coxo a vida inteira, pedia por dinheiro. Se ele estava havia anos, como o texto sugere, e se Pedro e João passaram por aquele portão inúmeras vezes, como eles nunca o perceberam antes? Ou o notaram mas sabiam que não tinham poder para ajudá-lo e seguiram adiante, diversas vezes? Mas dessa vez era diferente. Nesse dia, em vez de seguirem por outro caminho, o que fazemos com frequência quando confrontados com os necessitados pois sabemos não possuir poder para ajudá-los, Pedro e João pararam e olharam para o homem. Então Pedro demandou: "Olha para nós!" Esperando receber uma moeda ou outra, o homem olhou para eles. Em vez de dar dinheiro, Pedro explicou: "Não possuo prata nem ouro, mas o que tenho, isso te dou: em o Nome de Jesus Cristo, o Nazareno, ergue-te e anda!"[19] Não é necessária muita imaginação para visualizar a reação emocionada do pedinte anteriormente deficiente! Ele começou a andar, depois a pular, depois a correr ao adentrar a área do templo com Pedro e João.

Como o homem era conhecido por ser visto mendigando no portão quase todos os dias de sua vida, ele foi imediatamente reconhecido, e uma multidão começou a se reunir. Exclamações de surpresa começaram a romper. Mais uma vez, Pedro aproveitou a oportunidade para explicar sobre o evangelho, perguntando aos observadores curiosos: "Varões de Israel, por que vos admirais a respeito disso? Por que estais olhando para nós, como se tivéssemos feito este homem andar por nosso próprio poder ou santidade?"[20] Em seguida, Pedro continuou a contar sobre Jesus. Ofereceu provas vindas das Escrituras que Ele de fato era o Messias. Ele então desafiou os seus ouvintes a se afastarem de seus modos imorais e depositarem sua fé Nele.

Quando milhares de pessoas responderam aos apelos de Pedro, sacerdotes, o capitão da guarda do templo e especialistas religiosos ficaram extremamente alarmados. Sem dúvida, eles devem ter pensado que, executando Jesus de Nazaré, silenciariam os seguidores e ensinamentos Dele de uma vez por todas. Ainda assim lá estavam antigos covardes corajosamente espalhando Seu nome e mensagem. As palavras deles eram impactantes, mas não ficavam apenas nisso. Quem seria capaz de questionar os milagres que acompanharam a pregação? Então as autoridades retomaram o que acreditavam ser um modo eficiente de dissuasão. Eles prenderam Pedro e João e os jogaram na prisão. Mas, na manhã seguinte, quando Pedro e João foram levados até os governantes de Israel, anciões e professores da lei — os homens que julgaram Jesus, O acusaram de blasfêmia e O entregaram para o governo romano para ser executado —, esses mesmos homens, ficaram chocados!

Pedro havia negado Jesus quando confrontado com a curiosidade de uma jovem serva, então como ele suportaria seu próprio interrogatório perante os mais poderosos líderes religiosos de Israel, que já haviam provado ser inimigos de Jesus? Seria compreensível se Pedro amenizasse suas afirmações. Ou se ele tivesse se virado para João e dito: "Você cuida disso." Porém, em vez disso, enquanto olhava para os rostos acusatórios, Pedro, preenchido pelo Espírito Santo e, portanto, preenchido com Seu poder, disse a eles: "Autoridades e líderes do povo! Visto que hoje somos questionados em relação a um ato de caridade praticado a favor de um homem doente e sobre como foi curado, tomai conhecimento, vós todos e todo o povo de Israel, de que, em o Nome de Jesus Cristo, o Nazareno, aquele a quem vós crucificastes, porém a quem Deus ressuscitou dentre os mortos, sim, por intermédio desse Nome é que este homem está aqui, diante de vós, plenamente curado (...) E, portanto, não há salvação em nenhum outro."[21]

Os líderes religiosos estavam espantados! Desconcertados! O que aconteceu com Pedro? Por que ele não estava com medo, subserviente, intimidado, amedrontado perante eles? Conforme conferenciavam particularmente, eles chegaram à conclusão de que a única explicação para a mudança de Pedro era que ele tivesse estado com Jesus. Então esse hostil e assassino grupo de líderes religiosos, que detinham a autoridade legal de punir severamente Pedro e João, mandaram-nos entrar novamente. Eles puniram os discípulos, proibindo-os de voltar a falar ou ensinar em nome de Jesus.

Na resposta de Pedro para a punição, nós quase conseguimos ver a presença invisível do Espírito Santo circulando, energizando e o encorajando, surgindo nele e através dele conforme Pedro falava: "Julgai vós mesmos se é justo diante de Deus obedecer a vós mais do que a Deus. Pois não podemos deixar de falar de tudo quanto vimos e ouvimos."[22] Os líderes estavam horrorizados! Quando foi a última vez que eles foram tão corajosamente desafiados? Quando foi que alguém ousou lhes falar a verdade frente a frente? Se eles tivessem refletido por um momento, teriam se lembrado de um homem que dois meses antes ficou perante eles em silêncio e confiança. Um homem tão digno e imponente que eles ficaram com a estranha sensação de serem eles os julgados, e não Ele. Embora não possamos saber se algum daqueles homens teve um déjà-vu, eles engasgaram e ameaçaram. No final, acabaram liberando Pedro e João. Eles não poderiam se arriscar a enfurecer a multidão que estava orando para Deus, envolvida nessa evidência milagrosa do poder do nome de Jesus.

Quando Pedro e João retornaram para a crescente irmandade de seguidores de Jesus e relataram tudo o que aconteceu, todos romperam em louvor e oração. "E assim que terminaram de orar, tremeu o lugar onde estavam reunidos. Todos ficaram plenos do Espírito Santo e, com toda a coragem saíram anunciando a Palavra de Deus."[23] Como uma motosserra quando ligada, a igreja rugiu de vida!

O testemunho de Pedro é uma exibição do poder do Espírito Santo de transformar a fraqueza em força, medo em coragem, timidez em ousadia, impulsividade em autocontrole, tolice em sabedoria e uma tendência a falhas em um ressonante e eterno sucesso!

Qual é o seu testemunho? Se você for sincero, diria que está tentando viver a vida cristã mas está tendo tanto sucesso quanto uma motosserra desligada? E se você for realmente sincero, gostaria de dizer a Deus que ser um cristão não funciona para você? Eu me pergunto se o problema não é a maneira como a vida cristã foi designada para viver. Será que o problema não é com você?

Embora tendo o poder do Espírito Santo dentro de você, a cooperação de sua entrega total, obediência e fé é necessária para ativá-lo. Talvez seja a hora de você "ligar os motores".

12

Seu Poder de Nos Transformar

Embora a evidência do poder transformador do Espírito Santo em minha vida não seja tão drástica quanto na vida de Pedro, ainda está presente para que outros vejam. Eu fui mudada...

... de alguém que tinha tando medo de falar em público que adoeceu antes de subir em um pódio para alguém capaz de percorrer um palco sem hesitar.

... de alguém que era tão tímida que sequer fazia compras sozinha para alguém que pode sentar-se diante das câmeras e responder às perguntas de um entrevistador.

... de alguém que hesitava em dar suas opiniões para alguém que apresentou o evangelho para hindus, judeus e muçulmanos.

... de alguém que se sentia presa a uma pequena casa com crianças pequenas para alguém que considera um privilégio ter ficado em casa e cuidado do marido.

... de alguém que era tão consumida por preocupações a ponto de ter diversos problemas estomacais para alguém que aprendeu a contar com o Pai e confiar na vontade Dele — especialmente quando tem dificuldades para compreender.

Embora o Espírito Santo tenha realizado uma série de mudanças em minha vida, elas não aconteceram ao mesmo tempo. Foram mais como as mudanças retratadas em Gênesis 1 com o planeta Terra. Foram graduais, progressivas, dia após dia, conforme minha fé crescia e se aprofundava pela minha relação com Jesus, fui me entregando cada vez mais a Sua absoluta autoridade e aprendendo a confiar no poder do Espírito Santo. Diz-se que "a conversão de uma alma é um milagre que acontece em um momento; porém, para se preparar uma pessoa santa, é necessária a vida toda".[1] Não obstante as mudanças aconteçam por meio da presença e do poder do Espírito Santo, nossa cooperação é necessária, pois ativamos o Seu poder pelas escolhas que fazemos.

Até um observador casual consegue notar as diferenças drásticas na vida de Pedro, e é óbvio que a mudança ocorreu não apenas pela presença íntima do Espírito Santo, mas por algo a mais. Repetidamente as Escrituras dizem que ele estava preenchido pelo Espírito Santo.[2] Nossa questão iminente se torna: o que é ser preenchido pelo Espírito Santo e como nós podemos vivenciar isso? É imperativo chegar a uma resposta, já que isso não é uma opção na vida Cristã. Nós somos ordenados a ser preenchidos pelo Espírito Santo.[3]

Apesar de existirem respostas mais complexas e teológicas para a questão primária do que é ser preenchido pelo Espírito Santo, uma simples analogia pode nos ajudar a explicar. Eu posso convidá-lo para visitar minha casa com limitações de acesso, permitindo-lhe ficar somente nos cômodos que estão apresentáveis. Eu o receberia na minha sala de estar ou sala de jantar ou solário. Mas morreria se você visse — pior ainda, entrasse — na lavanderia, que está sempre bagunçada. Eu não gostaria que você entrasse em meu quarto ou banheiro, que considero privados e fora dos limites. E sei que não gostaria que você fosse para o segundo andar porque eu dificilmente faço isso, o que deixa o local empoeirado ou raramente aspirado. Em outras palavras, você é bem-vindo para vir até minha casa, mas não é livre para ficar "à vontade". Para circular. Para olhar ou ir aonde quiser.

O mesmo pode ser verdade em um sentido espiritual. Nós podemos convidar Jesus na pessoa do Espírito Santo para entrar em nossas vidas mas depois dizer a Ele para, mais ou menos, ficar parado aí. Na porta. Ou nas áreas abertas ao público. Nós podemos negar a Ele acesso ou controle de áreas sensíveis que gostaríamos de manter privadas. Ou áreas abarrotadas de velhas e empoeiradas memórias de amargura, ressentimento ou culpa. Ou "cômodos" repletos de pilhas sujas de pecado que não queremos encarar.

Porém, se queremos experimentar todo o alcance do poder transformador do Espírito Santo, nós primeiro precisamos estar dispostos a abrir as portas de todas as áreas de nossas vidas e convidá-Lo para nos preencher.

Confissão de Nosso Pecado

Vamos começar com a pilha de louça suja — com o pecado que precisamos lidar, mas normalmente não temos coragem de encarar. Um aspecto importante de ser preenchido pelo Espírito Santo é este: Ele pode ocupar um recipiente pequeno ou grande, velho ou novo, pobre ou rico, educado ou ignorante, bonito ou simples, mas, por Deus ser perfeito e sagrado, Ele não pode preencher um sujo. Nosso pecado se torna um obstáculo.

Para ser preenchido pelo Espírito Santo, você e eu precisamos estar em dia com Ele, confessando nossos pecados assim que os percebemos, pedindo por purificação.

Ser preenchido pelo Espírito Santo é um processo diário, contínuo, que se assemelha à tarefa de limpar uma garagem. Eu mantenho um lado da garagem desocupado para que possa colocar meu carro nele. Mas o outro lado é um local conveniente para deixar coisas que não consigo colocar no sótão, móveis que guardo para meus filhos, sacos de fertilizante que não usei, cortadores de grama, espátulas, ferramentas de jardinagem, vasos de flores, latas de tinta ou qualquer outra coisa que não queira em casa. De tempos em tempos fica tão abarrotado que tenho dificuldades de andar por ali. Quando meu filho, Jonathan, me perguntou recentemente o que eu queria ganhar de Natal, eu disse que queria sua ajuda para limpar a garagem. Ele apareceu em janeiro para resolvermos aquela bagunça. Ele abriu as duas portas da garagem para deixar a luz e o ar fresco entrarem, começou pela primeira coisa que achou e foi abrindo caminho da entrada até o final, cuidando de algumas coisas ao empilhar e guardá-las. Mas a maioria ele acabou jogando fora. Quando acabou, ele fez uma varrição e ambos os lados da garagem estavam limpos e organizados. Todas as outras vezes que ele veio me visitar, verificou a garagem para ter certeza de que eu não estava lotando o espaço com coisas que precisaria jogar fora depois.

Nossos corações e vidas podem ser como minha garagem. O pensamento de limpá-los pode ser esmagador. Em vez de atacar tudo de uma única vez, você e eu precisamos abrir a "porta" e deixar a luz da verdade de Deus entrar. Deixar o ar fresco entrar por meio da oração. E aí começar pela primeira coisa que chamar sua atenção. Peça ao Espírito Santo para ajudá-lo a separar cada coisa com que você se deparar, algumas que precisam ser resolvidas e outras totalmente removidas. O Espírito Santo irá ajudá-lo a varrer seu coração e deixar sua vida limpa, permitindo que Ele o preencha. Ele constantemente verificará para ter certeza de que está tudo limpo para que você possa recebê-lo. Avisará se o vir acumulando novamente, como Ele fez comigo em inúmeras ocasiões.

Certo ano, eu estava procurando encontrar um presente de Natal para uma de minhas filhas. Eu sabia que ela queria um pijama específico. Quando fui na seção de roupa íntima de uma loja local, encontrei o estilo específico mas não o tamanho certo. Então encontrei uma solução inteligente. Se tirasse a parte de cima de um e combinasse com a parte de baixo de outro, eu teria exatamente o que estava procurando. Olhei ao redor para ter certeza de que ninguém estava observando antes de trocar as partes de dois pijamas diferentes. Prendi a respiração quando fui pagar, com medo que a vendedora percebesse que eu tinha trocado as peças. Mas ela não percebeu. Ela embalou minha compra, eu paguei e saí da loja satisfeita por conseguir um presente que sabia que minha filha amaria.

Meu prazer não durou nem o tempo de sair do estacionamento. Eu me senti tão mal que nem conseguia dirigir. Sabia que tinha roubado uma parte do pijama. É isso! Eu roubei algo. Ao trocar as peças do pijama, usei de enganação para comprar algo que a loja não tinha colocado à venda. Já era tarde, e eu sabia que precisava chegar em casa para preparar o jantar da família. Eu não poderia retornar à loja naquela noite. Então precisei lutar com a vergonha e a culpa durante toda aquela noite. Garanto a você que não conseguia orar. Não queria ler minha Bíblia. Eu estava mal.

Na manhã seguinte, eu estava do lado de fora da loja esperando as portas abrirem às dez horas. Quando abriram, fui direto para a seção de roupa íntima, olhei ao redor e avistei a mesma vendedora. Antes que pudesse me permitir abaixar a cabeça e sair, fui direto até ela, segurando a sacola com o pijama em uma mão e o recibo na outra. Olhá-la nos olhos foi extremamente difícil. Mas eu o fiz. Eu disse o que tinha feito, pedi desculpas e perguntei se poderia devolver o pijama. A cara espantada dela me dizia que ou ela não tinha entendido ou que nunca ninguém tinha confessado algo parecido. Ela não disse nada. Apenas deu de ombros e fez o recibo de devolução. Saí da loja sem o pijama da minha filha mas de coração leve, consciência limpa e a certeza de que o Espírito Santo estava mantendo minha vida livre de "entulhos".

Quando eu peco, o Espírito Santo me disciplina com condenação, vergonha e culpa até me sentir sufocada espiritualmente. Quase incapaz de pensar com clareza ou respirar fundo, estou consciente de que meu pecado O entristeceu e feriu.[4] Uma vez disseram que Ele é o mais desconfortável confortador que eles conhecem! Certamente essa foi minha experiência.

Certa vez menti para uma vizinha em uma conversa casual. Agora não consigo me lembrar sobre o que era a mentira. Eu me lembro de me sentir miserável com a condenação do Espírito Santo até pegar o telefone, ligar e contar para ela que tinha mentido, disse que sentia muito e pedi perdão. Ela graciosamente disse que não era nada demais. Embora ela tenha deixado minha mentira de lado, a humilde confissão teve um impacto. Primeiro de tudo, teve um impacto em mim. Foi tão doloroso que serve como um lembrete constante para não cometer o mesmo pecado. Mas também teve um impacto na vizinha. Ela observou meu desejo de ser sincera com Deus e, como resultado, quis se acertar com Ele também. Um tempo depois, ela veio para minhas aulas bíblicas e depositou sua fé em Jesus. A vida dela foi mudada, e a minha também, ao ajudar a corrigir qualquer tendência de distorcer ou faltar com a verdade.

Há algum pecado que o Espírito Santo está solicitando que você corrija? (No apêndice C, no final deste livro, eu providenciei uma lista de pecados que podem ajudá-lo a enfrentar e confessar os seus próprios.) A dor, embaraço ou humilhação podem soar como um preço alto, mas são altamente eficazes. O que você recebe como "pagamento" é o crescimento da plenitude do Espírito.

Entregue à Supremacia Dele

Para ser preenchido pelo Espírito Santo, os cômodos de nossa vida precisam não só ser purificados, mas ser preenchidos pelo acesso irrestrito Dele a todos os cantos e recantos, espaços sombrios, memórias, ambições, relacionamentos, atitudes, hábitos, pensamentos e todas as ações em nossas vidas. Toda área é colocada sobre a autoridade suprema Dele.

Uma das melhores definições do preenchimento do Espírito Santo foi dada por um grande evangelista que conheci anos atrás. Alan Redpath foi um famoso e renomado pregador britânico e autor de uma dúzia de livros, serviu como pastor na Duke Street Baptist Church em Londres e depois na The Moody Church em Chicago. Em uma palestra dele para um grupo de líderes da Irmandade de Estudos Bíblicos, Dr. Redpath sucintamente definiu o preenchimento do Espírito Santo como a passagem de uma entrega simultânea para um controle simultâneo do Espírito Santo. Eu nunca esqueci disso.

A definição do Dr. Redpath implica, com certeza, que não há um preenchimento que dure a vida toda. O preenchimento do Espírito Santo é um pouco como o Oceano Atlântico desaguando no Mediterrâneo. Conforme o Mar Mediterrâneo evapora, o Atlântico flui até ele, mantendo-o cheio. O mesmo é verdade sobre o preenchimento do Espírito Santo em nossas vidas.

Quando recebemos Jesus em nossos corações e vidas, Ele se manifesta na pessoa do Espírito Santo, conforme já vimos. E porque o Espírito Santo é uma pessoa, quando Ele vêm nos habitar, nós temos todo o Espírito Santo que poderemos receber. Em outras palavras, um novo crente tem a mesma quantidade do Espírito Santo que um crente mais velho, porque nós não recebemos uma pessoa em pedaços. Ainda assim, Ele parece nos receber aos poucos. Nos entregamos a Ele aos domingos, quando estamos na igreja, mas não às Segundas, quando vamos para o escritório. Nos entregamos a Ele nas noites de quarta-feira, quando vamos estudar a Bíblia, mas não nos sábados, quando saímos com nossos amigos. Nós entregamos para Ele nossas famílias, mas não os negócios. Nosso entretenimento, mas não a alimentação. Nosso ministério, mas não o casamento. Nosso passado, mas não o futuro. E assim por diante...

Pense nisso. Pergunte-se se vale a pena o custo de manter algumas áreas de nossa vida longe do Espírito Santo. Porque o poder Dele em sua vida é proporcional ao quanto você se entrega e confia plenamente Nele.

A Bíblia lembra que os seguidores de Jesus na igreja primitiva experienciaram múltiplos preenchimentos. Porém, é interessante notar que, embora fossem descritos como preenchidos pelo Espírito Santo, eles não se declaravam assim.[5] Talvez o motivo seja que as pessoas preenchidas com o Espírito Santo estão tão focadas em Jesus e absorvidas em preocupações com os outros que lhes falta autoconsciência.

Isso me faz dar uma pausa e me perguntar: o que será que os outros dizem sobre mim? O que será que os outros dizem sobre você? Alguém já o descreveu como uma pessoa preenchida espiritualmente? O que será que você e eu precisamos fazer para garantir que todas as partes de nossas vidas estejam preenchidas pelo Espírito?

Tire um tempo agora pra fazer um inventário de sua vida. O que você entregou? E o que não entregou? Talvez este checklist o ajude. Você entregou seu(s)/sua(s)...

... alimentação, exercícios (ou falta dele), entretenimento?
... carreira, igreja, filhos?
... casamento, ministério, memórias?
... dinheiro, motivos, métodos?
... prazeres, passatempos, dor?
... medos, família, fracassos?
... saúde, hábitos, esperanças?
... sonhos, decisões, dúvidas?
... reputação, relacionamentos, leituras?
... estresse, sucesso, doença?
... atitude, ambições, autoridade?
... passado, presente, futuro?

Volte à lista de novo. Dessa vez mais devagar. Peça ao Espírito Santo que aponte qualquer coisa que você não entregou à autoridade absoluta Dele; e então o faça. Agora. Tome a decisão consciente de deixar o controle de sua vida em qualquer área que Ele trouxer à mente. Então deliberadamente entregue a autoridade para Ele. Não tenha medo de entregar tudo. Não tema perder ou sentir falta, ser menos feliz ou menos satisfeito, ter menos prazer ou realização. Na verdade, entrega total é o caminho para a vida completamente abençoada e espiritualmente preenchida. (No apêndice B, presente no final do livro, sinalizei os passos que podemos tomar para permitir que o Espírito Santo livremente nos preencha, sem impedimentos.)

A decisão de se entregar deve ser difícil porque é muito contrária a nosso orgulho e senso de autossuficiência. O inimigo de nossas almas também agirá para resistir à decisão. Ele sabe que, assim que o fizermos, Deus nos preencherá com uma paz e alegria indescritíveis, derramando uma bênção seguida da outra. E, no processo, nós "estamos sendo transformados com glória crescente, na mesma imagem que vem do Senhor, que é o Espírito".[6]

Confiando no Poder do Espírito Santo

Quando conduzi os sermões de "Just Give Me Jesus", desafiei milhares de pessoas, que se reuniram nas arenas a se entregarem para Jesus. E se, naquele momento, elas estivessem dispostas a fazer essa escolha, eu as convidava a se erguer, levantar sua bandeira de rendição, que poderia ser um lenço ou um pedaço de papel ou uma fralda de bebê, e cantar as palavras de um velho e familiar hino como oração. Quero fazer a você o mesmo desafio agora. Não tenha medo. Use as palavras deste hino como sua própria oração:

Tudo a Jesus, eu entrego,
    Tudo para ele, dou livremente;
Vou sempre amar e confiar nele,
    Em sua presença, vivo diariamente.

Tudo a Jesus, eu entrego,
    Humildemente a seus pés, me curvo,
Prazeres mundanos, todos abandonados,
    Leve-me, Jesus, leve-me agora.

Tudo a Jesus, eu entrego,
    Faça-me, Salvador, completo;
Deixe-me sentir o Espírito Santo,
    Verdadeiramente Tu és meu.

Tudo a Jesus, eu entrego,
    Senhor, me entrego a ti;
Preencha-me com teu amor e poder,
    Deixe Tuas bênçãos caírem sobre mim.

Eu entrego tudo, eu entrego tudo,
    Tudo a ti, meu abençoado Salvador,
    Eu entrego tudo.[7]

Amém.

Se essa oração for sincera, então louve a Deus. Deus seja louvado! Ele levará sua entrega a sério. De muitas maneiras, sua vida só começou. Porque o poder do Espírito Santo é mais do que adequado para preencher você até transbordá-lo com Ele.[8] Ele lhe dará uma bênção seguida da outra enquanto o transforma em uma pessoa que reflete a beleza de Jesus, que está em você.[9]

13

Seu Poder de Transformar Outros

Pensando na igreja do primeiro século da Era Cristã, o Espíri-to Santo é a única explicação para o impacto que ela, em uma única geração, foi capaz de causar em todo o mundo. A tarefa destinada aos discípulos se tornou uma verdadeira missão impossível. Em sua maioria, os discípulos eram um grupo inculto, não treinado e eclético de homens do campo, de uma área desconhecida do mundo. Como eles poderiam convencer qualquer pessoa de que Jesus de Nazaré era relevante? Como eles poderiam convencer estudiosos judeus, que conheciam as Escrituras, profecias e cerimônias, de que esse mesmo Jesus era o tão aguardado Messias? Como eles poderiam convencer o povo judeu, que repetia todos os dias "Ouve, ó Israel: Yahweh, o nosso Senhor, é o único Deus",[1] que Jesus de Nazaré era Deus em carne, o redentor de Israel? Como eles poderiam convencer o mundo romano, que adorava muitos deuses, de que havia um verdadeiro Deus vivo e o nome Dele é Jesus? Como foi possível que, por volta de 380 d.C., os discípulos tenham sido tão bem-sucedidos que o Cristianismo foi declarado a religião oficial do Império Romano?

De que modo você e eu podemos convencer qualquer um de que um homem que viveu 2 mil anos atrás — e foi executado por cometer blasfêmia — é relevante hoje em dia? Como podemos convencer qualquer um da verdade...

"Porque Deus..." Que deus é esse? Nós adoramos nossos próprios deuses.

"amou o mundo de tal maneira que deu seu Filho Unigênito..." Único Filho? Não somos todos nós filhos de Deus?

"para que todo aquele que Nele crê..." Isso parece excludente e intolerante para mim.

"não pereça..." Perecer? Julgamento? Inferno? Que medieval.

"mas tenha a vida eterna..."[2] Eu não acredito que exista vida depois da morte. Eu acredito que apenas desaparecemos no fim.

Como é possível convencer os outros de que precisam de Jesus quando são mais novos que você? Eles estão colados nos iPhones, usando fones de ouvido, escondidos debaixo de capuzes e nem aparentam falar sua língua.

Como é possível convencer os outros de que precisam de Jesus quando são mais velhos que você? Eles parecem saber de tudo, ter escutado sobre tudo e ter chegado tão longe na vida sem Ele, muito obrigado.

Como é possível convencer os outros de que precisam de Jesus quando são seus pares? Eles estão trabalhando duro, vivendo a espera daquele final de semana ou férias dos sonhos. Talvez eles considerem Jesus quando se estabilizarem na carreira... ou quando finalmente colocarem os filhos na faculdade... ou quando seus filhos se casarem... ou quando o companheiro(a) se aposentar... você sabe, quando for mais conveniente.

Como é possível convencer alguém mais rico do que você de que precisa de Jesus? Eles têm tudo de que precisam e a maioria das coisas que querem.

Como você consegue convencer alguém mais pobre do que você de que precisa de Jesus? O que é que você sabe, de verdade, sobre passar fome e necessidade?

Como é possível convencer alguém mais inteligente do que você de que precisa de Jesus? Eles parecem saber de tudo. E, além disso, a autoconfiança deles é intimidadora, e fazem perguntas que você não pode responder.

Como é possível convencer alguém que está realmente magoado... de luto... de que há Alguém que o ama? Eles dão de ombros, olham para o lado e resmungam: "Então onde Ele estava quando isso e isso aconteceu? Por que Ele não impediu? Por que Ele deixa os inocentes sofrerem?"

Como é que qualquer um consegue convencer o outro da verdade? É pela lógica? Eloquência? Argumentação? Charme? Sagacidade? Simpatia? Como podemos convencer alguém a ver o invisível? Escutar o inaudível? Compreender o incompreensível?

Nós não podemos! Ninguém pode. Jesus explicou que não é nossa responsabilidade convencer as pessoas quando Ele disse a Seus discípulos, ao falar sobre o Espírito Santo: "Quando, então, Ele vier, convencerá o mundo do seu pecado, da justiça, e do juízo; quando o Espírito da verdade vier, Ele vos guiará em toda a verdade."[3]

Você e eu não fomos ordenados a ter sucesso ao falar sobre Jesus para os outros. Nós não fomos ordenados a guiar os outros para depositar sua fé Nele. Nós fomos simplesmente ordenados a ser fiéis ao declarar a verdade. Louvado seja Deus! O fardo da responsabilidade cabe ao Espírito Santo quando se trata de convencer os outros sobre a verdade de seus pecados e a necessidade de um Salvador.

Não Transformado por Nossa Força

Eu tive o privilégio de compartilhar a verdade com muitas pessoas ao longo dos anos, algumas face a face e outras em grandes grupos. Uma de minhas memórias mais doces é sobre uma linda senhorinha, uma querida amiga que participou de uma de minhas classes de estudo bíblico. Elizabeth sempre estava impecavelmente vestida e perfeitamente penteada, era charmosa ao falar e respeitável de uma forma elegante. Uma genuína dama sulista. Compartilhei o evangelho com ela em inúmeras ocasiões, mas ela sempre se ofendia. Ela se arrepiava com a sugestão de que precisava nascer novamente. Insistia que era uma cristã. Ela ia para a igreja, o marido dela ensinava na escola dominical, ela acreditava que Jesus era o Filho de Deus mas estava incerta se Ele era o único caminho até Deus. Tinha muitas perguntas sobre a Bíblia, e era defensora de pessoas que seguiam outras religiões. Em razão do meu amor por ela, tentei e tentei convencê-la da verdade — de que precisava nascer novamente.

Um dia estávamos sentadas no meu pátio e perguntei se alguma vez ela tinha confessado seus pecados, dito a Deus que sentia muito e pedido que a perdoasse e purificasse com o sangue de Jesus. Poderia ela apontar um momento que tivesse aberto o coração e O convidado para entrar não só como Salvador, mas como seu Senhor? Abordei nossa lição bíblica mais recente na qual Jesus disse que ela precisava nascer novamente se quisesse ver o reino dos céus.[4] Para o meu desânimo, essa elegante dama, que sempre exibiu autocontrole, ficou tão ofendida que se levantou, entrou em seu carro e foi embora da minha casa! Pelo resto do dia, me censurei por tê-la pressionado tanto, até enquanto orava por ela.

Muitos dias depois Elizabeth ligou e perguntou se poderia passar lá em casa. Claro que eu disse sim, então comecei a ficar apreensiva sobre sua visita. Estava ela voltando para reafirmar sua revolta? Teria ela novos argumentos para servir de munição contra o evangelho se aplicar a ela? Quando escutei a campainha tocar, convidei Elizabeth para entrar e, com certa apreensão, sentamo-nos na sala. Ela me disse que, após sair intempestivamente na semana anterior, no mesmo dia ela participara de um evento social. Ela disse que outra amiga que também estava no grupo de estudos bíblicos veio até ela, e Elizabeth, ainda incomodada com nossa conversa, despejou sua raiva e frustração. Essa amiga olhou direto nos olhos dela e disse: "Elizabeth, por que você não faz o que a Anne disse e vê se faz alguma diferença? Por que você simplesmente não ora, confessa seus pecados e pede a Jesus que a perdoe e entre em seu coração? Isso não vai doer."

A expressão de Elizabeth era calorosa e seus olhos brilhavam enquanto ela relatava o que aconteceu. Naquela mesma noite, ela e o marido dirigiram até a praia para tirar uns dias de descanso. Já era tarde da noite, e Elizabeth estava no banco de trás para descansar enquanto o marido dirigia. As palavras da amiga dela vieram até a cabeça, e ela as pesou seriamente. Ela decidiu ali, com seu marido no banco da frente, aceitar a sugestão da amiga e fazer o que eu tinha dito. Ela orou, confessou seu pecado, pediu perdão e depois convidou Jesus para morar em seu coração. Eu nunca vou esquecer sua exclamação de alegria quando ela disse: "Anne, eu senti como se tivesse tirado um peso! Um fardo que eu não sabia que estava carregando desapareceu! Anne, *eu sei* que nasci novamente!" E ela o fez!

Eu observei a diferença que Jesus, na pessoa íntima do Espírito Santo, fez na vida da Elizabeth. Ela ainda possui questionamentos, já que sua mente é inquisitiva, mas não discute mais. Em vez disso, ela recebe as respostas. Tornou-se uma mulher forte de oração que guia outros à presença de Deus e ativamente compartilha sua fé.

Novamente sou lembrada de que "'não por força nem mediante a violência, mas pelo poder do meu Espírito!', afirma o Eterno dos Exércitos".[5] Todas as minhas palavras não significaram nada até que Elizabeth procurou o Senhor por vontade própria. E estou convencida de que, embora minhas palavras e a dos outros a estimularam, o próprio Espírito Santo agiu para que ela se aproximasse Dele.

Outro exemplo do poder de convencimento que o Espírito Santo possui está na vida de um rapaz que chamarei de João. Ele foi criado em uma casa religiosa por pais rígidos. Eles aparentavam não saber nada sobre o amor de Deus, graça e perdão, e, desse modo, João também não sabia. Por oito anos o vizinho não só o abusou verbal e fisicamente como também o apresentou à pornografia. Como resultado, João estava convencido de que era indigno, mal-amado e desajustado. Ele nunca revelou o abuso ou vício, e seguiu em um rumo no qual tentava fugir das vozes em sua cabeça.

João tentou escapar de seus conflitos mentais e emocionais se entregando às mulheres. Depois aos esportes. Depois ao dinheiro. Muito dinheiro. Depois às drogas. Ao álcool. Morava em um palacete. Tinha carros de luxo. Roupas de grife. Fazia viagens exóticas. Ele se tornou o número um em lucros e o número dois em vendas de sua empresa. Mas nada conseguia apagar sua vergonha.

Conforme a pressão e as obrigações cresciam no trabalho, ele se voltou para a cocaína. Gastava US$1 mil por semana para sustentar o vício, fumava três a quatro maços de cigarro por dia e bebia uma garrafa inteira de algum destilado todas as noites só para conseguir dormir. E começou a jogar.

João, por fim, se internou em quatro clínicas de reabilitação diferentes, sem sucesso. Casou-se com a namorada quando ela engravidou, mas ela pegou o bebê e o deixou. Foi demitido, os carros de luxo foram tomados e ele ficou sem nada. Ele cheirou uns US$250 mil em cocaína e não tinha nada além de dívidas. Devia ao imposto de renda, companhias de cartão de crédito e traficantes. Quebrou, e então penhorou tudo que restava para comprar mais drogas. Ele roubou dos amigos e fugiu da lei e dos traficantes.

João acabou virando um sem-teto. Sem esperança. Sem um tostão. Sozinho. A um passo do suicídio. As vozes na cabeça dele começaram a gritar cada vez mais alto que ele não valia nada e era mal-amado.

Então o Espírito Santo se manifestou.

João esbarrou com Ed, um rapaz com quem havia farreado na época do trabalho. Ed lhe contou que não caía mais na farra porque Deus tinha mudado sua vida. João o dispensou e passou mais um ano fugindo e roubando para sustentar o vício. Então, encontrou Ed novamente. Quando Ed o convidou para ir até a igreja, João aceitou, e pela primeira vez na vida escutou o evangelho. Ele acabou voltando à igreja. E voltando novamente. Na terceira vez, João se levantou e entregou sua vida a Jesus. Ele se arrependeu.

Três meses depois, estava limpo e sóbrio. Parou de fumar e usar cocaína, sem desejo nenhum de fazê-lo novamente. As correntes do vício se romperam. Com o tempo, encontrou novos parceiros, pagou a todos que devia, recuperou seu relacionamento com a família da ex-mulher e com seu filho. Ele não recuperou o antigo trabalho, mas Deus lhe abriu as portas em uma nova empresa, na qual está indo muito bem.

A única explicação para a reviravolta na vida de João é o poder do Espírito Santo. Jesus o libertou. Ele descobriu que não era mal-amado ou indigno desde que Jesus deu Sua vida por ele. E descobriu que sua identidade estava no que Jesus pensava sobre ele, e não no que o vizinho lhe havia dito.

Mas Transformado pelo Poder Dele

Quem você conhece que precisa mudar? Um adolescente desobediente que está demonstrando sinais precoces de rebeldia? Um colega de classe que está bebendo sem parar? Um colega cuja linguagem obscena envenena o ambiente de trabalho? Um líder da igreja que exerce autoridade sem compaixão? Um irmão que está viciado em pornografia? Uma irmã solteira que está visitando pela terceira vez uma clínica de aborto? Um parente que está procurando por emoção durante uma crise de meia-idade?

Quantas vezes você avisou a pessoa sobre a necessidade de mudança? Você ligou, mandou mensagem, e-mail, falou com a pessoa, tentando esclarecer as consequências do caminho que ele ou ela tomaram — sem sucesso? Você ficou com raiva e frustrado a ponto de o relacionamento de vocês ficar abalado ou até mesmo sido desfeito? Sua preocupação e seu amor foram enxergados como desaprovação e julgamentos egoístas?

Sem perceber, podemos nos encontrar fazendo o papel do Espírito Santo na vida dos outros. Especialmente na vida de nossos filhos adultos, seus cônjuges ou nossos netos. Uma coisa é dar um conselho, outra coisa diferente é tentar convencê-los de que estão pecando. Não funciona. Eu sei. Eu tentei. Quando busquei convencer outras pessoas de comportamentos errados, acabei não ajudando e sim danificando nossos relacionamentos a ponto de eles pararem de escutar qualquer coisa que eu dissesse.

Seu Poder de Transformar Outros

É um grande alívio saber que não é meu trabalho convencer ninguém de que está pecando. Esse trabalho é do Espírito Santo. Isso me deixa livre para amar as pessoas do jeito que elas são. Sim, eu posso aconselhar se estiverem abertos a isso. Sim, eu posso falar a verdade no amor. Sim, eu posso apontar as possíveis consequências dos pecados. Mas, no fim, a coisa mais eficaz que posso fazer é orar por eles com um coração cheio de amor. Porque o poder de transformar é só Dele.

O apóstolo Paulo se importava tanto com os outros que, seguindo sua própria experiência de salvação, devotou sua vida a não apenas trazer os outros à salvação por meio da fé em Jesus, mas também a ajudá-los a amadurecer sua fé e divindade. Ele lamentou por eles, pregou para eles, demonstrou as virtudes dele, mas no fim os confiou Àquele que era o guardião de suas almas.

Quem, como Paulo, você está lamentando? Testemunhando? Devotando-se a ajudar a amadurecer na fé? Às vezes é difícil até saber como orar pelas pessoas com quem nos importamos. Escreva o nome deles. Depois use as lindas e amorosas palavras de Paulo na oração para os crentes Efésios conforme você ora para aqueles que deseja desesperadamente que mudem:

"Oro para que, juntamente com suas gloriosas riquezas, Ele vos fortaleça no âmago do vosso ser, com todo o poder, por meio do Espírito Santo. E que Cristo habite por meio da fé em vosso coração, a fim de que arraigados e fundamentados em amor, vos seja possível, em união com todos os santos, compreender a largura, o comprimento, a altura e a profundidade dessa fraternidade, e, assim, entender o amor de Cristo que excede todo conhecimento, para que sejais preenchidos de toda a plenitude de Deus."[6]

Quarta Parte

Abraçando o Propósito do Espírito Santo

Nós, que com a face descoberta contemplamos, como por meio de um material espelhado, a glória do Senhor, conforme a sua imagem estamos sendo transformados com glória crescente, na mesma imagem que vem do Senhor, que é o Espírito.
— 2 Coríntios 3:18

Como eu, você já pensou em prioridades do mesmo modo que pensa nas resoluções de Ano Novo? Pode ser uma lista parecida com esta:

- Perder peso
- Começar a fazer exercícios
- Tomar menos refrigerante
- Beber mais água
- Ingerir menos açúcar
- Ler mais livros
- Dormir mais cedo
- Acordar cedo

Como usar uma escopeta para atirar em uma mosca esperando que pelo menos um entre centenas de estilhaços acerte o alvo, nós fazemos resoluções torcendo para que, pelo menos, uma entre todas elas se cumpra até o final do ano. A realidade é que raramente mantemos alguma no mês seguinte, quem dirá nos próximos doze.

Lamentavelmente, muitos de nós conduzimos nossas vidas de acordo com a mesma filosofia. Falta prioridade em nossos dias porque não temos um propósito claro em nossas vidas. Isso nos faz apenas reagir diante dos desafios e oportunidades que surgem. No fim, nos encontramos em uma vida dispersa com poucas coisas relevantes a se mostrar e, no pior dos casos, desperdiçada e vazia de significado. O que todos precisamos é de um claro propósito ao qual dedicarmos nossas vidas.

Qual é seu propósito de vida? Para ser honesta, quando era mais nova, eu nunca pensei muito sobre como seria minha vida. Meu objetivo era simplesmente passar de ano na faculdade para frequentar o ano seguinte. Eu estava motivada a fazer meu melhor, mas o que realmente queria era me formar para assim deixar aquele nível de educação para trás. Nunca tive um desejo forte de ir além disso. Antes que eu percebesse, Danny entrou em minha vida e acabamos nos casando.

Não estou certa de quando a sensação de vazio começou a se manifestar bem lá no fundo. Eu me lembro de estar deitada na cama, encarando a noite através da janela com meu marido silenciosamente dormindo ao lado. Olhei para o céu estrelado e senti uma ânsia por algo mais. Era uma vontade que não estava completamente satisfeita com o nascimento do primeiro filho ou com as noites de estudo bíblico que oferecíamos em nossa casa para atletas universitários aos domingos ou as manhãs de estudo bíblico na quinta-feira que eu compartilhava com jovens mulheres da minha idade. Na verdade, a rotina de responsabilidades — fazer a cama, preparar o café da manhã, lavar a louça, ir para o trabalho, lavar as roupas, preparar o jantar, limpar os pratos, me arrastar para a cama, dormir, depois repetir todas essas responsabilidades no dia seguinte — apenas intensificava minha ansiedade.

Olhando para trás, sei que a ansiedade que sentia era por uma vida com significado, um motivo para viver que fosse maior do que eu. Era uma ânsia por propósito.

E você? O propósito pelo qual tem vivido continua a desafiá-lo e completá-lo? Ou você também sentiu um vazio interno? Você tem ansiado viver por algo mais? Maior? Melhor? Se sim, talvez possamos ser encorajados pelo fato de que outras pessoas como nós têm ansiado por significado, como evidenciado no best-seller *Uma Vida com Propósitos*, no qual o autor, Rick Warren, se concentra na pergunta que é feita quase que universalmente: o que estou fazendo aqui?

Essa ânsia por significado também pode ser vista na popularidade absurda das selfies e Snapchat, Instagram e Facebook. As pessoas fazem coisas que gerações anteriores considerariam vergonhosas e inaceitáveis. Elas se desnudam, xingam, protestam e imploram por reconhecimento, popularidade e notoriedade. Por quê? De onde vem esse desejo por algo maior? Por que somos incitados a ansiar por uma vida mais do que comum?

Podem existir duas respostas. Uma é que somos criados à imagem de Deus, com a capacidade de conhecê-Lo pessoalmente, em uma relação permanente, com o propósito de trazer glória para Ele. Até que esse propósito seja cumprido, nós seremos vazios, profundamente insatisfeitos e incompletos enquanto continuamente tentamos preencher o vazio com substitutos.[1]

Abraçando o Propósito do Espírito Santo

Mas, e quanto a nós, que estabelecemos uma relação permanente e pessoal com Deus por meio da fé em Jesus Cristo? Por que alguns de nós também estão inquietos e insatisfeitos, ansiando por algo maior? A única resposta viável parece ser o Espírito Santo, que começa a semear em nós o desejo de viver por um propósito maior do que nós mesmos.

Alguns anos atrás vivenciei a maravilha de comparecer a um concerto ao ar livre em Viena, Áustria. Um amigo e eu nos sentamos em cadeiras confortáveis dispostas em um semicírculo ao redor do palco de uma pequena concha acústica. Era fascinante observar os músicos tomarem seus lugares, depois escutar as notas dissonantes que surgiam enquanto afinavam seus instrumentos. Passados alguns momentos, todos se aquietaram. Em uma atmosfera repleta de expectativa, um homem baixo subiu ao palco e ergueu uma batuta com a mão direita, acenando, apontando e direcionando os músicos à frente dele. O som era primoroso. Embora não seja nenhuma perita, eu sabia que sem o maestro ouviríamos sons mas não as incrivelmente belas valsas de Johann Strauss que preencheram o local.

De certo modo, nossas vidas são como uma sinfonia. E o Espírito Santo é o maestro. Ele é aquele que conduz a bela música de uma vida que glorifica a Deus. Como o maestro apontando sua batuta, o Espírito Santo nos desperta, nos guia, nos acende, nos molda e nos equipa até que nossas vidas ressoem com a glória do Senhor.[2]

14

Ele Nos Desperta

Quando era recém-casada, olhando para o céu noturno e ansiando por algo mais, eu acreditei que o Espírito Santo pairava em meu coração e mente para mexer com minha vida espiritual, assim como pairou sobre o planeta Terra no começo para trazer vida. Acredito que Ele energizou meu espírito e despertou a vontade de romper com uma fé mundana, medíocre, e buscar Deus. Não há outro motivo para a sensação que tenho até hoje de trazer glória a Deus ao cumprir com a vontade Dele para minha vida. Meu pai colocava da seguinte maneira: "A única explicação para Anne é o Espírito Santo." E eu acredito que papai estava certo.

Para que possamos nos transformar na imagem de Jesus Cristo e trazer glória para Ele ao refletir sua imagem e semelhança, o Espírito Santo nos energiza, ou desperta, para a vida espiritual.[1]

ELE NOS DESPERTA PARA VIVER

O Espírito Santo nos desperta quando estamos inseguros, incrédulos e fora da família de Deus, e tem o objetivo de nos levar a reconhecer que somos pecadores, renunciar ao pecado, buscar a cruz e clamar Jesus como Salvador e Senhor. O renascimento é o resultado do despertar milagroso Dele em nossas vidas.[2] Ainda jovem, não tive dúvidas de que Ele me despertou para a vida espiritual quando confessei meu pecado, pedi perdão, convidei Jesus para dentro do meu coração como Salvador e Lhe entreguei minha vida como meu Senhor. Eu sabia ter renascido na família de Deus. Eu sabia ter a vida Dele dentro de mim.

Embora o despertar espiritual do Espírito Santo seja difícil de descrever, ele é similar ao despertar físico que uma mulher vivencia quando está grávida. Nunca esquecerei, após ter passado por meses de infertilidade e dois abortos espontâneos, como foi receber a notícia de que não só estava grávida, mas que o bebê tinha crescido o bastante para senti-lo se mover dentro de mim. Qualquer mulher que carregou uma criança sabe da emoção que é sentir os pequenos movimentos que confirmam o que os médicos estavam dizendo — temos um bebê a bordo! Não há dúvidas na mente dela de que uma vida está crescendo lá dentro.

Ele Nos Desperta para Crescer

Assim que nascemos de novo e temos a certeza da vida Dele dentro de nós, o Espírito continua a nos despertar, ou estimular, para crescer dentro da maturidade da fé.

Nossa consciência do despertar do Espírito pode começar com um pequeno movimento. Apenas um pequeno desejo, uma fagulha de fé, uma pequena escolha. Jesus explicou desta maneira: "É o Espírito quem dá vida; a carne em nada se aproveita; as palavras que Eu vos tenho dito são Espírito e são vida."[3] Em minha experiência, o despertar da vida espiritual chegou em consonância com as leituras e estudo da Palavra de Deus.

Isso foi o que vivenciei como mãe de três crianças pequenas. O Espírito já me despertava ao estimular o desejo de ser uma esposa e mãe melhor. Eu observei a paciência e a piedade de minha mãe ao criar cinco de nós sem o envolvimento diário de meu pai, e eu queria o mesmo. Concluí que a força interna e beleza dela vieram do tempo que passou com Deus em oração e lendo a Bíblia. Apesar de querer o mesmo, me faltava a força de vontade de tornar aquela disciplina um hábito consistente. Olhando para trás, sei que foi o Espírito Santo que implantou o desejo em meu coração, depois o estimulou até que eu tomasse uma atitude.

Ao me falarem pela primeira vez da Irmandade de Estudos Bíblicos, eu a reconheci como uma possível resposta para minha necessidade. Quando nenhuma outra pessoa se disponibilizou a dar as aulas e ensinar, assumi esse papel. Eu sabia que a preparação para o sermão semanal me forçaria a me concentrar nas Escrituras. Estava certa. Forçou. Como resultado, acredito que com o tempo me tornei uma esposa e mãe melhor — não no nível de minha mãe, mas certamente melhor do que se não tivesse conduzido as aulas.

No primeiro ano que ensinei, nos dedicamos ao livro de Gênesis. Embora amasse toda a clareza e aplicação prática que colhemos dos primeiros onze capítulos, meu objetivo de vida tomou forma quando começamos o Capítulo 12. Conforme estudava a vida de Abraão, ele parecia sair das páginas da Bíblia e entrar em minha vida. Eu o via como um homem comum que viveu uma vida extraordinária e repleta de significado porque ele seguia a fé em Deus um passo de cada vez, por toda sua vida. Ele não era perfeito. Falhou miseravelmente diversas vezes. Mas nunca desistiu. Nunca voltou ao jeito antigo de ser. O resultado foi que não apenas ele e seus descendentes foram ricamente abençoados no relacionamento com Deus, mas também que Abraão estabeleceu uma amizade com Deus.

Abraão não disse que era amigo de Deus. Foi Deus quem disse três vezes nas Escrituras que Abraão era amigo Dele.[4] Isso foi impressionante para mim, inspirador. Se eu lhe dissesse que sou amiga da rainha da Inglaterra, você poderia sorrir, pensando que no mínimo é um exagero. Mas se a rainha dissesse que Anne Lotz era amiga dela, isso seria diferente.

Então, bem ali, depois de ensinar por alguns meses, eu sabia qual era meu desejo. Queria, e ainda quero, um relacionamento com Deus que um dia Ele descreverá como uma amizade. Meu raciocínio é que, se Abraão foi capaz de conhecer Deus a ponto de Deus descrevê-lo como amigo, por que então eu não poderia?

Embora nenhum ser humano seja capaz de compreender a altura, a profundidade, a largura e o alcance de quem Deus é, tomei a decisão de conhecê-Lo e crescer com esse conhecimento. Quero conhecê-lo melhor hoje do que ontem. Melhor amanhã do que hoje.

Ao refletir sobre o que significa conhecer Deus, pensei naqueles na Bíblia que o conheciam e decidi que queria a mesma coisa. Eu queria conhecê-lo como...

... Noé, como seu Refúgio da tempestade e sua Salvação do julgamento.

... Abraão, como seu Amigo.

... Hagar, como o Deus que me vê.

... Moisés, como o Libertador e Quebrador de Correntes, Aquele que abre o caminho quando não há um outro disponível.

... Josué, como o Capitão dos exércitos do Senhor.

... Elias, como o Profeta de Fogo, o Fazedor de Chuva e a Voz do silêncio que passa.

... Davi, como o Pastor.

... Isaías, como a glória do Senhor sentada no trono.

... Mesaque, Sadraque, Abede-Nego, como o Filho de Deus no fogo com eles.

... Daniel, como Aquele que fecha a boca dos leões.

... Maria, como um bebê em Sua humanidade.

... Maria, Marta e Lázaro, como a Ressurreição e a Vida.

... Pedro, como o Perdoador e Restaurador.

... Paulo, como o Redentor que tem poder para transformar.

... João, como o Rei dos reis e Senhor dos senhores, que reina para todo o sempre.

Por que você e eu não poderíamos conhecer Deus como eles? Se Deus é o mesmo ontem, hoje e sempre — e a Bíblia diz que Ele é — então Ele não mudou.[5] Portanto, se não O conhecemos como as pessoas na Bíblia, não há nada de errado com Deus, mas sim algo de errado conosco.

Quando percebi isso, busquei criar uma amizade com Deus um passo por vez, pelo resto de minha vida.[6] A única explicação para tomar essa decisão, e seguir com ela, é o despertar do Espírito Santo. Ele me deu um desejo insaciável de crescer na minha fé e no relacionamento com Deus — conhecer, amar, obedecer e servir a Deus. Embora demande um compromisso para toda vida, ele me guiou para a coisa que mais buscava: uma vida de significado... vida capaz de fazer uma diferença positiva e eterna na vida dos outros... vida que Lhe traz glória no dia a dia, conforme busco crescer em minha fé e no conhecimento sobre Seus desígnios.

E você? Se tem certeza de estar salvo e, consequentemente, sabe que tem um relacionamento pessoal e permanente com Deus, percebeu o privilégio que é conhecê-Lo? Realmente conhecê-Lo? Quão bem você conhece a personalidade Dele? Sabe o que Ele deseja? O que O agrada? Quais são os planos Dele? A extensão dos poderes Dele? O que Ele pensa sobre você e sua família? Você vivenciou a plenitude da promessa Dele?

De que modo pretende cumprir seu propósito de vida? Como veremos no próximo capítulo, nosso propósito geral de vida é glorificar a Deus e desfrutar da companhia Dele no processo. Em outras palavras, devemos viver para que quando os outros nos vejam ou escutem ou conheçam, eles sejam atraídos para Deus e queiram conhecê-Lo também.[7] Para tanto, devemos aplicá-lo de acordo com nossos respectivos papéis. Sou agora, literalmente, uma viúva e órfã. Eu quero que outros observem como Jesus seria se Ele também fosse uma viúva e órfã e trouxesse glória a Deus pela maneira que cumpro meu papel. Também sou mãe e avó. Quero viver de um modo que os outros sejam capazes de ver como Jesus seria se Ele fosse uma mãe para meus filhos e uma avó para meus netos — com o objetivo de que eles queiram conhecê-lo por conta própria. Se você é um médico, então seu objetivo é mostrar às pessoas como Jesus seria se Ele fosse um médico para que elas tenham vontade de conhecê-Lo. Se você é um professor, então seu objetivo é mostrar às pessoas como Jesus seria se Ele fosse um professor para que elas tenham vontade de conhecê-Lo. Se você é um advogado, então seu objetivo é mostrar às pessoas como Jesus seria se Ele fosse um advogado para que elas tenham vontade de conhecê-Lo. Se você fosse um cozinheiro, um político, um atendente de fast-food, um carteiro, uma enfermeira, um corretor de imóveis, um zelador... o que você for, seu objetivo é atrair as pessoas para Jesus pelo que você faz e diz... por quem você é... para que eles também queiram conhecê-Lo. Alcançar esse objetivo ajuda a cumprir seu propósito de vida de trazer glória a Deus!

Ele Nos Desperta para Servir

Embora tudo que foi dito anteriormente seja verdadeiro, você e eu temos papéis específicos para desempenhar no que tange a nossos propósitos de vida e significado.[8] E isso envolve servir.

Quando nossa relação com o Pai cresce a ponto de o amarmos com todo coração, mente, alma e força — quando experimentamos a alegria profunda, paz permanente e gratidão avassaladora de saber que somos membros da família Dele e que Sua casa divina é nossa herança — então é lógico que seremos motivados a viver de tal maneira que buscaremos pagar a suprema dívida de amor que temos com Ele.[9]

Amor não é apenas um substantivo. É mais do que isso. O Espírito Santo desperta, ou estimula, nosso amor por Deus colocando-o em um patamar mais elevado: queremos fazer algo por Ele. Isso é servir. Servir não é algo que temos que fazer. É algo que queremos fazer. É o transbordar do amor e adoração Àquele que estamos conhecendo. O apóstolo Paulo expressou desta forma: "Deus derramou seu amor em nossos corações, por meio do Espírito Santo que Ele mesmo nos outorgou."[10] "É Deus quem produz em vós tanto o querer como o realizar, de acordo com sua boa vontade."[11]

Um modo de descobrir o serviço que Deus tem para você é observar sua vida. O que Deus colocou em seu caminho?[12] Deus não é caprichoso. Ele é muito direto a respeito do que permite em nossas vidas, então pense bem. Caso seus pais tenham sido abusivos ou alcoólatras, pode ser que Ele queira usar seu sofrimento para ajudar outras pessoas? Se você passou por um divórcio, câncer, falência ou outro desastre semelhante, pode ser que Deus tenha preparado você para pregar para outras pessoas que passaram por experiências similares? Se você foi um sem-teto ou o CEO de uma empresa da *Fortune* 500, será que Deus não quer usar você para alcançar outras pessoas que estão na mesma posição?

Você consegue perceber? Isso é tão excitante! Nada é por acaso! Toda sua experiência de vida é digna e pode ser usada para impactar a vida de outra pessoa. O Espírito Santo nos transborda com a graça de Deus para que possamos despertar e olhar além — da nossa dor e sofrimento ou nossa felicidade e sucesso — para alcançar e ajudar outras pessoas.

Vivenciei isso quando fui diagnosticada com câncer. Imediatamente senti uma paz profunda e um tremendo senso de expectativa que jamais me deixaram. Um motivo, além das orações de milhares de pessoas, foi que o Espírito Santo me fez olhar para além das minhas questões e observar o sofrimento de outros milhares de pessoas na mesma situação. Pessoas que talvez duvidavam de Seu amor, presença e bênçãos devido ao que estavam vivenciando. Eu me senti honrada — privilegiada — por sofrer com eles, por nenhuma outra razão além de compartilhar de Seu amor, presença, bênçãos, devoção e companhia constante.

Na terceira parte dividi com vocês a história de João, que, após 13 anos de vício em cocaína e álcool, sofrendo todas as consequências físicas, práticas, emocionais e profissionais de sua vida pecaminosa, foi redimido por Jesus e transformado pelo poder do Espírito Santo. No entanto, a história dele não termina ali. João começou a ajudar pessoas semelhantes a ele. Passou a alimentar os sem-teto. Iniciou um programa de recuperação para combater o abuso de drogas, assim como para ajudar aqueles que se sentiam indignos e insignificantes. Ele se envolveu com a pregação nas prisões. Como resultado, João descobriu um propósito superior a qualquer outro que imaginou para sua vida. Um propósito que o levou a caminhar pelas ruas e prisões compartilhando a esperança e liberdade que ele encontrou no perdão e graça de Jesus Cristo.

Enquanto eu escrevia sua história, João compartilhou comigo que, durante uma visita recente à prisão, um interno confessou ter matado a própria esposa e o homem com quem ela teve um caso. João então compartilhou com esse homem sua própria experiência após a conversão e transformação pelo poder do Espírito Santo. João se casou uma segunda vez. Agora ele estava disposto a ser um marido cristão devotado a seu casamento. Ele a serviu assim como teria servido ao Senhor, não apenas providenciando o atendimento de suas necessidades, mas fazendo o melhor possível para facilitar a vida dela ao assumir as tarefas diárias do lar. Por 15 anos tudo parecia ideal conforme serviam ao Senhor juntos. Até que um dia ela o deixou e se mudou para viver com um homem que conheceu. Ele tentou fazer todo o possível para reconquistá-la, mas dois anos depois eles se divorciaram. Nas palavras dele: "Eu me aproximei de Deus nesse período. Não fugi. Não tentei escapar. Pela misericórdia e graça Dele, fui capaz de suportar aquela dor. Mas Deus estava lá."

À medida que João compartilhava sua experiência dolorosa com aquele detento, o homem caiu nos braços dele e começou a chorar — e então entregou seu próprio coração para Jesus. E ao trazer a vida para outra pessoa que estava tão ferida quanto ele, João vivenciou o propósito de Deus por uma nova perspectiva. Novamente, ele testemunhou como o Espírito Santo utiliza as partes danificadas de nossas vidas para trazer bênçãos e vida para os outros — e, em última instância, glória a Deus!

Reflita um pouco. O que existe em sua experiência de vida? Como você pode usá-la para cumprir seu propósito de trazer glória a Deus ao ajudar os outros? Quem se beneficiaria ao saber da fidelidade de Deus em resgatá-lo e ajudá-lo a superar as adversidades? Pense nisso. Está o Espírito Santo despertando você para abraçar o propósito Dele ao utilizar suas experiências, por mais difíceis e desafiadoras que sejam, para ajudá-lo a cumprir seu objetivo?

15

Ele Nos Guia

Para evitar uma vida sem direção ou rumo, grupos de liderança ou seminários de carreira explicam que devemos determinar qual é nosso propósito e definir objetivos para poder alcançá-lo. Logo, as prioridades que estabelecemos são os passos necessários para completar os objetivos e finalmente cumprir o que determinamos. Aplicando isso aos seguidores de Jesus Cristo, precisamos determinar o propósito geral de nossas vidas, definir os objetivos e estabelecer prioridades para alcançar os objetivos definidos.

Precisamos de uma orientação pessoal e constante para nos manter focados.

Quando eu era uma jovem crescendo nas montanhas, o começo do verão era anunciado pela chegada de um passarinho azul-cobalto de asas negras. Ele se empoleirava no topo de uma árvore bem em frente ao nosso gramado. O som inconfundível de seu canto ecoava pela casa, a *Pequena Enseada de Carvalhos*. Quando escutava, eu corria atrás dos binóculos de meu pai, que ele guardava numa bolsa de couro no escritório. Eu pegava os binóculos com muito cuidado, corria até a varanda, pressionava as lentes contra o rosto e apontava na direção do som do pássaro. Mas tudo ficava embaçado... montanhas, árvores, cerca e grama. Então eu mexia no pequeno anel entre as lentes e tudo ficava em foco. E lá estava ele, balançando no topo da árvore, com o bico apontando para o céu, cantando com todo o coração.

De um modo similar, quando fixamos nossos olhos em Jesus, buscamos a integridade, vivemos pela verdade e completamos o propósito de Deus para nossas vidas, o Espírito Santo nos guia, afiando nosso foco em meio às distrações e confusões da vida.

Se você fez essa escolha, no que tem focado sua vida? Caso seja sincero, você diria que seu foco está multifacetado? Um pouco embaçado pelas múltiplas responsabilidades e demandas? O propósito geral de sua vida é ser bom? Ser santo como Ele é santo? Ser preenchido pelo Espírito Santo? Guiar os outros para ter fé em Jesus Cristo? Manter sua fé durante as dificuldades da vida? Aprender a ter uma oração poderosa? Chegar ao Paraíso com uma abundância de ofertas para dispor aos pés Dele? Embora possa ter objetivos impressionantes, nenhum deles é suficiente como propósito pelo qual viver. Talvez seja hora de pedir ao Espírito Santo que gire o "anel" e melhore seu foco.

Antes de ser batizada aos nove anos na Igreja Presbiteriana de Montreat, precisei memorizar o Breve Catecismo de Westminster. Só percebi anos depois que o Espírito Santo o usaria para me guiar até o meu propósito de vida, e Ele o fez. Ele colocou o propósito em foco na única pergunta e resposta que até hoje consigo lembrar: "Qual é o fim principal do homem? O fim principal do homem é glorificar a Deus e gozá-lo para sempre."[1] Não compreendi a importância dessa declaração na época, mas agora entendo que ela indica qual é nosso propósito — nosso "fim principal" — como seguidores de Jesus: glorificar a Deus. Pura e simplesmente. Em tudo o que fizermos. Em tudo o que dissermos. Em quem nós somos.

E esse propósito geral coloca nossa vida em foco. É na verdade o mesmo propósito pelo qual Jesus viveu e morreu.

Focados em Glorificar o Pai

Na oração que Jesus fez na noite em que foi traído, relatada em João 17, Ele declarou Seu propósito de vida: "Eu te glorifiquei na terra." Seu propósito era glorificar Seu Pai, revelando a presença Dele em tudo o que dizia e fazia para atrair os outros a fim de que O adorassem e se reconciliassem com Ele.

Se o propósito de vida Dele era glorificar a Deus, qual foi o objetivo que permitiu que alcançasse Seu propósito? Ele revelou que era "finalizando a obra que me entregaste para realizar".[2] Completar o trabalho que Seu Pai tinha, para Ele envolvia buscar a vontade de Deus por meio da oração, submissão e obediência em todos os momentos de todos os dias.

Isso nos traz para as prioridades Dele. Se Jesus fosse cumprir o objetivo de finalizar o trabalho de Seu Pai, não seria acidente. Não seria coincidência. Não seria sorte. Seria porque Ele estava intencionado. Focado. Para completar Seu objetivo de finalizar o trabalho de Seu Pai e, portanto, cumprir seu propósito maior de trazer a glória a Deus, Ele estabeleceu prioridades específicas. Podemos observar isso bem nos primórdios de Seu ministério.

Jesus e Seus discípulos estavam caminhando da Judeia no sul até a Galileia no norte. Uma rota passava pela área da Transjordânia. Embora houvesse outro caminho, muitos judeus o evitavam pois passava pelo território dos Samaritanos. Entretanto, a Bíblia claramente declara: "Era-lhe necessário atravessar por Samaria."[3] Tendo em mente que o propósito geral Dele era trazer glória a Deus, fica implícito que, naquele dia particular, Ele tinha um objetivo específico. Cumprir aquele objetivo definia como prioridade passar por Samaria.

Na fonte de Jacó em Sicar, Jesus conheceu uma mulher samaritana que tinha um intenso desejo em seu coração por Deus. Após conversarem, ela correu pela cidade para contar aos outros sobre Alguém capaz de dizer tudo que acontecera na vida dela.[4]

Os discípulos retornaram com comida, mas Jesus explicou: "Tenho um alimento para comer que vós não conheceis."[5] Surpresos, os discípulos se perguntavam onde Ele conseguira algo para comer no meio do nada. Jesus abertamente lhe contou: "A minha comida consiste em fazer a vontade daquele que me enviou e consumar a sua obra."[6] Claramente, Ele não estava falando do almoço. Ele falava sobre o objetivo de Sua vida, que não era comer, dormir, descansar, aproveitar a vida, ser popular, ser famoso ou viver de acordo com a expectativa dos outros, ou qualquer outra coisa além de fazer e terminar o trabalho que Deus havia lhe dado. Por quê? Pois, ao terminar o trabalho de Seu Pai, Seu Pai seria glorificado, e esse era Seu propósito geral.

Focado com uma Resolução Firme

Perceba a clareza do propósito de Jesus enquanto ditava Seus objetivos e determinava Suas prioridades. Impressionante, não é? Ganhamos clareza sobre o que era necessário para Jesus alcançar Seu propósito de vida e cumprir seu objetivo ao ler a profecia de Isaías sobre o Messias: "Por isso eu me opus firme como sólido rochedo."[7] Era necessária uma resolução firme para cumprir Seu propósito, um foco inabalável em Seu objetivo e um comprometimento fiel para definir as prioridades diárias e perseverar a todo custo até o dia em que Ele ascendesse de volta ao Paraíso.

Vamos tentar colocar isso em perspectiva. Jesus deixou tudo que conhecia no Paraíso para cumprir a vontade de Seu Pai na terra. Como Filho de Deus, Criador de tudo, Jesus viveu toda a eternidade cercado pela presença do Pai e do Espírito Santo. Desde o começo do tempo e espaço, Ele recebeu a adoração do universo. Mas se ergueu do trono do Paraíso, tirou Seu manto de glória e veio até a terra para nascer em um estábulo, rodeado de sujeira, pobreza e ameaças à Sua pequena vida. Durante Seu ministério terreno, Ele nunca teve uma casa para chamar de Sua ou um local para descansar Sua cabeça. Em vez de ser adorado, foi traído, blasfemado, desprezado e rejeitado. No fim, foi crucificado. Mas Ele se ergueu dos mortos para salvar todos aqueles que O procuram, oferecendo perdão do pecado e dando a eles, em vez de julgamento e inferno, vida eterna e Paraíso. Pelo sacrifício de Sua própria vida, Ele é capaz de nos trazer uma profunda convicção sobre nossos pecados, confissão e reconciliação com Ele.[8]

Seu Pai foi glorificado, Seu objetivo de finalizar o trabalho de Seu Pai foi cumprido e as prioridades que estabeleceu permitiram que completasse tudo o que Deus tinha para Ele. Para que não exista dúvida, Ele colocou um ponto de exclamação sobre tudo o que foi dito quando gritou da cruz: "Está consumado!"[9] Deus seja louvado! Jesus colocou de volta então seu manto de glórias não só como o Filho de Deus, mas também como o Filho do Homem. Ele nunca teria alcançado tudo o que fez se tivesse perdido o foco, mesmo que por um momento. O escritor dos Hebreus descreveu com perfeição: "Olhando fixamente [ficando focado] para o Autor e Consumador da fé: Jesus, o qual, por causa do júbilo que lhe fora proposto, suportou a cruz, desprezando a vergonha, e assentou-se à direita do trono de Deus."[10]

Pense comigo por um momento enquanto lhe pergunto novamente: no que você está focado? Qual é seu propósito de vida, o que determina seus objetivos e prioridades? Caso seu propósito seja estar em forma e saudável, o que acontece quando você é diagnosticado com câncer? Se você vive por seus filhos ou cônjuge, o que acontece quando eles o deixarem e o negarem? Se vive para fazer o máximo de dinheiro possível, o que acontece quando o mercado de ações quebra e você perde toda a sua poupança? Se vive pela sua reputação, o que acontece quando for caluniado? Se vive pelo seu trabalho, o que acontece quando perde o emprego?

O que acontece se o propósito é falar, viajar, escrever livros, dar entrevistas, conduzir seminários, gravar vídeos e áudios, guiar uma organização... e então a saúde faz com que você se afaste de tudo e fique em casa? Isso não é um desafio retórico. Essa era minha realidade. Quando fui diagnosticada com câncer de mama, que envolveu uma cirurgia, quimioterapia e radiação, tive que me afastar do ministério. Todas as falas, viagens, contato com a mídia, seminários, vídeos — tudo que requeria um planejamento e compromisso fora de casa. Se essas atividades fossem o meu propósito, então eu teria ficado devastada. Mas eu não estava. Longe disso. A verdadeira bênção foi que me afastar de modo nenhum interferiu em meu propósito de vida. Não fiquei ressentida, lutei, odiei, sofri, chorei, reclamei ou senti pena de mim mesma. De modo nenhum! Apenas relaxei e abracei a nova jornada que Deus me colocou, sabendo que Ele me daria oportunidades únicas de trazer glória para Ele. Esse é o propósito de minha vida.

E você? Se trazer glória a Deus é seu propósito, você também pode cumpri-lo independentemente de estar saudável ou lutando contra uma doença, quer tenha uma família feliz e leal ou seja renegado por ela, quer seja um bilionário ou um indigente, quer tenha uma reputação inabalável ou que ela lhe tenha sido tomada, quer esteja no topo da carreira ou no fundo do poço. Não importa. Você e eu podemos trazer glória a Deus em qualquer condição em que estivermos. E esse é um propósito pelo qual é digno viver.

Se o propósito de sua vida for qualquer outra coisa, no mínimo sua vida está espiritualmente borrada, fora de foco. No pior dos casos você corre o risco de desperdiçar sua vida, na perspectiva do Paraíso, ou bagunçar tudo de um modo devastador. Como uma fileira de dominós, seus propósitos de vida determinam seus objetivos, os quais determinam suas prioridades.

Jesus prometeu que "Ele vos guiará em toda a verdade".[11] Então peça que Ele guie seu foco até que sua resolução seja firme para trazer glória a Deus em tudo o que você disser e fizer. Então relaxe. Não obstante o que a vida lhe trouxer, aceite o propósito do Espírito.

16

Ele Nos Acende

Ao embarcarmos em nossa jornada de fé, não só o Espírito Santo nos desperta... estimula... mexe conosco... e nos guia para focar o propósito de glorificar a Deus, mas Ele também acende o fogo necessário para completar esse propósito. Porque o Espírito Santo é o fogo de Deus.

A tradição diz que, nos tempos antigos, antes das facilidades da eletricidade e da gasolina, se alguém quisesse ter luz ou calor ou um fogão, não havia um interruptor para girar ou botão para pressionar. Em vez disso, na praça central da maioria dos vilarejos, era necessário manter uma fogueira acesa. Se as pessoas precisassem de luz, calor ou fogo para cozinhar, elas levavam brasas da fogueira até seus lares para fazer o que precisavam. As fogueiras eram tão importantes para os vilarejos, e era necessário manter alguém para cuidar do fogo. Se por algum motivo o responsável deixasse que as chamas se extinguissem — se um vento forte soprasse e o apagasse, se chovesse e o encharcasse ou se o responsável pelo fogo dormisse e acabasse negligenciando a tarefa —, o custo disso seria a vida do responsável por manter a fogueira acesa.[1]

Ao longo da Bíblia, o fogo é utilizado para descrever o Espírito Santo.[2] Uma das coisas que Ele faz é incendiar nossos corações pelo Próprio Deus, pelo Filho de Deus, pelo evangelho de Deus, pela Palavra de Deus, pelas pessoas que Deus ama e pelo propósito pelo qual existimos, que é trazer glória a Deus. Nosso fogo deve estar sempre aceso — em todos os momentos!

Devemos ser protetores do fogo. Temos ordem para isso: "Não apagueis o fulgor do Espírito."[3] Não apague o fogo Dele por meio do pecado e desobediência. Não O negligencie apressando, ou pulando totalmente, suas orações diárias ou leituras bíblicas. Proteja seu coração das pressões para se conformar com o mundo ao redor. Paulo instruiu Timóteo: "Por esse motivo, uma vez mais quero encorajar-te que reavives o dom de Deus que habita em ti mediante a imposição das minhas mãos."[4] O dom de Deus não foi nenhum outro se não o Espírito Santo, que Timóteo recebeu quando o apóstolo Paulo o levou a crer em Jesus Cristo. Timóteo tinha o "fogo". Era então a responsabilidade dele não apagá-lo, não entristecê-lo, mas Lhe entregar todas as partes de sua vida para que pudesse ser preenchido pelo fogo... e deliberadamente preservá-lo.

Mantenha a Chama

Manter o fogo demanda certa disciplina espiritual. São escolhas simples mas nem sempre fáceis. Elas incluem orar diariamente. Ler a Bíblia diariamente. Compartilhar o evangelho. Obediência constante ao vivenciar o que Deus diz nas Palavras Dele. Confiança constante conforme você renuncia às suas expectativas e se deixa seguir o rumo planejado por Ele. Entrega total à autoridade Dele — especialmente nos momentos de dor e sofrimento.

De qual disciplina você é carente? Em qual você precisa se desenvolver mais? Se tiver o coração espiritualmente frio e apático, há uma desconexão em algum lugar entre você e o Espírito Santo. Pode estar não só diretamente relacionada ao ato de pecar e à falta de obediência, mas também à sua falta de irmandade com outros seguidores de Jesus.

A seguinte história é sobre um jovem que foi para a faculdade. Ele voltou para casa no recesso natalino e, antes disso, resolveu visitar seu antigo pastor. Este ficou feliz em vê-lo. Ele convidou o jovem para sua sala aconchegante, aquecida pelo fogo que crepitava em uma lareira, e fez ao jovem diversas perguntas sobre a faculdade. As respostas do jovem se enchiam de entusiasmo à medida que ele descrevia as aulas e os amigos. Então, o pastor questionou se ele tinha encontrado uma igreja para frequentar. O estudante olhou para o chão ao responder: "Não, senhor. Não sinto mais a necessidade de ir à igreja. Minha fé é forte o bastante sem ela, e com meus estudos e atividades, não tenho tempo suficiente."

O velho pastor silenciosamente se afastou, pegou um pedaço de lenha ardente e o colocou sobre a lareira. Então, esfregou suas mãos e ficou em silêncio. Depois de um tempo, o jovem pensou que o velho pastor tivesse caído no sono, então pigarreou ao se levantar para sair. O pastor, que estava alerta, sorriu e perguntou: "Você pensou que eu tivesse cochilado? Eu apenas observava o pedaço de lenha que tirei do fogo. Você percebeu? Quando estava no fogo com os outros pedaços, ele queimava fortemente. Mas agora que o removi, o fogo se extinguiu. Filho, você é como esse pedaço de lenha. Se espera que sua fé continue acesa, precisa estar em irmandade com outros crentes." Assim como você. E assim como eu.

À medida que o mundo caminha para o fim, se torna mais difícil manter a chama da vida acesa para agraciar e glorificar a Deus tendo vidas focadas nos objetivos, vidas que priorizam o modo como gastamos nosso tempo e dinheiro, aonde devemos ir e o que fazer, com quem estar e de quem nos separar. Essas vidas serão contrárias à maioria dos que nos cercam. Então, para nosso próprio bem-estar espiritual, somos admoestados: "Não abandonemos a tradição de nos reunirmos como igreja, segundo o procedimento de alguns, mas, ao contrário, motivemo-nos uns aos outros, tanto mais quanto vedes que o Dia está se aproximando."[5] Nós precisamos uns dos outros!

Você tem tentado manter o fogo no isolamento? É difícil continuar no propósito de glorificar Deus, estabelecer objetivos e alcançá-los por meio das prioridades, todos repletos de um zelo apaixonado por Deus, se você não está em comunhão com outros que pensam de modo semelhante.

Em Chamas pelo Propósito Dele

Então, deixe-me perguntar. Você está em chamas pelas coisas de Deus? Ainda tem dúvidas sobre o que isso significa? Embora seja difícil definir em palavras, não significa que você possui energia infinita, que não se canse, que esteja a serviço da igreja em tempo integral, que sempre esteja feliz, que acorde com o pé direito todos os dias, que nunca perderá a concentração durante a oração, que entenda tudo o que lê na Bíblia ou que _____. (Preencha o espaço com o que você entendeu como significado.) O fogo de Deus o afeta mais profundamente que qualquer uma dessas coisas. Embora seja difícil colocar em palavras, eu sei que, caso seu coração esteja em chamas, você entenderá isso!

Nós vemos fagulhas disso...

... em Noé andando e trabalhando com Deus quando ninguém mais em seu mundo o fazia.

... em Abraão deixando seu lar, seus herdeiros e a casa de seu pai para seguir Deus em uma vida de fé obediente quando ele não tinha a menor ideia de para onde Deus o guiava.

... em Jacó, com um quadril deslocado, colocando seus braços ao redor do pescoço de Deus e não O deixando partir até que fosse abençoado.

... em Davi confrontando o gigante Golias com um estilingue em nome do Deus vivo.

... em Mesaque, Sadraque e Abede-Nego dispostos a ser atirados em uma fornalha em vez de se curvar diante de uma estátua de ouro.

... em Daniel, que orou três vezes por dia, sabendo que seria atirado na cova dos leões.

... na Virgem Maria, que concebeu o Filho de Deus mesmo sabendo que sua reputação e posição na comunidade estariam em jogo.

... em Jesus de Nazaré, "o qual, por causa do júbilo que lhe fora proposto, suportou a cruz, desprezando a vergonha, e assentou-se à direita do trono de Deus".[6]

O seguinte excerto de um poema pode nos ajudar a capturar uma fração dessa indescritível paixão arrebatadora. Use-o para examinar seu próprio coração.

Ele o purificou com o fogo superior?
É Ele o primeiro em seus pensamentos, tem Ele todo seu amor?
É servir a Ele sua escolha e seu sacrifício de bom grado?
É fazer das vontades Dele seu alimento e sua bebida?
Você atende o chamado Dele de boa vontade?[7]

Qual é a temperatura espiritual de seu coração? Frio? Aquecido? Ou em chamas? Se não está em chamas pelo amor de Deus, Seu Filho, Seu Espírito, Sua Palavra, Seu evangelho e pelas pessoas criadas à imagem Dele e ainda assim separadas Dele, quais iniciativas práticas você tomou para manter a chama do Espírito Santo acesa?

17

Ele Nos Molda

Quando chega o outono, gosto de ir para a Feira Estadual da Carolina do Norte com minha família. Sempre começamos por uma pequena tenda que faz as melhores maçãs do amor. Elas são macias, a borda é crocante e o açúcar caramelizado é generosamente espalhado no topo. Descobrimos que, se levarmos a maçã até a outra tenda após a trilha de cascalhos, onde o motor de uma máquina de trator fornece a energia para a máquina de sorvetes, podemos colocar uma colherada de baunilha nela por apenas US$2. É o melhor negócio da feira. Então seguimos nosso caminho pela colina até chegar à *Vila de Yesteryear*, onde diversos artesãos exibem seus talentos. Passando por esculturas em madeira, pinturas, tecelagem, estofagem, vidros soprados, cada tenda é fascinante. Sempre me sinto muito orgulhosa da Carolina do Norte ao observar as habilidades e dons de nosso povo.

Um tipo específico de artesanato sempre me impressiona: cerâmicas. Prateleiras cheias de pratos, jarros, tigelas, vasos, copos e outros produtos que servem como exemplo da habilidade do oleiro. Mas o que mais chama a atenção de todos é a roda de cerâmica. Ela está posicionada bem no corredor central que circunda a área interna da vila. O oleiro se senta em um banquinho, com o pé em um pedal. Ao empurrar o pedal com o pé, a roda começa a girar. Na roda, um pedaço de argila úmida começa a girar conforme ela se movimenta. À medida que a argila se move, o oleiro coloca ambas as mãos nela. Ao pressionar com os dedos, a argila ganha forma. É impressionante ver surgir nas mãos do oleiro um jarro ou um lindo vaso ou taça — todos saídos da mesma argila mas moldados de maneiras distintas pelo toque do artesão.

Abraçando o Propósito do Espírito Santo

O profeta Jeremias, no Antigo Testamento, descreveu a nação de Israel como um pedaço de argila resistente ao toque do Oleiro, tanto que estragou e precisou ser consertado. O Senhor instruiu Jeremias, que dividiu sua experiência na casa do oleiro:[1] "E eis que lá estava ele: concentrado na confecção de sua obra sobre uma roda de madeira. Contudo, o vaso de barro que ele estava formando estragou-se em suas mãos; e ele o refez, moldando outro vaso de acordo com o seu desejo. Então *Yahweh* dirigiu-me sua Palavra, dizendo... 'Por acaso não poderei Eu fazer de vós como fez este modesto oleiro com sua obra de barro?', indaga o Senhor. 'Eis que, como barro nas mãos do oleiro, assim sois vós na minha mão.'"[2]

Embora Deus estivesse falando de Israel, você e eu também somos descritos como argila nas mãos do Oleiro.[3] O Oleiro é o Espírito de Deus que habita em nós. Como o propósito geral do Espírito Santo é trazer glória a Deus, um dos objetivos Dele é nos moldar à imagem do Filho de Deus.[4] Ele usa o que acontece em nossas vidas, de bom ou de ruim, para aplicar a pressão necessária que nos molda da forma que Ele deseja.[5] Não precisamos fazer nada. Apenas entregar nossas vidas ao Oleiro. Nossa única responsabilidade é ter certeza de que estamos abertos ao toque do Oleiro. Porque, se nos endurecermos ou resistirmos à forma que Ele está moldando, Ele terá que nos quebrar para suavizar a argila de nossas vidas e nos refazer do modo que agrada a Ele.

Qual foi a pressão que o Oleiro exerceu em sua vida? Ajudaria saber que, não importa o que você esteja passando, não é um problema aleatório e sim o trabalho do Oleiro?

Em determinada manhã, quando minha segunda filha era pequena, eu estava sentada à mesa da cozinha, tinha uma xícara de café e o jornal ao alcance, querendo apenas alguns minutos para aproveitá-los em paz. Em vez disso, minha filha continuava a me interromper. Ela não estava sendo má ou bagunceira. Era só uma garotinha querendo a atenção da mãe. Até que chegou uma hora em que fiquei cansada. Estava me preparando para agarrar o braço dela e lhe falar para parar de me interromper. Será que ela não conseguia ver que eu só queria uma xícara de café e ler o jornal? Mas consegui me segurar bem a tempo. Envergonhada, percebi o que estava prestes a fazer. Em vez disso, me levantei, levei-a até o outro cômodo, ajudei a encontrar uns brinquedos e voltei para a cozinha. Caí de joelhos no chão de linóleo vermelho e, com lágrimas nos olhos, disse a Deus o quão arrependida estava. Ali eu me entreguei completamente a Ele. Se Ele achasse que eu precisava de um tempo sozinha, eu confiava que Ele concederia. Mas escolhi naquele momento ceder à pressão constante de interrupções e permitir que Ele me moldasse em uma mãe menos egoísta e mais paciente.

Ele me pressionou de algumas maneiras para me moldar, talvez algumas delas façam você reconhecer o toque Dele em sua vida:

- infertilidade, que me pressionou a aprender a orar e jejuar com frequência;
- falta de amor em meu casamento, que me pressionou a aprender a amar com o amor incondicional de Deus;
- me tornar cuidadora, o que me pressionou a ficar de joelhos em humildade e paciência;
- medo dos rostos arrogantes de uma plateia, que me pressionou a ser fiel às Palavras Dele;
- críticas por ser uma pregadora, que me pressionaram a manter o foco e obedecer ao chamado Dele para minha vida;
- o câncer do meu filho, que me pressionou a confiar em Deus mesmo não entendendo o motivo;
- observar impotente enquanto o casamento do meu filho se desfazia, pressionando-me a aceitar que a vontade de Deus era diferente dos meus sonhos para a vida dele;
- meu próprio câncer, que me forçou a reorganizar minhas prioridades para continuar com meu objetivo de vida; e
- orações não respondidas, que me pressionaram a querer o que Deus quer e não o que eu quero.

Os tipos de pressão que o Oleiro usou foram variados: ter muitas coisas para fazer em um único dia, me pressionando a depender Dele em relação à maneira como uso cada momento; não alcançar meus objetivos, para ser pressionada a reavaliar minhas prioridades; traição e calúnia, que me pressionaram a viver pela opinião Dele, não pela dos outros; doença, que fez minha vida parar e me pressionou a olhar para cima... A criatividade do Oleiro é ilimitada. Mas tenho certeza da promessa Dele de que Ele age "em todas as coisas... com o fim de beneficiar todos os que o amam, dos que foram chamados conforme seu plano".[6] Ele usa todas as coisas sem exceção, não apenas algumas coisas, para meu verdadeiro bem. E meu verdadeiro bem não está na saúde, riqueza, prosperidade, felicidade ou outras coisas associadas ao "bem". Meu verdadeiro bem está em cumprir o propósito de Deus de me moldar à imagem de Jesus Cristo para que possa trazer glória para Ele.[7]

A partir do momento em que percebi o propósito da pressão, minha perspectiva mudou. Em vez de me entregar à autopiedade, às queixas, ao ressentimento, às comparações ou às frustrações, eu tento enxergar as coisas pelos olhos do Paraíso. Mas nem sempre isso é fácil.

A única resposta apropriada para as pressões que não entendemos é a oração. Podemos pedir ao Espírito Santo por alívio. Porém, se a pressão persistir, nós nos curvamos em adoração diante Daquele cujos caminhos não são os nossos. Cujo toque na argila pode ser suave... às vezes firme... e às vezes severo... conforme nos molda e nos esculpe de acordo com Sua vontade. Por quê? Pois "temos, porém, esse tesouro em vasos de barro, para demonstrar que este poder que a tudo excede provém de Deus e não de nós mesmos".[8] No final, o propósito do Espírito não é moldar a argila em um receptáculo melhor, mas mostrar a glória e personalidade de Deus no interior. Quanto mais comum for a argila, maior o contraste com a glória para que os observadores se inclinem a elogiar não a argila, mas a graça de Deus que pode transformar o comum no extraordinário.

Que pressões o Oleiro usou para moldar sua vida? Um comprometimento estendido demais? Uma agenda caótica? Uma mudança de carreira? Um diagnóstico de saúde? Ele usou uma pessoa? Um companheiro de trabalho incompatível? Um cônjuge não amado? Uma sogra crítica? Um vizinho vingativo? Um parente negligente? Ele usou circunstâncias? Solidão? Divórcio? Perda de trabalho? Infertilidade? O nascimento de um filho? A morte de um ente querido?

O Espírito Santo não é óbvio ou desatento a respeito das pressões que você está vivenciando. Ele conhece você. Ele entende você. Ele está intimamente envolvido nos detalhes de sua vida de um modo que ninguém mais está. E Ele permitirá que você aguente as pressões de Sua modelagem ao pregar para você de modos variados à medida que o molda em um receptáculo capaz de exibir a glória de Deus. Ele vai guiar suas decisões, direcionar seus passos, confortar seu coração, ensinar-lhe os caminhos de Deus, iluminar seu entendimento e condenar seus pecados.

Então ore agora. Abra seu coração para o Oleiro. Peça que Ele diminua a pressão, não importa de onde ela venha. Mas então diga a Ele que você confia que Ele sabe exatamente o que está fazendo. Sendo assim, mesmo que as pressões diminuam ou não, entregue seu coração, alma, mente e vida ao toque Dele, para moldá-lo de acordo com a vontade Dele em um receptáculo que Ele possa usar para mostrar a glória de Deus. Então se prepare para que o comum se torne extraordinário!

18

Ele Nos Equipa

Muitas companhias e negócios demandam que seus funcioná-rios realizem testes de personalidade, tais como o Myers-Briggs Type Indicator (MBTI), seja durante o processo seletivo ou após a contratação. O propósito é ajudar os funcionários a identificar seus pontos fortes e fracos, permitindo que sejam alocados de acordo com suas habilidades e, portanto, se tornem mais felizes e produtivos. O aumento da autoconsciência e autoconfiança gera um sentimento de objetividade conforme os funcionários compreendem suas potencialidades e em que área têm maior facilidade de atuação.

Embora essa perspectiva seja pragmática para uma empresa, me pergunto se pode limitar as possibilidades para um filho de Deus. Por exemplo, se fizermos um teste de personalidade e identificarmos nossos pontos fortes, será que teremos a tendência de servir a Deus somente em nossas potencialidades e deixar de lado as áreas em que não somos "bons"?

Nunca fiz um teste de personalidade. Conheço-me o bastante para saber que sou acanhada. Tímida. Autoconsciente. Medrosa. Propensa à ansiedade. Com um grande complexo de inferioridade. Quando Deus me chamou para servi-lo em público, minha resposta foi: "Não consigo." E eu falava sério. Mas Ele respondeu: "Eu consigo."[1] E Ele falou sério. Eu argumentei: "Sou fraca e tímida." E eu sou. Mas Ele respondeu novamente: *Eu sou forte.*[2] E Ele é. Tentei mais uma desculpa: "Sou inadequada." Sem ensino superior, sem treinamento bíblico, sem recursos financeiros à disposição, sem uma rede de apoio à qual recorrer... dizer que era inadequada foi um eufemismo. Mas Ele encerrou a discussão com *Eu sou suficiente.*[3] Em outras palavras, senti como se Ele dissesse: *Anne, não se preocupe sobre quem você é ou não. Eu sou tudo o que você precisa. Siga-me.*

Naquele momento crítico, eu tinha uma escolha. Ou me encolhia em quem eu achava que era e no que acreditava ser capaz de fazer, ou assumia o risco e O seguia além de minhas habilidades e capacidades, experiências e especialidades, personalidade e preferências, conforto e conveniência. Eu sabia que, caso me encolhesse, não poderia mais chamá-lo de meu Senhor. Esse pensamento me amedrontou o suficiente para me motivar a segui-lo. Se eu falhasse, em minha mente pequena, Ele seria responsável por me chamar a fazer algo que nós dois sabíamos que eu não era capaz.

O que descobri nesses quarenta anos após sair de minha zona de conforto é que o Espírito Santo sempre me permitiu e equipou com as ferramentas necessárias para cumprir tudo aquilo que Ele me chama para fazer. Eu me encontro na mais emocionante aventura ao vivenciar tudo o que o Espírito Santo é capaz de fazer se eu simplesmente me tornar disponível para tanto.

A Singularidade dos Dons

Embora já tenhamos considerado o poder do Espírito Santo atuando dentro de nós, é excitante prestarmos atenção aos dons Dele. Ele equipou todos os filhos de Deus que renasceram dentro da família Dele com o propósito de servi-Lo, construir Sua família e trazer glória a Ele. Ninguém possui todos os dons. No entanto, todos têm ao menos um dos dons. Eles não são nossos para escolher, já que são distribuídos a critério do Espírito Santo.[4] Mas eles são nossos para receber e exercitar. No apêndice D, no final do livro, listei e descrevi três categorias de dons conforme os entendo: dons motivacionais, dons de manifestação e dons de ministério.

Conforme procuramos exercitar nossos dons, é importante reconhecer e apreciar a singularidade dos dons daqueles à nossa volta — dons que podem ser radicalmente diferentes dos nossos.

Muitos anos após casar com Danny, nós experimentamos o crescimento da tensão em nosso relacionamento. Ele estava constantemente me culpando, e eu, em consequência, constantemente me sentindo ressentida. Eu me lembro de sentar e explicar que não poderia viver de acordo com as expectativas dele. Ele não conseguia entender o que eu falava, e eu não conseguia articular de um modo que ele entendesse. Essa conversa acabou acirrando a tensão em vez de diminuí-la.

Até que um dia escutei uma transmissão de rádio de um conhecido professor bíblico pregando sobre os dons do Espírito. Não apenas suas percepções eram fascinantes, como senti que ali poderia estar a chave para meu relacionamento com Danny. Fui atrás das gravações. Como Danny também gostava e tinha sido abençoado pelo ministério desse professor bíblico, ele concordou em escutar a série de mensagens que eu tinha encomendado.

À medida que o professor explicava os dons, o Espírito Santo abriu nossos olhos sobre os dons que tínhamos — e os que não tínhamos. Ficou claro que nossos dons eram diferentes. A tensão vinha do fato de que Danny esperava que eu me expressasse de acordo com o dom dele, e eu, de minha parte, esperava que ele fosse mais como alguém que possui meu dom. O impacto dessa descoberta foi tremendo! Danny e eu acabamos nos ajoelhando, agradecendo a Deus por nossos dons e, portanto, reconhecendo e respeitando as diferenças entre nós. Dizer que foi libertador não passa próximo de descrever o sentimento de libertação que tivemos. Pelo resto de nosso casamento, nunca mais sofremos de tensões causadas por expectativas criadas a respeito de nossos dons.

Será que isso é a fonte da tensão com seu cônjuge? Seu colega de trabalho? Alguém em sua igreja ou grupo de estudo bíblico? Embora o Espírito Santo seja a fonte de nossos dons espirituais, os dons em si são completamente diversos. Eles são individualizados em cada um de nós, o que faz cada pessoa única — e unicamente crucial para trazer glória a Deus.

Identificando Nossos Dons Espirituais

Então a pergunta de US$1 milhão é: quais são seus dons espirituais? Eu me pergunto se a resposta que você dá é como a minha quando escutei pela primeira vez os ensinamentos sobre os dons do Espírito. Tinha certeza de que era a exceção à regra. De fato, eu discutia com quem dissesse que eu possuía um dom espiritual, porque tinha certeza de não ter nenhum. Porém, eu não conseguia deixar par lá o que a Bíblia diz: cada um recebeu um ou mais dons para o bem do povo de Deus.[5]

Incitada por esse conhecimento, comecei a explorar o que meus dons poderiam ser. O que nos leva à próxima questão óbvia: como descobrimos quais são nossos dons espirituais?

Existem modos diversos de descobrir quais podem ser seus dons:

- Um modo é *tentar exercitar todos eles*. Aqueles que você aparenta não fazer bem e parecem piorar, você pode eliminar. Qualquer um que você aparenta fazer bem e melhorar pode ser um de seus dons. Lembre-se de que dons espirituais são mais como sementes do que plantas crescidas. Os dons são desenvolvidos e amadurecem conforme os exercitamos fielmente em obediência à vontade de Deus.

- Outro modo é *perguntar a amigos espiritualmente maduros*, ou a seu pastor, o que essa pessoa vê em você. Então assuma pequenas responsabilidades que permitam que esse dom se torne evidente, se presente. Tente em uma escala pequena, de tal maneira que, se não possuir esse dom, você não causará muito dano caso falhe.

- Outro modo é *fazer um teste* dedicado a ajudá-lo a identificar seu dom espiritual, como o teste Myers-Briggs que algumas pessoas realizam para identificar o tipo de suas personalidades. Algumas igrejas e ministérios oferecem esse tipo de teste.

Embora as mensagens tenham ajudado a identificar as diferenças em nossos dons, elas não ajudaram a descobrir outros dons que recebi. (Veja o apêndice D.) O modo como descobri foi mais simples do que o indicado. Apenas obedeci ao Senhor. Eu me dediquei ao máximo para fazer tudo o que Ele me dizia. O que descobri é que Ele sempre... sempre... *sempre* me equipou para responder ao chamado Dele. Caso faltasse algum dom, Ele enviava alguém que cobrisse essa necessidade. Não apenas isso, Ele nunca me pediu para fazer algo que eu não tivesse capacidade. Que excitante! Sou confiante de que, qualquer coisa que Ele me chame e me ordene a fazer, serei capaz de realizar — pela graça e poder Dele e de acordo com os dons Dele.

Ele Nos Equipa

Agora que você sabe — sem exceções, *você* — que foi equipado pelo Espírito Santo, qual sua desculpa para não descobrir quais são seus dons? Não simplesmente encare seu equipamento. Não apenas discuta ou defina. Não apenas analise ou argumente. Não inveje o dom de outro ou lute contra. Em vez disso, experimente o seu. Use-o. Exercite qualquer dom que o Espírito Santo tenha lhe dado até que floresça a ponto de abençoar os outros e glorificar a Deus.

Quinta Parte

Vivendo pelos Preceitos do Espírito Santo

Toda a Escritura é inspirada por Deus e proveitosa para ministrar a verdade, para repreender o mal, para corrigir os erros e para ensinar a maneira certa de viver.
— 2 Timóteo 3:16

Eu sempre amei ler. De tudo. Se estou sentada à mesa do café sem um jornal ou livro na frente, leio o rótulo do iogurte ou pego meu notebook para ler as manchetes do dia. Até chegar no ensino médio, eu lia facilmente um livro por semana. Uma vez lá, os estudos me impediram de ser uma leitora tão assídua quanto antes, mas, ainda assim, encontrei tempo para ler todos os romances de Ayn Rand. Uma colega me emprestava um por vez. A secretária do meu pai disse para minha mãe que aqueles livros talvez não fossem adequados para mim, mas, como mamãe nunca me proibiu, acabei lendo todos.[1]

Meu amor pela leitura começou bem cedo. Minha avó me ensinou a ler quando eu tinha cinco anos de idade. Ela e meu avô moravam bem em frente a nós. Muitas vezes eu pegava meu travesseiro, cruzava o jardim, olhava para os dois lados da pista antes de atravessar e corria pela calçada de cascalhos da vovó, passava pela sua ponte de pedra, chegava na varanda dos fundos e entrava na cozinha. Ainda consigo ouvir a voz dela me dando as boas-vindas. De fato, não consigo lembrar de nenhum momento em que não tenha sido bem recebida.

Eu passava horas aconchegada a ela enquanto ela sentava no lugar de sempre, em seu sofá azul. Ela me ensinou a amar os livros lendo-os para mim. E depois começou a me ensinar a ler. Quando entrei no jardim de infância, minha leitura foi reforçada por uma professora que ensinava usando fonética. Assim, quando passei para a primeira série, não havia muita coisa que eu não soubesse ler.

Em retrospecto, acredito que esses tempos de leitura com minha avó foram uma inspiração divina. Embora não consiga lembrar o ano exato em que confessei meu pecado, clamei Jesus como meu Salvador e o convidei para morar no meu coração, eu me lembro, após essa decisão, de ter um desejo constante de ler a Bíblia. Foi o que fiz. Do início ao fim, do Gênesis ao Apocalipse. E nesse momento se iniciou um amor vitalício pela Palavra de Deus.[2]

Minha avó me ensinou a ler de modo geral, ao passo que meus pais me ensinaram como ler a Bíblia. Todos os dias, sem falta, minha mãe guiava nossa família nas preces. Ela reunia todos na cozinha, lia um trecho das Escrituras e depois orava. Eu não gostava desses momentos, porque sempre parecia estar atrasada para o colégio, e era difícil me concentrar quando tentava mastigar o café da manhã, ter certeza de que estava com as lições feitas e sair de casa para chegar ao colégio antes que o sinal tocasse. Mas a consistência dos esforços de mamãe, assim como o amor óbvio dela pela Palavra de Deus e a crença na importância disso para começar bem o dia tiveram um impacto profundo.

Quando meu pai estava em casa, ele guiava a família nas preces, principalmente à noite. Ele também lia uma parte das Escrituras, mas depois fazia uma pausa, fazia perguntas e comentários e nos guiava em uma discussão sobre o que ele havia lido.

Pelo exemplo dado por minha mãe, aprendi a amar e a ler a Bíblia todos os dias, preferencialmente de manhã. Meu pai, com seu exemplo, me ensinou a pensar sobre o que estava lendo. Essas duas lições de vida são provavelmente as mais importantes que eles me passaram.

Embora eu tivesse versões para crianças da Bíblia, minha primeira Bíblia "real" foi uma King James versão azul-marinho em couro, edição Scofield. Meus pais me deram de presente em meu batismo. É um tesouro que preservo em minha estante. Na página em branco, minha mãe escreveu estas palavras: *Para Anne, que neste 13 de janeiro de 1957 aceitou publicamente sua posição ao lado de Cristo, seu Salvador, nós damos este Livro, seu guia certo em um mundo incerto. Leia-o, estude-o, ame-o, viva-o. Nele você encontrará um versículo para cada ocasião. Mantenha-o sempre em seu coração.* Ainda que as palavras de minha mãe tenham mais de 60 anos, sua sabedoria transcende gerações, culturas, eventos mundiais, tempo e idade. Fiz o meu melhor para levar seu encorajamento comigo e viver de acordo.

Meu amor por ler, estudar, aplicar e obedecer à minha Bíblia me guiou a ter convicção de que é mais do que uma grande leitura. Há algo sobrenatural nela. Ela funciona! Ela pulsa com vida! Como isso seria possível? O que a faz ser tão única? A resposta nos leva direto ao Espírito Santo.

19

Seus Preceitos São Verdadeiros

Um dos nomes do Espírito Santo é "o Espírito da Verdade".¹ A própria Bíblia diz que é inspirada pelo Espírito Santo. Ao escrever sobre as Escrituras no Antigo Testamento, o apóstolo Pedro deixou isso claro: "Antes de tudo, sabei que nenhuma profecia da Escritura provém de interpretação pessoal, porquanto, jamais a profecia teve origem na vontade humana, mas homens santos falaram da parte de Deus, orientados pelo Espírito Santo."²

O Rei Davi, que escreveu muitos dos salmos, testemunhou: "O Espírito de *Yahweh* falou por meu intermédio; sua Palavra esteve em minha língua."³ Quando Deus chamou Jeremias para servi-lo como seu profeta, Jeremias resistiu porque, aparentemente, se achava jovem demais para tanta responsabilidade. Deus o repreendeu: "Não alegues que és muito jovem. A todos a quem Eu te enviar, irás, e tudo quanto Eu te ordenar, falarás... Eis que a partir de agora coloco as minhas palavras em tua boca."⁴ Ezequiel também testemunhou: "O Espírito entrou em mim e fez com que eu pudesse me sustentar em pé. Então ele me ordenou (...) 'Quando chegar o momento de Eu falar contigo, abrirei a tua boca e tu lhes dirás, 'Assim diz o Senhor, o Soberano Deus.'"⁵

À medida que Jesus preparava Seus discípulos para Sua partida, Ele os tranquilizava: "Mas o Advogado, o Espírito Santo, a quem o Pai enviará em meu Nome, esse vos ensinará todas as verdades e vos fará lembrar tudo o que Eu vos disse."⁶ Isso foi concretizado quando os seguidores de Jesus escreveram sobre a vida e o ministério Dele, o que conhecemos como os quatro Evangelhos. Jesus prometeu que o mesmo Espírito Santo os guiaria em direção a toda a verdade, o que Ele fez conforme escrito no livro de Atos e nas epístolas.⁷ Ele encorajou os discípulos de que o Espírito Santo "dirá tudo o que tiver ouvido e vos revelará tudo o que está por vir", uma promessa que foi atendida pelo último livro do Novo Testamento, nas Revelações de Jesus Cristo.[8]

Embora ninguém saiba a maneira exata que o Espírito Santo inspirou os escritores do Antigo e do Novo Testamento, nós sabemos que Ele o fez. A evidência não está somente no que as Escrituras falam sobre si, mas no impacto que elas causaram nas vidas de diversas gerações. Sua verdade resistiu ao teste do tempo. Mas, como seguidores de Jesus Cristo, cabe a nós a decisão de acreditar ou não que a Bíblia é verdadeira.

A Escolha de Duvidar

A primeira tentação na história humana foi a de duvidar sobre a veracidade da Palavra de Deus. No próprio início da criação, a primeira mulher, Eva, caminhava pelo Jardim do Éden. Parecia relaxada, usufruindo do que era literalmente o paraíso na terra. Ela fora recém-criada no corpo de uma mulher, mas com a ingenuidade de uma criança. Embora seja difícil imaginar uma serpente sendo magnífica, no começo dos tempos aparentemente era assim. Tal criatura magnífica, que também era o animal mais inteligente que Deus havia criado, aproximou-se dela.

Essa serpente em particular era habitada pelo próprio demônio, que escolheu o momento certo, encontrando Eva aparentemente sozinha e de guarda baixa. A Bíblia descreve deste modo: A serpente era o mais astuto de todos os animais selvagens que Senhor Deus havia feito. E aconteceu que disse à mulher: "Então foi isto mesmo que Deus falou (...)?"[9] Essa pergunta aparentemente inocente deixou Eva em dúvida e confusa. Se eu pudesse traduzir as palavras da serpente como se fossem minhas, ela disse, em essência: "Eva, Deus realmente disse isso? Você tem certeza de ter escutado direito o Adão? Será que houve algum erro na tradução ou transmissão do texto? E mesmo que seja o que Deus disse, você não sabe que não pode levá-lo ao pé da letra? Todos nós temos nossas próprias interpretações sobre os significados das palavras Dele. Você pode interpretar de um modo, Adão de outro, e eu de outro diferente... Quando você tiver envelhecido um pouco, saberá que a Palavra de Deus não é tão preto ou branco conforme você pensa que é."[10]

Quando Eva fez a escolha de duvidar da Palavra de Deus, a vida dela começou a afundar em uma espiral de consequências devastadoras — consequências que continuam a devastar nosso mundo até hoje. Por não acreditar totalmente na verdade da Palavra de Deus, ela a desobedeceu. Sua desobediência levou o marido dela, Adão, a desobedecer também. Deus então condenou os dois: eles foram separados Dele, o Paraíso foi perdido e o pecado e a morte entraram na raça humana.

O demônio não mudou de tática ao longo dos milênios. Ele ainda está fazendo o máximo possível para levar as pessoas a duvidarem da Palavra de Deus. Mas, quando uma nação antiga como Israel ou Judá, ou um indivíduo como você e eu, ou a igreja, lançam dúvidas sobre a integridade da Palavra de Deus, quando começamos a selecionar partes e decidimos em que sessões acreditar e quais descartar, o resultado é o declínio moral e espiritual.

A Escolha de Acreditar

Eu tomei a decisão de acreditar na Palavra de Deus. Acredito que tudo seja verdade, apesar de admitir que não entendo tudo. Quão perigoso seria se eu usasse minha mente finita e entendimento humano para escolher e seguir meu rumo pelas Escrituras, para julgar como verdadeiras apenas as coisas que entendo e descartar como falso tudo que não compreendo?

Jesus reafirmou nosso direito de escolha para acreditar quando Ele firmemente declarou: "Com toda a certeza vos afirmo que, até que os céus e a terra passem, nem um ou o mínimo traço se omitirá da Lei até que tudo se cumpra."[11] E novamente Ele afirmou: "O céu e a terra passarão, mas as minhas palavras jamais passarão."[12]

Para nos ajudar a resistir à tentação de duvidar das coisas que não conhecemos, Jesus especificamente se referiu a passagens bíblicas que os críticos são rápidos em apontar como além da compreensão, como Adão e Eva criados por Deus, Noé salvo na arca durante um dilúvio global e Jonas engolido por uma baleia.[13] Ainda assim, Jesus citou essas histórias não como parábolas, mitos ou lendas, mas como eventos legitimamente históricos. Pense nisso. Se Jesus é o Filho de Deus, se Ele é a verdade encarnada, se Ele acreditava que essas histórias eram factuais e verdadeiras, quem pode dizer que não são? Eu acredito que Jesus é exatamente quem Ele clamava ser — o Filho de Deus, a verdade — e é por isso que escolho a humildade e me aproximo de Deus como uma criança, acreditando no Pai celestial, trabalhando no Espírito da verdade, para crer que Ele diz a verdade.[14] E ele tem dito. E Ele diz. Ele sempre fala a verdade.

A escolha é sua, duvidar ou acreditar. Qual será?

Qual é sua opinião sobre a Bíblia? Como sua opinião foi formada? Você foi influenciado por outros que são críticos sobre o que acham que a Bíblia diz? Você foi ensinado que é um bom livro que contém a Palavra de Deus mas não é a Palavra de Deus em sua totalidade? Disseram-lhe que a Bíblia contém erros ou mitos? Pense. Essa crítica, na verdade, prejudica a integridade do Espírito da verdade.

Independentemente de qual seja sua opinião até este momento, eu o desafio a decidir agora, de uma vez por todas, em que você acredita. Siga o conselho de minha mãe quando se trata da Bíblia. *Leia-a, estude-a, ame-a, viva-a.* Por você. Você descobrirá que "funciona". Acredite na Palavra de Deus. É apoiada por Seu caráter. Ele não mente ou distorce a verdade. Ele mantém Sua Palavra. Então escolha colocar sua fé na Bíblia como verdadeira. Inerrante. Inspiradora. Infalível. Pelo simples motivo de que ela é inspirada no Espírito da Verdade. É "inspirada por Deus".[15] É a Palavra de Deus.

20

Seus Preceitos São Confiáveis

Quase todas as grandes compras vêm com um manual. Seja um lava-louças, forno, fogão, máquina de lavar, secador de cabelo, carro, cortador de grama, soprador de folhas — o que você pensar — tudo tem instruções para ajudar o usuário a aproveitar o máximo possível do produto e garantir que está tudo funcionando corretamente.

Você já desejou que sua vida também viesse com um manual? Surpreendentemente, ela vem! Mas é comum só prestarmos atenção quando está tudo uma loucura, e mesmo assim alguns de nós ainda acham que não precisam seguir as instruções. Isso me faz lembrar de um presente que demos para nossa filha Morrow em um Natal.

Quando Morrow tinha cerca de três anos, ela queria um triciclo. Danny e eu compramos um que precisava ser montado. Pedi a Danny que o montasse a tempo de estar na árvore no dia de Natal, mas ele continuava a postergar. Ele esperou até que as crianças fossem para cama na véspera de Natal para começar o projeto. Quando ele abriu a caixa e pegou as peças, comentou: "Isso é tão simples que qualquer bobão pode fazer." Porém, quando terminou, cada roda estava virada pra uma direção diferente e o volante estava travado. Só aí ele olhou dentro da caixa e pegou um pedaço de papel branco que dizia *Instruções para Montagem: Leia com atenção.* Mas é claro que, àquela altura, já era tarde demais. Ele não conseguiu afrouxar as porcas e parafusos para reajustar, então o triciclo nunca foi capaz de andar em linha reta como deveria.

Do mesmo modo que Danny imaginou ser capaz de montar aquele triciclo, muitas pessoas simplesmente tentam adivinhar o caminho ao longo da vida. Só quando percebem ter feito lambança e que suas vidas não estão dando certo é que eles começam a procurar por um direcionamento. Os direcionamentos são encontrados na Bíblia, o manual do Criador para a vida. É preciso ler e seguir com cautela se quisermos evitar as confusões que nossa "intuição" pode nos meter.

Confiança Prática

Deus é quem planejou a vida, para início de conversa. Ele sabe como ela funciona e nos deu direções práticas para alcançarmos o máximo possível de alegria e felicidade. As direções Dele são como as sinalizações em uma rodovia.

Quando estou dirigindo, as linhas pintadas na estrada se constituem em uma orientação de condução segura. Uma linha tracejada indica que, se o tráfego estiver livre, eu posso ultrapassar outros carros. Uma linha sólida significa que as ultrapassagens não são permitidas. O departamento de trânsito não está tentando tirar meu prazer de estar ao volante. As linhas na estrada servem para nos manter em segurança ao longo do percurso.

Você e eu podemos forçar os limites estabelecidos por Deus, mas fazemos isso por nossa conta e risco. Se sairmos das "sinalizações" Dele, é provável que possamos nos ferir, assim como ferir os outros. No mínimo, vamos experimentar a vida de um modo inferior ao planejado por Ele. A alternativa é acreditar na Palavra de Deus, ficar dentro dos limites estabelecidos e confiar que Ele sabe o que é melhor para nós.

Vamos considerar algumas das sinalizações Dele:

- Quando Deus diz para não termos nenhum deus além Dele, Ele sabe que outros deuses — como dinheiro, fama, sexo, prazer, poder — escravizarão você.

- Quando Deus diz para não criar nem adorar ídolos, Ele sabe que por trás deles estão forças demoníacas que o enfraquecerão e o enganarão, empurrando-o em direção a atitudes, palavras, ações e pensamentos maléficos que você não fazia ideia de que seria capaz de ter, dizer ou fazer.

- Quando Deus diz para não usar Seu nome em vão, Ele sabe que, a não ser que você o reverencie, não terá sequer o mínimo de conhecimento para viver e tomar suas decisões.

Seus Preceitos São Confiáveis

- Quando Deus lhe diz para tirar um dia em sete para focar Ele, Ele sabe que esse estilo de vida ajudará a manter sua fé estável e o lembra de que o mundo não precisa de seus esforços para continuar girando.
- Quando Deus diz para honrar seus pais, Ele sabe que isso o levará a ter uma vida mais rica, cheia e longeva.
- Quando Deus diz "não matarás", Ele sabe que a vida humana tem um grande valor. A sua e a dos outros.
- Quando Deus diz para não cometer adultério, Ele sabe que traição sexual destrói os laços do casamento e danifica os fundamentos de uma nação.
- Quando Deus diz para não roubar, Ele sabe que, se quisermos que os outros nos respeitem e a nossas posses, devemos respeito a eles e a suas posses. Sem confiança mútua não é possível ter relações estáveis e saudáveis.
- Quando Deus diz para não mentir, Ele sabe que a integridade é fundamental para uma vida bem-sucedida e uma sociedade forte.
- Quando Deus diz para não cobiçar, Ele sabe os perigos de nunca estarmos satisfeitos com o que temos — seja um cônjuge, seja um lar, seja um trabalho —, de sermos dominados pela ganância que nos faz querer mais e mais até nos tornar completamente insatisfeitos.[1]

Esse raciocínio simples e incompleto sobre as indicações de Deus mostra que as direções práticas e divinas Dele são para nosso próprio bem. E, embora você queira questionar o que o Espírito Santo tem a ver com o que na essência são os Dez Mandamentos que Deus deu a Moisés, nós podemos nos beneficiar se lembrarmos que a Bíblia é "Inspirada por Deus" — divinamente inspirada pelo Espírito Santo, tanto no Antigo quanto no Novo Testamento.[2]

Quando você ou eu não observamos as sinalizações Dele para a vida — as faixas e placas Dele na estrada —, acabamos com menos do que Deus planejou que tivéssemos. Isso levanta a seguinte questão: o que acontece se você ignorou as sinalizações de Deus, se machucou a si ou aos outros e agora quer seguir de acordo com as direções de Deus? O primeiro passo é falar com Ele. Seja honesto. Independentemente de ter vivido em ignorância ou em rebeldia, diga a Ele o que você tem feito, onde está e que deseja começar a viver de acordo com as sinalizações Dele. Então comece a ler a Bíblia. Estude, ame e viva por ela. Deus o Espírito Santo é seu auxiliador, lembra? Seu fortalecedor. Seu conselheiro. Ele está apenas aguardando que você O procure e dê a liberdade e autoridade para que Ele traga ordem para seu caos.

Confiança Pessoal

Mas a Bíblia é mais do que um manual para viver uma vida abençoada. É a Palavra viva de Deus. Ele fala por meio dela, pessoalmente. Todos os dias que leio alguns versículos das Escrituras, eu escuto a voz Dele. Embora não ouça um som audível, existem momentos em que um versículo parece saltar das páginas e falar diretamente com meu coração. A Palavra Dele conforta, encoraja, repreende, fortalece, sustenta, traz paz e dá esperança. Por exemplo...

... Meu marido foi um grande atleta e era o retrato da saúde física. Quando nossos filhos eram pequenos, ele nunca pegou os resfriados ou viroses que pareciam circular pela família. Mas quando chegou aos 50 anos, foi atingido repentinamente por uma diabetes tipo 1. Aos 60, a diabetes começou a cobrar seu preço. No ano em que ele completou 70, minha filha mais nova o encontrou agindo de modo incoerente e estranho. Eu o levei ao médico, que solicitou uma ressonância magnética. O teste confirmou que Danny tinha sofrido um derrame. Na manhã seguinte, Deus sussurrou para mim de um livro devocional que parafraseava Filipenses 4:6: "Não estejais inquietos."[3] Quando a enfermeira me explicou o que eu deveria esperar, sorri e agradeci a ela. Ela me olhou mais intensamente e reforçou a questão: "Você precisa entender. Isso vai mudar a personalidade dele." E eu olhei novamente, agradeci de novo e disse a ela que Deus tomaria conta dele... e de mim. E Deus o fez. Danny teve dificuldades por algumas semanas, e depois sua personalidade amável e divertida retornou.

... Em 19 de agosto de 2015, meu marido por 49 anos se mudou para a casa de nosso Pai. Embora soubesse que ele estava no Paraíso, meu coração teve dificuldades para seguir em frente. Fui cuidadora dele em tempo integral por três anos. Foi extremamente difícil que esse papel fosse interrompido de uma hora para outra. Embora soe ridículo, eu estava preocupada com ele. Ele estava verdadeiramente bem? O Espírito não me permitiu sofrer com esses pensamentos por muito tempo. Ele trouxe Filipenses 1:21 claramente à minha atenção: "Porque para mim, o viver é Cristo e o morrer é lucro." É claro! A morte para Danny era lucro. É claro que ele estava melhor! Eu me senti uma tola por me preocupar. Mas meu questionamento não dito era *E quanto a mim?* E foi aí que o Espírito me guiou até o versículo seguinte: "Caso continue vivendo no corpo, certamente apreciarei o fruto do meu labor." Novamente, um grande senso de propósito adentrou meu ser. Eu sabia que Deus tinha levado Danny para algo muito melhor e que eu ainda tinha trabalho a fazer. Uma sensação de paz tomou conta de mim.

... Uma manhã após meu marido ir para o Paraíso, senti especialmente o fardo de guiar a família. Até aquele momento, eu tinha certeza da liderança de meu marido. Nunca tinha percebido quão pesada era a responsabilidade que ele carregara nos ombros. Agora eu precisava guiar, aconselhar, confortar, encorajar e ajudar meus filhos, seus cônjuges e meus netos de um modo que nunca precisei quando meu marido era vivo. Era mais do que eu sentia ser capaz de suportar. Mas, em uma manhã, enquanto eu orava a respeito disso, o Espírito ergueu o peso quando Ele pareceu sussurrar: *Anne, você não está sozinha, porque o Pai está com você.*[4] Embora às vezes ainda me sinta sobrecarregada com a responsabilidade, tenho certeza de que não estou sozinha e que o Próprio Deus será um pai para meus filhos e um marido para mim.

... Acostumar a viver sozinha após 49 anos casada incluiu acalmar meus filhos no que se refere à minha segurança. Não obstante meu marido não pudesse me proteger nos últimos anos devido a seu estado de saúde, de algum modo a presença dele dava a meus filhos uma sensação de paz. Não muito depois de começar a morar sozinha, o Espírito sussurrou uma promessa para mim de Oseias que eu podia dividir com eles: "Que todas as pessoas tenham o direito de viver em paz."[5] Até quando minha campainha tocou às duas da manhã, eu sabia que Deus cumpriria Sua promessa. Então, embora estivesse inquieta, não estava com medo. Meu cão começou a latir alto, aumentando o caos e a confusão. Coloquei um robe, fui até a porta com meu cachorro rosnando e pulando e encontrei um policial parado no quintal. Ele recebeu um alarme falso e estava checando. Deus me manteve segura naquela ocasião e em diversas outras que eu nem sequer posso imaginar.

Anteriormente, no Capítulo 5, compartilhei como o Conselheiro me deu Sua sabedoria em Deuteronômio 29 quanto a contar para minha família a respeito de meu câncer de mama. Ele continuou a sussurrar por meio de Sua Palavra ao longo da jornada do câncer. Não sei como teria sido capaz de suportar tudo o que aconteceu relacionado ao diagnóstico sem Seu sussurro gentil de conforto, encorajamento e orientação. Muitas situações se destacam...

... Após a cirurgia e antes do primeiro tratamento de quimioterapia, encontrei uma farmacêutica que listou os efeitos colaterais que vivenciaria: queda de cabelo, aftas, dores no corpo parecidas com uma gripe, dor nos ossos, gosto metálico na boca, perda de apetite, queda de unhas... A essa altura era difícil continuar escutando. Eu estava sobrecarregada pelos pensamentos a respeito do que estava por vir. Saí do encontro com ela direto para a cirurgiã cardíaca para a inserção de um monitor semipermanente no peito. Eu me sentia como se tivesse sido sugada por um redemoinho que eu não tinha como controlar... e do qual não podia escapar. Na manhã seguinte, minha leitura devocional foi Jó 42:12: "Assim, o Eterno abençoou o final da vida de Jó muito mais do que o início."[6] O pensamento era que, por meio do sofrimento e pesar de Jó, ele alcançou sua herança. A paz me inundou conforme o Espírito parecia indicar que meu câncer não era um redemoinho. Era uma jornada com propósito. Deus a usaria para me guiar até minha herança — onde Ele queria que eu estivesse.

... Conforme ia de consulta a consulta, encontros com médicos, farmacêuticos, técnicos de laboratório, a cirurgiã cardíaca... enfrentando a quimioterapia, radiação e as salas de esperas intermináveis, novamente o Espírito me deu um senso de propósito quando sussurrou estas palavras de Zacarias: "'Eu os fortalecerei [Anne] no Senhor, e [ela] em meu Nome marcharão', assegura Yahweh."[7] Parecia que eu andava por todo o hospital. Subindo e descendo escadas rolantes. Por elevadores. Passando pelo estacionamento, os andares e as alas do hospital. Mas o propósito veio à tona: enquanto caminhava, faria isso em nome Dele. Vez ou outra eu era parada por outros pacientes ou visitantes que me reconheciam, pessoas que diziam orar por mim ou que queriam que eu orasse por elas. Tive diversas oportunidades de compartilhar o evangelho e de orar com as enfermeiras, técnicos, médicos e muitos outros que me trataram. O sussurro Dele mudou minha atitude de ser uma vítima de câncer para ser uma embaixadora da missão Dele.

... Conforme eu orava com minhas filhas após o quinto tratamento de quimioterapia, Deus aparentava indicar que tinha me curado. Eu ponderava em meu coração o que acreditava que Ele havia dito. Minha contagem sanguínea antes do sexto tratamento estava consideravelmente melhor. Logo depois, comecei a me questionar se deveria ou não continuar a quimioterapia.

Seus Preceitos São Confiáveis

A fraqueza e o cansaço eram debilitantes. Os efeitos colaterais eram assustadores. Não queria continuar o tratamento se não fosse necessário. Então, uma manhã, orei especificamente, pedindo que Deus confirmasse por meio de Sua Palavra se eu deveria ou não continuar com a quimioterapia. Duas horas depois, Rachel-Ruth veio ficar comigo. Ela compartilhou algumas de suas percepções de 2 Reis 5, as quais ensinaria a seu grupo bíblico naquela semana. Ela relatou a história do general Sírio Naamã, que tinha lepra. Uma pequena escrava israelita contou a Naamã sobre Eliseu, um homem de Deus que poderia curá-lo. Quando Naamã procurou Eliseu, lhe foi dito: "Vai lavar-te sete vezes no Jordão e tua carne te será restituída e ficará limpa."[8] Naamã resistiu, dizendo que a Síria tinha melhores rios que o Jordão. Ele não queria se submeter aos "efeitos colaterais" da lama e da sujeira.[9] Mas, por insistência de seu servo, Naamã mergulhou no Jordão. Quando ele se ergueu pela sétima vez, estava curado![10] *A sétima vez!* E eu conseguia escutar o sussurro claro do Espírito respondendo à minha oração, confirmando que eu deveria continuar a quimioterapia... meu próximo e último tratamento seria a minha *sétima vez!* Então, embora resistisse à "sujeira e à lama", em obediência a Deus me comprometi a terminar a sétima infusão.

Houve ocasiões em que o Espírito parecia ter me feito uma promessa que não se realizou. Quando isso acontecia, minha fé era desafiada. Eu voltava a examinar a promessa e orar a respeito. Será que interpretei errado? Realmente prestei atenção? Era uma promessa que Deus me fizera ou uma que eu inventara e clamava ter sido feita por Ele? Recentemente tive uma crise de fé devido a uma promessa que eu achava que Deus tinha feito mas que, por diversas vezes, não parecia se concretizar. Estava devastada. Sentia-me vazia, tola e, ah, espiritualmente ingênua. Então o Espírito sussurrou para mim: "Contudo, Yahweh espera o momento de ser mais uma vez misericordioso e mostrar-vos a sua graça."[11] E eu sabia que Sua promessa seria concretizada, mas não de acordo com o meu tempo. Minha fé se recuperou conforme escolhi acreditar no caminho e tempo Dele.

Esses exemplos são apenas alguns dos sussurros do Espírito para meu coração. Será que eu tomaria as mesmas decisões sem o que Ele disse? Teria tido a mesma perseverança, coragem, conforto e direção se não tivesse lido minha

Bíblia e escutado a voz Dele? Acho que não. Sim, eu teria sobrevivido. Mas, como muitos outros, estaria apenas adivinhando meu caminho pela vida, com medo de tomar um caminho errado e provavelmente o fazendo. Em vez disso, os sussurros do Espírito me permitiram viver uma vida com confiança, cometendo apenas pequenos erros.

Novamente, me lembro do conselho e exemplo de minha mãe. Leia sua Bíblia. Todos os dias. Estude-a. Ame-a. Viva-a. Insisto que você siga o conselho sábio dela, e então siga o exemplo de meu pai e pense a respeito do que está lendo. Escute o sussurro do Espírito, que fala por meio das páginas da Palavra que Ele inspirou e por meio das palavras nas páginas, que são inspiradas por Deus.

Na conclusão deste livro, no apêndice A, você encontrará uma sessão sobre como ler sua Bíblia para que você também possa escutar mais claramente os sussurros do Espírito. Siga as instruções e comece a escutar.

Sexta Parte

Refletindo a Pureza do Espírito Santo

Procura ser exemplo para os fiéis, na palavra, no comportamento, no amor, na fé e na pureza.
— 1 Timóteo 4:12

M uitos anos atrás fui convidada para falar em um jantar com a equipe de um prestigiado seminário evangélico. Eu aceitei, me sentindo honrada e prestigiada por receber essa oportunidade. Quando chegou a noite, fui apresentada informalmente às pessoas que participaram da recepção antes do jantar. Encontrei professores cujos nomes conhecia pelos maravilhosos livros que escreveram, livros que são referência para outros seminários teológicos. Conheci o reitor e outros integrantes da equipe cuja liderança serve de modelo para a academia Cristã.

Não consigo me lembrar muito do jantar, apenas do fato de me sentir intimidada pelas pessoas brilhantes e talentosas ali presentes. Fui calorosamente recebida. Após algumas observações pessoais à assembleia, eu orei, e depois comecei a falar sobre o Espírito Santo, Aquele que os guiaria a toda a verdade e os capacitaria a transmiti-la aos outros. Ao longo da mensagem, apontei que o Espírito Santo é sagrado e que Ele trabalha para nos fazer sagrados. Não me alonguei muito nesse assunto, porque parecia bem óbvio.

Após minha mensagem, quando o jantar terminou, um professor veio falar comigo. "Eu leciono aqui. Mas aprendi algo hoje a noite. Eu nunca tinha pensado no Espírito Santo como sagrado." *Sério?* Eu espero que o choque não tenha transparecido em meu rosto. Como ele havia deixado isso passar? É tão óbvio que foi apenas esquecido? Mais tarde, fiquei pensando se o tinha interpretado mal, porém nunca tive a oportunidade de perguntar a ele.

Algum tempo depois fui convidada pelo diretor de outro respeitado seminário teológico. Conforme conversávamos, ele confidenciou que o maior problema que enfrentava com os alunos era a pornografia. Novamente chocada, quis ter certeza de ter entendido corretamente o que ele disse, então lhe pedi que repetisse. Ele estava falando dos homens e mulheres no seminário dele que estavam se preparando para serem pastores, jovens líderes, diretores musicais, teólogos, professores de seminário e outros líderes dentro da igreja? Ele falou que esses homens e mulheres estavam assistindo pornografia? No seminário dele? A resposta foi "Sim". Ele me contou que tomaram ciência do ocorrido pois os estudantes utilizaram os computadores disponíveis na parte isolada da biblioteca, cercada por estantes de livros. Em uma área em que eles acreditavam estar protegidos, se entregavam ao hábito pecaminoso, sem saber que o histórico de navegação era rastreável.

Eu ainda estou chocada pela revelação do diretor do seminário. No entanto, vi o fruto amargo nascer na vida de pastores, alguns com múltiplos diplomas acadêmicos, alguns que presidiam megaigrejas, alguns que falavam em línguas e exibiam outras manifestações do Espírito e alguns que são oradores talentosos e ainda assim sofrem com a imoralidade sexual ou vício. Ocasionalmente, Deus permite que líderes cristãos sejam expostos para o próprio bem deles, para que possam obter ajuda e purificar a igreja. Mas essas revelações são devastadoras para as congregações e causam um grande dano para a credibilidade do evangelho aos olhos do público.

Muitos anos atrás, meu marido conversou com o gerente de um dos maiores hotéis de convenções em Atlanta. Eles haviam acabado de sediar uma reunião anual de milhares de delegados de uma denominação da igreja. Meu marido observou que o hotel deve ter perdido muita receita nos bares, presumindo que os delegados não consumissem tanto álcool quanto os que frequentam outras convenções. O gerente sorriu e respondeu: "É verdade. Mas nós compensamos as perdas com o aluguel de vídeos adultos nos canais de entretenimento."

O que aconteceu com a pureza? *Dentro da igreja?* Na vida daqueles que dizem falar em nome de Deus? A falta de pureza é uma indicação de que o Espírito Santo está se retirando? Porque, não tenha dúvidas, o Espírito Santo é puro. Ele é sagrado.

21

Sua Pureza É Refletida em Jesus

Você e eu vivemos cercados por uma cultura que se tornou moral e espiritualmente falida. O certo foi substituído pelo errado, e o errado é o novo certo. Infanticídio e aborto; suicídio assistido e eutanásia; casamento gay; pornografia; mensagens sexuais; mudança de gênero; tráfico sexual; estupros; agressão no trânsito; obscenidade; obsessão egoísta; ganância; crueldade; glorificação da violência por meio dos videogames, filmes e música — está evidente que não há preocupação com a santidade ou pureza.

A coisa mais angustiante que observei é que parecemos ter cada vez menos consideração pela pureza dentro da igreja. De um modo geral, parece que fomos absorvidos pelo mundo ao redor, em vez de nos separarmos dele. O resultado é que a santidade de Deus nem sempre se reflete na maneira como os cristãos pensam, falam e agem.

No entanto, ao sermos apresentados a Deus no Antigo Testamento, uma de Suas características mais pungentes é a santidade.

Da destruição do mundo pela água no tempo de Noé por estar saturado de tanta maldade...[1]

... à destruição pelo fogo de Sodoma e Gomorra nos tempos de Abraão pelo excesso de pecados[2]

... ao Seu comando para Moisés tirar os sapatos ao se aproximar do lugar onde Deus estava, porque até o chão era sagrado[3]

... ao punir o Egito por causa da recusa do faraó em obedecer a ordem de libertar o povo[4]

... à Sua manifestação aterrorizante no Monte Sinai, que foi acompanhada por trovões, raios, fogo e o som da trombeta[5]

Refletindo a Pureza do Espírito Santo

... ao Seu plano para o tabernáculo, e mais tarde para o templo, que especificava severas restrições a respeito do lugar onde se dizia que Sua santa presença habitava[6]

... à Sua ordem a Josué de tirar os sapatos quando ele, como Moisés, teve um encontro com Deus...[7]

Uma e outra vez, ao longo do Antigo Testamento, vislumbramos a aterradora santidade de Deus em Seu relacionamento com as pessoas.

Embora amor e graça pareçam ser as características principais de Deus no Novo Testamento, Sua sacralidade não diminuiu ao longo da história humana. Ele é tão sagrado hoje como era no princípio, como sempre será. De fato, sua ênfase na santidade fica óbvia no nome dado a Seu Espírito — o Espírito Santo.

O motivo de Deus para a crucificação é Seu ódio e sua intolerância ao pecado. Sua natureza santa e justa exige redenção. Igual à Sua santidade é o Seu amor e graça, que O levaram a intervir e a pagar por nossos pecados quando Jesus foi crucificado em nosso lugar. Mas não devemos interpretar mal. O amor, a misericórdia, a graça, a bondade e a paciência de Deus não anulam nem diminuem Sua perfeita santidade. Não há meio-termo. É completamente preto e branco. Apenas um grão de pecado, corrupção ou imperfeição resulta em impureza.

Então, por que os crentes parecem se acostumar, até adotar, a imoralidade que está ao redor? Não parecemos chocados com o que vemos nos filmes e televisão, com o que é exibido em revistas, descrito em romances, quase jogado nos nossos rostos nas redes sociais e glorificado no tapete vermelho. Mulheres seminuas costumavam estar em revistas vendidas apenas atrás do balcão. Hoje, vemos o mesmo tipo de vestuário nas mulheres que fazem compras no mercado ou viajam nos aeroportos.

Ainda que não goste de apontar o dedo, não posso deixar de ficar consternada com o que vejo os cristãos tolerando, ignorando ou até imitando. Parece que perdemos a noção da santidade de Deus. Parece que precisamos nos reciclar sobre a necessidade da pureza. Embora os padrões de santidade e pureza em nossa cultura estejam tão baixos que sejam quase inexistentes, os padrões de Deus não mudaram. Nem um pouco. Hoje, ele é tão santo quanto foi no Monte Sinai e no Lugar Santíssimo do templo. A Bíblia deixa isso claro. Ele ainda exige que você e eu sejamos santos: "Porém, considerando a santidade daquele que vos convocou, tornai-vos, da mesma maneira, santos em todas as

Sua Pureza É Refletida em Jesus

vossas atitudes. Pois está escrito: 'Sede santos, porque Eu Sou Santo.'"[8] É preciso, às vezes, sair de nossa complacência antes de levar a sério a santidade.

Considere como a santidade de Deus foi enfatizada na igreja em Jerusalém. O sermão de Pedro no Pentecostes, a cura do pedinte no Portão Formoso do templo, a perseguição de Pedro e João pelas autoridades — tudo serviu para atrair a atenção do público para o evangelho, e milhares depositaram sua fé em Jesus Cristo como seu Messias, Salvador e Senhor. A igreja cresceu pelo poder do Espírito Santo enquanto o povo de Deus orava e o evangelho era pregado.[9] Os crentes se ajudaram não só por meio das orações e irmandade, mas também com suas posses, para que ninguém ficasse em necessidade.

Um dia, um homem chamado Barnabé vendeu todas as suas propriedades e deu o valor obtido para a igreja. Seu ato de sacrifício impressionou e influenciou a todos, incluindo um casal chamado Ananias e Safira. Eles queriam o mesmo respeito e reconhecimento obtido por Barnabé, então também venderam parte de sua propriedade. Mas eles conspiraram para guardar parte do dinheiro, mentindo aos apóstolos que estavam dando tudo para a igreja. Quando Ananias trouxe o dinheiro e entregou aos apóstolos, Pedro viu além da farsa, demandando: "Mantendo-o contigo, porventura não continuaria teu? E vendido, não estaria todo o dinheiro em teu poder? Como pudestes permitir que tais ideias dominassem tua vontade?"[10] Imediatamente Ananias caiu morto. Um jovem veio e levou seu corpo. Três horas depois, Safira chegou sem ter ciência da morte do marido. Quando Pedro a questionou, ela também mentiu. Quando ele a repreendeu, ela também caiu morta. O resultado? "E grande temor se apoderou de toda a igreja e de todos os que ouviram sobre esses acontecimentos."[11] É óbvio que o Próprio Deus sentiu a necessidade de que a igreja primitiva fosse relembrada de Sua santidade.

O que é exatamente a santidade? Uma definição simples de *santidade* é "separado do pecado". A santidade é claramente exemplificada em Jesus, porque Ele estava separado do pecado. Apesar de ter sido tentado como nós, nunca cedeu à tentação. Ele não tinha pecados.[12] É o Cordeiro imaculado de Deus, sem nenhuma mancha aos olhos Dele.[13] Ele é santo. Nele não há maldade, grosseria, egoísmo, crueldade, amargura, falta de perdão, ressentimento, falsidade ou pecado; de modo algum! Ele é puro em Seus métodos e em Seus motivos. Em Suas ações e em Suas atitudes. Em Suas obras e em Suas decisões. Em Seus pensamentos e sentimentos. Ele é santo, santo, santo em Seu corpo, mente, emoções e Espírito.

Quando a vida do profeta Isaías foi abalada pela morte do Rei Uzias, ele olhou para cima e teve uma visão da santidade do Filho de Deus. O apóstolo João testemunhou que Isaías viu a glória de Jesus; quando os olhos de Isaías se abriram, ele viu Jesus sentado no trono no centro do universo.[14] O fato de Jesus estar sentado no trono indicava Sua posição de autoridade absoluta. Ele era, ainda é e sempre será superior a todos nós. Isaías o descreveu também como "alto e exaltado", o que significa que ninguém em todo o universo possui autoridade ou poder superior ao Dele. Nesse momento, não só os olhos de Isaías estavam abertos, como também seus ouvidos estavam, para escutar os seres angelicais dizendo uns aos outros: "Santo, santo, santo, é Yahweh dos Exércitos!"[15] Como resultado, Isaías reconheceu a profundidade de sua condição de pecador e então lamentou: "Ai de mim, não tenho salvação!"[16] Esse reconhecimento o levou a uma experiência de profundo arrependimento e reavivamento pessoal e espiritual. Ele alcançou um papel profético que muitos acreditam estar entre os maiores do Antigo Testamento.

Acredito que a igreja hoje precisa desesperadamente de reavivamento. Um renascimento autêntico. Não é uma reunião ou uma série de serviços para salvar os desgarrados, mas um despertar espiritual que obrigará o povo de Deus a se arrepender dos pecados, retornar à cruz e se comprometer a viver vidas que reflitam a pureza Dele.

Mas me pergunto: o que é necessário para transmitir uma nova visão da santidade do Senhor Todo-Poderoso aos que hoje clamam falar em Seu nome? Para nós? Como o Rei Uzias, ou Ananias e Safira, alguém precisa morrer para entendermos que Deus é santo? Que calamidade precisa nos atingir? Que inimigo precisa nos atacar? Que desastre precisa acontecer conosco antes de também o procurarmos? O Filho de Deus ainda está sentado no trono. Ele ainda é maior e mais exaltado do que qualquer um no Universo inteiro. Ele ainda reina supremo. Ainda é tão santo hoje como era quando Isaías ouviu os seres angelicais louvando-O. E Ele ainda exige que nós sejamos santos como Ele é santo!

Por isso, precisamos da ajuda de Seu Espírito Santo, que nos foi enviado em Seu nome.[17]

22

Sua Pureza É Embelezada em Nós

Quando o Espírito Santo adentra nossos corações, Ele faz a diferença. Porque, lembre-se, o Espírito Santo é santo. Então é notável, que conforme sejamos preenchidos por Ele, nós refletiremos Sua santidade e pureza em quem somos, no que dizemos e no que fazemos. Como resultado, nossas vidas serão radicalmente diferentes daqueles ao nosso redor.

No domingo anterior ao Pessach,* Jesus entrou em Jerusalém montado em um burro.[1] Embora pareça estranho que Ele tenha se apresentado dessa forma publicamente, no Antigo Testamento foi profetizado que Ele entraria na cidade desse modo, e que Seu povo entenderia que Ele era o Messias.[2] Jesus de Nazaré estava se apresentando para o povo de Deus como o Filho de Deus, o Messias, o Redentor de Israel.

Quando levamos os quatro evangelhos em consideração, descobrimos que, após entrar em Jerusalém, Jesus foi direto até o coração da cidade, para o templo. E Ele apenas olhou ao redor. Todos sabiam que Ele estava olhando, e todos deveriam se questionar sobre o que Ele via. Eles não precisaram esperar muito para descobrir, porque embora Ele tenha deixado a cidade e passado a noite em Betânia, retornou ao templo no dia seguinte. Dessa vez, em justa indignação, Ele pegou um chicote e começou a expulsar os mercadores e cambistas, derrubando as mesas e libertando os animais. Sua motivação? Entre um e outro estalar do chicote, Ele explicou que o templo deveria ser uma "casa de oração", mas que eles a tornaram um "covil de salteadores".[3] Ainda que as pessoas precisassem dos animais para realizar os sacrifícios, os mercadores

---

*N. T.: Pessach é o feriado judaico que pode ser traduzido como a "Páscoa Judaica" ou "Festa da Libertação".

moveram suas barracas cada vez mais perto, até que estivessem ocupando a própria área do templo, extorquindo as pessoas com preços exorbitantes. Jesus limpou o templo, ordenando por meio de Suas ações que aquele local fosse santo e puro de contaminação. Uma coisa era a presença desses mercadores nas ruas de Jerusalém, outra totalmente diferente era a presença deles dentro do templo.

Além de afastar os indignos, estaria Jesus também nos dando um auxílio visual do que o Espírito Santo faz quando habita o coração das pessoas? Quando o coração de uma pessoa não Lhe pertence, Ele pode deixar que a pessoa se envolva com todo tipo de coisas. Mas quando o coração é Dele, Ele assume a responsabilidade de limpá-lo. Você tem a sensação inquietante de que o Espírito Santo está sondando seu coração? Começou a se questionar se é ou não correto frequentar certos locais? Usar certas palavras? Assistir a certos filmes? Ler certos livros? A presença Dele em seu coração o deixa um pouco inquieto? O quanto você percebeu a presença Dele antes que Ele começasse a afastar o pecado de sua vida? Um hábito, uma atitude, um relacionamento de cada vez?

O Espírito Santo Afasta o Pecado

Uma das responsabilidades do Espírito Santo é nos fazer santos como Ele. Nossa responsabilidade é cooperar com Ele se realmente quisermos experimentar e refletir Sua pureza. Escolha por escolha. Quando Ele diz que algo precisa ir, deixe ir. Agora. Quando Ele diz que um relacionamento precisa terminar, termine-o. Quando Ele diz para perdoarmos alguém, perdoe. Quando Ele diz para você pedir perdão, peça perdão. Se Ele diz para largar certo hábito, largue esse hábito. Agora. Não procrastine. Não racionalize. Não dê desculpas ou fuja da responsabilidade. Faça o que Ele diz, quando Ele diz.

Que pecado em sua vida — em ações ou reações, pensamento ou palavra, atitude ou hábito — está manchando o reflexo da pureza Dele? Por experiência, nas vezes em que Ele me condenou por algo, Ele foi bastante gentil. Se eu não respondesse de acordo, Ele endurecia o discurso. Se recusasse a deixar o pecado de lado por qualquer motivo, Ele se tornaria bem rígido. O que Ele não permite é continuar com o pecado em minha vida. Para ser sincera, não quero impedir isso. Quero que Ele afaste o pecado que é tão repugnante para Ele, aquele capaz de manchar a beleza do reflexo Dele e que não deixa os outros verem a presença de Jesus em mim.

Uma mensagem vinda direta da Cruz é que Deus não tolera o pecado. Ele o odeia. Embora tenhamos a liberdade de escolher pecar, não somos livres para escolher as consequências desse ato. E elas podem ser desastrosas, conforme vimos na história de Ananias e Safira.

O pecado é como um câncer espiritual. Ele se alastra, tomando partes do coração até que se torne espiritualmente ameaçador. O Espírito Santo deseja que sejamos purificados do pecado por nosso bem, proteção e bênção.

Eu vi cônjuges caírem em tentação, destruindo casamentos e famílias. Vi casais ostentando bens que não podiam bancar até serem cobertos por dívidas. Vi mães concordando com o discurso do movimento feminista que aplaude mulheres com carreiras e menosprezam mães que ficam em casa, e vi mães que ficam em casa que menosprezam aquelas que têm carreiras — apenas para descobrirem que nenhuma das escolhas garante uma família forte. E os jovens? Fazendo obscenidades no primário. Falando sobre sexo no ensino fundamental. E depois fazendo sexo no ensino médio, no colégio. E tudo isso descreve pessoas novas e velhas dentro dos lares e igrejas "cristãos". Por quê? Onde está o Espírito Santo? Onde está o homem com o chicote da punição e correção?

A Bíblia diz que o Espírito Santo, é claro, faz Seu trabalho, mas aparentemente nós não fazemos o nosso. Não estamos escutando ou observando. Sendo direta: não estamos lendo, amando, obedecendo ou vivendo de acordo com a Bíblia. É como se apenas quiséssemos colocar Jesus em nossas vidas, em vez de nos voltarmos para Ele para que Ele se torne nossa vida. Quando aqueles de nós que pertencemos a Ele nos negamos a responder ao chamado do Espírito Santo, é possível desenvolver aquilo que a Bíblia chama de consciência "cauterizada".[4] É como se uma crosta se formasse nos corações e os endurecesse para o julgamento do Espírito Santo, enquanto uma película cobre nossos olhos e nos impede de ver a verdade, e nossa audição entorpecida nos impede de escutar os murmúrios do Espírito. Será possível que toda a igreja hoje, falando de modo geral, está sofrendo de um endurecimento espiritual?

Não obstante só Deus saiba, acredito que precisamos de um transbordamento do Espírito Santo em um despertar espiritual. Não apenas em todas as igrejas da nação, mas no coração de todos os crentes. Precisamos do reavivamento. Mas a chave para o reavivamento é se arrepender dos pecados. Começando comigo. E com você. Agora.

Convicção que Leva à Limpeza

Muitos anos atrás Deus me levou a um tempo de penitência que foi ativado pela leitura de uma lista de pecados em um panfleto de reavivamento.[5] Por sete dias, parecia que Ele tinha estalado um chicote de profundas e dolorosas convicção e correção conforme Ele revelava os pecados que eu não imaginava presentes em minha vida.

Fico me perguntando se você, como eu, tinha pecados em sua vida de que não estava consciente. Parecendo brotar de todas as direções.

Por precisar de ajuda para enxergar meu pecado, incluí uma lista de pecados no apêndice C no final do livro, o que pode ajudá-lo a reconhecer sua situação. Leia com o coração aberto, pedindo a Deus que a use para iluminar a santidade Dele nos recantos mais sombrios, mais remotos do coração, como Ele usou a lista de pecados de um antigo seminarista para iluminar o meu coração. Mas agora, pare um pouco e ore comigo:

Santíssimo Senhor,

Nós reservamos este momento para olhar para cima. Nós vemos a Ti alto e exaltado. Tu estás sentado no trono de nossos corações. Reconhecemos Tua autoridade e Tua grandeza. Ninguém é maior do que Tu, e ninguém está mais alto do que Tu. Na quietude, conseguimos ouvir o coro angelical: "Santo, santo, santo é Yahweh dos Exércitos."[6]

Tu és piedoso. Sim, Tu és!

Tu és amoroso. Sim, Tu és!

Tu és gracioso. Sim, Tu és!

Tu és gentil. Sim, Tu és!

Tu és fiel. Sim, Tu és!

Como Te amamos pela beleza de Tua personalidade. Mas seríamos desonestos se não reconhecêssemos que Tu não podes ser menos do que isso. E Tu és íntegro. Tu és santo. Tu és justo. E um Senhor íntegro, santo e justo ordena a condenação de nossos pecados. Que é a mensagem da Cruz. Se não houvesse responsabilidade pelo pecado, não haveria necessidade

Sua Pureza É Embelezada em Nós

da Cruz. A Cruz revela Teu ódio pelo pecado. Tu morrestes para que os pecadores vivessem livres das penalidades do pecado. Tu te ergueste dos mortos para que os pecadores morressem para o poder do pecado.

Vemos a Ti na Cruz, o santo Cordeiro da glória, dando Tua vida pelas pessoas impuras, e ficamos impressionados diante da presença do Salvador crucificado. A Cruz revela não só a perniciosidade de nossos pecados, mas a beleza de Teu infinito amor conforme tomastes nosso lugar na hora da punição.

Confesso que o foco de minha vida e orações não tem sido somente em Ti e somente a Ti como a Solução para meus problemas e a Resposta para minhas necessidades. Confesso que agi como se fôssemos estranhos um ao outro.

Eu me arrependo.

Confesso que estive tão focada "neles" que não consigo me ver claramente. Olho para Ti e peço que ilumines Tua verdade em meu coração e no que sinto, em minha mente e no que penso, para que me veja como Tu me enxergas, profundamente arrependida de meus pecados.

Liberte-me, santíssimo Senhor, de todo orgulho, egoísmo ou julgamento. Ensina-me a tirar a viga de meus olhos antes que possa tentar remover o cisco nos olhos dos outros.[7] Anseio que envie o reavivamento para o coração de Teu povo. Que comece bem aqui. Bem agora. Comigo. Eu quero experimentar a santidade conforme reflito a Ti em meu interior.

Com esse propósito, agora,

Eu confesso _____ (preencha com o pecado que vem à sua cabeça).

Eu me arrependo de _____ (escreva os pecados que está disposto a repudiar e tirar de sua vida).

Por favor, me purifique, me limpe, em nome de Jesus. Quero ser uma linda noiva para Ele.

Amém.

O autor do panfleto que Deus utilizou para me purificar sugere que o leitor passe pela lista de pecados três vezes. Para alegrá-lo, eu fiz. A primeira vez que li a lista, me senti presunçosa, pois não enxerguei em minha vida nenhum dos pecados listados. Na segunda vez, me senti espiritualizada porque, se esticasse um pouco, poderia encaixar duas ou três coisas com as quais poderia trabalhar. A verdade estarrecedora foi revelada quando li a lista pela terceira vez. Vi todos os pecados da lista manifestados de um modo ou de outro. Não apenas isso, mas outros pecados me vieram à mente. Todas as vezes que abria a Bíblia, um versículo pulava das páginas e me convencia de outro pecado que eu não sabia nutrir. Para ser sincera, foi uma experiência brutal, dolorosa e humilhante.

Aprendi muitas coisas. Aprendi que não era tão maravilhosa como achava. E aprendi que é necessária muita coragem para ser honesto e ver o que Deus vê, confessar meus pecados pelos nomes que Ele dá, um após o outro.

Quando o Espírito Santo me guiou por essa experiência, meu coração e minha vida estavam cauterizados em condenação, vergonha e culpa. Mas, em uma tarde, Ele aparentou sussurrar que tinha acabado. Ao menos daquela vez. Quando pedi que Ele me desse certeza, pois não queria passar por isso tão cedo de novo, Ele confirmou que tinha finalizado. E bem no fundo eu sabia. Eu me sentia como se tivesse tomado um banho. Por dentro. Um impressionante brilho repousou em meu coração. Estava repleta de alegria e vitalidade. O ar ao redor parecia limpo; as cores, mais vibrantes; os sons, mais doces. Levei tempo para processar tudo, mas sei que foi um reavivamento. Reavivamento pessoal.

Em vez de ler sobre ou estudar sobre o Espírito Santo, será que chegou a hora de você vivenciar a santidade do Espírito? Caso seja, você poderia ler a lista no apêndice C de mente aberta, sinceramente, três vezes? Na terceira vez, ore com a lista em vez de ler simplesmente. Peça ao Espírito Santo que aponte as coisas em sua vida que não O agradam. Escreva os pecados que não estão na lista mas que Ele traz ao pensamento. Confesse-os. Repudie-os. Peça que Ele o purifique com o sangue de Jesus. Ele o fará.

Leve o tempo que precisar. E então ore comigo novamente:

Santíssimo Senhor,

Com lágrimas nos rostos e vergonha nos corações, verdadeiramente, sinceramente, corajosamente entregamos nossos corações.[8] *Nos*

Sua Pureza É Embelezada em Nós

arrependemos de nossos pecados. Não apenas o chamamos da maneira que Tu o enxergas, mas também nos afastamos dele.

Clamamos Tua promessa de perdão dos pecados por meio de Teu sangue.[9]

Clamamos Tua promessa de que, se confessarmos nossos pecados, Tu serás fiel e justo para nos perdoar e purificar.[10]

Agradecemos pelo Teu perdão.

Agradecemos pelo sangue que nos purifica.[11]

Agradecemos pelas nossas lágrimas em teu rosto.[12]

Agradecemos que, como nosso Senhor, Tu entendes a vergonha e culpa por nossos pecados.[13]

Agradecemos que, embora Tu não tenhas pecado, tomastes o pecado por nós para que possamos ser corretos com o Senhor.[14]

Agradecemos que, quando estamos diante de Teu sangue e nossas vidas estão diante de Ti, nós nos tornamos uma nova criação. O antigo se foi, e o novo chegou.[15]

Agradecemos pelo Espírito Santo, que é santo e age dentro de nós para nos fazer santos como Tu és santo.

Agradecemos pelo peso da culpa, vergonha e condenação do pecado, evidências da atividade do Espírito Santo em nossos corações, nos tornando puros.

Agradecemos pela experiência de sermos purificados, por mais dolorosa que seja.

Agradecemos a certeza de que, quando condenados pelo pecado — quando confessamos e somos purificados do nosso pecado —, nós podemos aguardar uma calorosa recepção em Teu lar porque somos noivas que o Espírito Santo está embelezando para nosso Noivo... nosso Salvador... o santo Cordeiro da glória.

Nós oramos em nome Dele — Jesus.

Amém.

Agora, peça que Deus o preencha com Seu Espírito Santo para que você possa ser verdadeiramente revivido![16] E para que a beleza do invisível Espírito Santo seja visível para aqueles à sua volta.

23

Sua Pureza É Ampliada em Nós

A primeira cirurgia de catarata do meu marido foi desastrosa. Quando as bandagens foram removidas, em vez de ele enxergar mais claramente, ficou cego do olho direito. Pelo resto da vida, ele manteve o olho semicerrado, o que fazia com que parecesse piscar continuamente. Essa expressão combinava com sua personalidade provocadora e divertida. Mas, na vida prática, ele começou a usar lupas para ler com mais facilidade. Eu comprei lupas grandes e pequenas, de plástico ou vidro, e elegantes, com cabos de prata ou osso. Espalhei-as por toda a casa. Agora sou eu que as utilizo. Elas me ajudam a enxergar com mais clareza.

Você e eu somos como lupas que ajudam o mundo a enxergar Jesus melhor. Quando a igreja foi estabelecida, foi chamada na língua grega de *ekklēsia*. Essa reunião de crentes foi planejada para ser uma demonstração de como seria a sociedade sob a autoridade de Jesus Cristo. De modo único, a igreja é ordenada por Deus com o propósito de revelar Jesus e compartilhar o evangelho. Mas a igreja é o corpo de Cristo. Não é um prédio no fim da rua ou uma organização ou denominação ou associação. A igreja é feita de pessoas como você e eu, que foram até a Cruz, confessaram e se arrependeram de seus pecados, receberam Jesus Cristo pela fé como nosso Salvador e procuram segui-lO como nosso Senhor. A igreja local é onde os seguidores de Jesus se reúnem para encorajamento e instruções, sendo depois enviados ao mundo para pregar o evangelho.

Nos dias do Antigo Testamento e durante a vida de Jesus, o povo de Deus se reunia no templo em Jerusalém. Era o local em que Deus colocou Seu nome e onde se dizia que Ele habitava na terra entre o Seu povo.[1] Mas não há mais esse templo em Jerusalém hoje. Os romanos o destruíram por volta de 70 a.C. Desse modo, não há mais fisicamente um local Santo no qual Deus reside entre os homens. Por outro lado, a verdade fenomenal é que, de modo literal, você e eu somos agora um templo vivo do Espírito Santo. Deus reside dentro de nós! Isso torna imperativo que mantenhamos a santidade de nossos templos. "Ainda não entendeis que o vosso corpo é santuário do Espírito Santo, que habita em vós, o qual tendes da parte de Deus, e que não pertenceis a vós mesmos? Pois fostes comprados por alto preço; portanto, glorificai a Deus no vosso próprio corpo."[2]

Nós temos a impressionante responsabilidade de revelar Deus o Pai, Deus o Filho e Deus o Espírito Santo para os que estão à nossa volta pelo que falamos e fazemos, por onde vamos e como vivemos, pela maneira como reagimos e trabalhamos e pelo que escutamos e vemos: "Somos santuário do Deus vivo. Como declarou o próprio Senhor: 'Habitarei neles e entre eles caminharei; serei o seu Deus, e eles serão meu povo.'"[3] Hoje somos o santuário que os outros procuram para poder vê-Lo, escutá-Lo e conhecê-Lo.

Milagre ainda maior do que cada um de nós sermos o templo do Espírito Santo é o fato de que todos nós, como templos vivos, nos reunimos como um templo magnífico e santo no qual Deus vive por Seu Espírito.[4] Em uma analogia semelhante, somos descritos pelo apóstolo Pedro como o pilar que "cresce para ser um templo santo" que um dia revelará a glória de Deus para o mundo.[5]

Pense nisso. Cada uma de nossas vidas individuais tem o objetivo de refletir a glória e a pureza da personalidade de Deus. Então nós, as pedras angulares, nos reunimos até que um templo maior seja construído por meio de centenas e centenas, milhares e milhares, milhões e milhões de vidas que confessaram e se arrependeram do pecado, receberam Jesus Cristo pela fé como Salvador e procuraram segui-Lo como Senhor. Nós somos templos vivos feitos de pilares que exibem e amplificam a glória, a pureza e a santidade de Deus para todo o universo.

Nossas vidas, nossos testemunhos cristãos e nossa fé não dizem respeito somente a nós. Vivemos por um propósito muito maior, além apenas de mim. Ou de você.

Na verdade estamos vivendo juntos para a glória de Deus!

Ampliado pela Nossa Penitência

Se devemos ser lupas que ajudam o mundo a enxergar Jesus melhor, se torna crítico nos reunirmos e confessarmos nossos pecados. A "lupa" deve ser lavada, limpa e polida para que os outros vejam através de nós do modo mais claro possível. Podemos afirmar que, se a luz da glória Dele é ofuscada por nós como indivíduos, também dificultamos que os outros o vejam na igreja em toda a Sua glória. O templo será tão glorioso quanto cada pedra individual.

Como vimos, de tempos em tempos cada um de nós necessita passar por uma "limpeza de casa". A oração a seguir é uma das que uso para esse fim conforme tenha intercedido pela igreja. Escrevi com pronomes no plural para que seja fácil que você a utilize também.

Preciosa Pedra Angular,

Estamos em reverência com quem Tu és. Tu és a pedra que os construtores rejeitaram. Tu és a pedra que as pessoas tropeçam. Mas agora Tu és a pedra angular e o pilar de um magnífico templo que exibe Tua glória pela eternidade.[6] Por todo o tempo. Com nossos corações, queremos que nossas vidas reflitam Tua glória de um modo que todo o universo seja preenchido com ela![7] Queremos viver pelo louvor de Tua glória.[8]

Viemos a Ti como pecadores. Somos pilares imperfeitos, mas fomos limpos por Teu sangue e habitados pelo Teu Espírito. Confessamos nossos pecados pessoais e individuais. Acreditamos estar limpos perante o Senhor, pois prometestes que, quando confessássemos nossos pecados a Ti, seríamos purificados de todas as injustiças.[9] Agradecemos. Novamente.

Agora o buscamos e confessamos nossos pecados. Confessamos que nós, Seu povo, as ovelhas do Teu pasto,[10] constantemente nos desviamos. Muitos nos voltamos para nosso próprio caminho e fizemos o que achamos ser correto aos nossos olhos.[11] O barulho de divisões sectárias, facções e rivalidades deram um som incerto ao chamado da trombeta do evangelho.[12] Os ofendidos e os ofensores, as traições e as brigas, o orgulho e o preconceito, a riqueza e os desejos, ofuscaram o reflexo de Tua beleza que deveria estar presente em nós como Teu corpo, a igreja, o templo vivo do santo Deus vivo.

Nós focamos as nossas circunstâncias e fomos derrotados.

Nós focamos os outros e fomos iludidos.

Refletindo a Pureza do Espírito Santo

Nós focamos nós mesmos e fomos enganados.

Nós focamos o politicamente correto e fomos desapontados.

Comparamo-nos aos outros em vez de o Teu padrão sagrado, fazendo com que a percepção de quem somos seja distorcida.

Estamos arrependidos.

Nós imploramos pelo reavivamento mas ainda estamos ocupados para procurar a Ti em oração e jejum, confessar e nos arrepender do pecado.

Estamos arrependidos.

Nós ousamos segurar a Bíblia para debater, clamando que ela "contém" Tua Palavra, colocando em dúvida sua infalibilidade, autoridade, inspiração e inerrância. Como se Tu cometestes erros ou não falastes a verdade, toda a verdade e nada além da verdade. E então substituímos material denominacional pela Tua Palavra.

Estamos arrependidos.

Nós substituímos a ortodoxia pela obediência, atividades da igreja pela vida do Espírito e programas pelas orações.

Nós substituímos _____ (preencha com o que vier à sua cabeça).

Estamos arrependidos.

Nós racionalizamos, negamos ou acobertamos pecados apenas pelo aumento no número de membros. Não damos todos os conselhos das Escrituras com medo de ofender os ouvintes.

Nós racionalizamos _____.

Estamos arrependidos.

Mudamos os rótulos para que o pecado pareça menos pecaminoso. Chamamos mentira de exagerar. Fornicação de sexo seguro. Assassinato de direito de escolha. Alcoolismo de doença. Inveja de ambição.[13] *Orgulho de autoconfiança.*

Chamamos _____, _____.

Estamos arrependidos.

Nós esperamos que pastores sejam CEOs. Transformamos líderes espirituais em celebridades. Transformamos ministérios em negócios. Clamamos glorificar a Ti enquanto pedimos 10% como comissão.[14]

Nós _____.

Estamos arrependidos.

Sua Pureza É Ampliada em Nós

Com profunda vergonha, confessamos que existem pessoas no mundo que Tu amas e por quem Tu morrestes...

que não conhecem a Ti porque nos conhecem.

que rejeitam a Ti porque nos rejeitam.

que não acreditam em Ti pelo que nós dizemos e como dizemos.

que não sabem que Tu os ama porque nós não os amamos.

que não sabem que Tu podes dar-lhes vitória sobre o pecado porque nós vivemos na derrota.

que estão sem esperanças porque nós cerramos nossas mãos em desespero.

que não vêm a Ti para se libertar do pecado porque nós concordamos que eles "nasceram desse jeito".

que não procuram a Ti como solução para o que está errado porque nós buscamos política e poder.

que estão aterrorizados pelo futuro porque nós estamos com medo.

Envergonhados, nós confessamos _____.

Por que nos espantamos com as pessoas que abandonam a igreja? Abandonam a fé de seus pais? Duvidam do Teu amor? Questionam Tua própria existência? Inventam deuses para si mesmos? Nossos pecados ofuscaram Tua glória, esconderam Teu rosto, amarraram Tuas mãos e minimizaram a percepção do Teu amor. Mas agora trazemos a Ti palavras específicas de confissão. Humildemente, sinceramente, dizemos a Ti: "Perdoa toda a nossa maldade e todos os nossos pecados e, mediante teu amor misericordioso, aceita nossa adoração."[15]

Tu prometestes que nos curaria de nossa infidelidade e nos amaria livremente.[16] Confiamos em Tua Palavra. Purifique-nos, santo Senhor. Faça de nós um templo que reflita a força eterna da Pedra Angular e a glória do Pilar para que um dia todo o universo reverbere em regozijo: "Grandes e admiráveis são as tuas obras, ó Senhor Deus Todo-Poderoso. Justos e verdadeiros são os teus caminhos, ó Rei das nações. Senhor, quem não temerá e não glorificará o teu Nome? Pois só Tu és santo por isso, todas as nações virão e prostrarão diante de Ti, porque os Teus juízos são manifestos"[17] por nós, Seu povo, os pilares.

Pela glória de Teu grande nome,
Amém.

Ampliado por Nosso Louvor

Como já compartilhei com você, um dos efeitos da purificação de meu coração, mente e corpo pelo arrependimento, limpeza e trabalho do Espírito Santo é que fui libertada da culpa e da vergonha. Estou livre! Estou confiante de que estou agindo corretamente com Deus e que Ele me vê sob o sangue de Seu querido Filho. Sou aceitável para Ele.[18] E conforme sou preenchida por humildade e gratidão pelo que Ele fez, meu coração transborda de louvor!

O Rei Davi teve a mesma experiência. Quando ele cometeu adultério com Bat-Shéva, tramou para que o marido dela fosse assassinado; depois, confrontado pelo profeta Natã, foi condenado no âmago de seu ser. Ele parou de tentar acobertar, ignorar, defender e arrumar desculpas para o que tinha feito. Em vez disso, confessou seu pecado.[19] Quando o fez, a alegria de sua salvação retornou e ele exclamou: "Alegrai-vos no Senhor, ó justos, e cantai bem alto, vós todos que sois retos de coração!"[20]

Genuíno louvor que emerge de um coração arrependido transbordando gratidão é evidência do Espírito Santo trabalhando dentro de nós para nos purificar e nos preencher com Ele.

É provável que nenhuma canção de louvor seja tão emocionante como a do redimido que um dia a entoará ao redor do trono no Paraíso. Essa canção não é algo que diga respeito à Criação, à libertação das correntes no Egito, à destruição do exército do Faraó no Mar Vermelho ou à revelação dos mandamentos no Monte Sinai. Trata-se de uma canção nova que será entoada no Paraíso diante do retorno do Filho de Deus para comandar e reinar na terra. Quais são as palavras? "Tu és digno de tomar o livro e de abrir seus selos, porque foste morto, e com o teu sangue compraste para Deus homens de toda tribo, língua, povo e nação. Tu os constituíste reino e sacerdotes para o nosso Deus; e assim reinarão sobre a terra."[21]

O som da redenção se tornará contagiante à medida que milhares de vozes sobre vozes e 10 mil vezes 10 mil anjos forem circulando o trono e se juntando em coro: "Digno é o Cordeiro, que foi morto, de receber a plenitude do poder, riqueza, sabedoria, força, honra, glória e louvor!"[22] Todo o universo explodirá em um crescendo de louvores que penetrará os lugares mais distantes! Todo o universo louvará Aquele que sozinho é digno![23]

Será que no final dos tempos ocorrerá o mesmo que no início de tudo, quando o Espírito de Deus pairava sobre o planeta Terra pulsando, energizando, preparando-o para ser transformado pelo poder da Palavra de Deus? Os louvores sacudindo o universo inteiro serão uma evidência do poder pulsante do Espírito Santo, infundido em todos os seres vivos que respiram com o louvor a nosso Senhor Jesus Cristo?

Testemunhando um tempo que ainda virá, o apóstolo João disse: "Ouvi algo semelhante ao som de uma grande multidão, como o estrondo de muitas águas e poderosos trovões, que bradava: 'Aleluia! Porquanto, o Senhor nosso Deus, o Todo-Poderoso, já reina. Alegremo-nos, exultemos e demos glória a Ele, porque chegou a hora das bodas do Cordeiro e sua noiva já está preparada.'"[24]

O que nós passamos, conforme confessamos nosso pecado e o repudiamos, é a preparação para esse dia. Pois não apenas somos pedras angulares construindo um magnífico templo no qual a trindade de Deus revelará Sua glória, mas também somos noivas de Cristo! Com a essencial, indispensável, purificadora ajuda do Espírito Santo, estamos nos preparando para receber nosso Noivo! Estamos nos preparando para ver o Rei!

Por que esperar até esse dia para começar a elevar nossas vozes em louvor por Aquele que, sozinho, é digno de todos os louvores? Lembre-se: o Espírito Santo habita em seu louvor![25] Embora não possa explicar o inexplicável, sei que o louvor purifica a invisível atmosfera espiritual. Espíritos sem amor precisam desaparecer. Ir de cômodo em cômodo em sua casa louvando o nome de Jesus em voz alta, preenchendo seu lar ou carro com música cristã, tornar um hábito iniciar suas orações — e seu dia — com louvor Àquele do qual todas as bênçãos fluem fará a diferença. Tente e veja.

Nos primeiros 30 minutos da viagem até o centro do câncer de mama para encontrar com a equipe médica, minhas duas filhas e eu usamos esse tempo para louvar os nomes de Jesus. Começando pela primeira letra do alfabeto, cada uma usou um de Seus nomes. Ele é o Alfa, o Autor da Vida, o Anjo do Senhor. Continuamos passando pelo alfabeto, preenchendo o carro com louvores por quem Ele é.[26] Quando chegamos ao hospital, nossos corações transbordavam de alegria, pois nosso foco estava Nele, não em nossa situação.

Refletindo a Pureza do Espírito Santo

Peça que o Espírito Santo o preencha até transbordar com alegria e contentamento pelo trabalho purificador que Ele tem feito em sua vida; e então tire um momento e expresse em palavras de louvor o que Deus tem feito por você. Se ajudar, use as palavras de seu louvor ou hino favoritos, tais como

Meu triste pecado, por meu Salvador
Foi pago de um modo cabal,
Valeu-me o Senhor, oh! Mercê sem igual;
Sou Feliz! Graças dou a Jesus![27]

Sétima Parte

Confiando na Providência do Espírito Santo

O Espírito nos auxilia em nossa fraqueza; porque não sabemos como orar, no entanto, o próprio Espírito intercede por nós com gemidos impossíveis de serem expressos por meio de palavras. E aquele que sonda os corações conhece perfeitamente qual é a intenção do Espírito; porquanto, o Espírito suplica pelos santos em conformidade com a vontade de Deus. Estamos certos de que Deus age em todas as coisas com o fim de beneficiar todos os que o amam, dos que foram chamados conforme seu plano.
— Romanos 8:26–28

Quando recebi Jesus como meu Salvador, presumi que o Espírito Santo foi "designado" para mim. Pensei que Ele estava em minha vida porque Ele não tinha escolha. Era agora o "trabalho" Dele — Sua responsabilidade. Pensava que Ele era estritamente profissional, um perfeccionista insistente nos detalhes e Alguém que me manteria na linha até o dia em que fosse apresentada para o Pai, e que no final diria algo como: "Ela está aqui. Fiz o melhor que pude com o que tinha." Essa atitude prejudicial poderia ter me levado a viver uma mentira, já que teria tentado impressioná-lo. Poderia ter me queimado ao me esforçar para ganhar o amor Dele.

Até que um dia, lendo a Bíblia, fui fisgada pelo seguinte: "E não entristeçais o Espírito Santo de Deus, com o qual fostes selados para o dia da redenção."[1] Embora entenda que as Escrituras estão nos advertindo para não pecar intencionalmente, de propósito, a palavra *entristecer* chamou e prendeu minha atenção. Refleti sobre a tristeza na minha vida e percebi que tinha vivenciado essa emoção apenas quando me importei profundamente com algo ou alguém. Eu me entristeci quando minha mãe foi para o Paraíso. Eu me entristeci quando meu marido a seguiu oito anos depois. Eu me entristeci quando meu pai se juntou aos dois. Percebi que *tristeza* é uma palavra de amor. Entristeço-me porque amava minha mãe, meu marido e meu pai.

Essa percepção acendeu uma luz em meu pensamento, pois me dei conta de que, se posso entristecer o Espírito Santo, é porque Ele me ama. O Espírito Santo me ama! Esse foi um pensamento profundo, revolucionário. Ele não é apenas um parceiro profissional. Ele não foi só designado para mim. Ele não vive em mim porque tem que fazer isso. Ele vive em mim porque quer viver em mim. Ele, de modo profundo, se importa com o que faço e em quem me torno. Quando faço a coisa certa, Ele se alegra. Quando faço a coisa errada, se entristece. Ele não está somente envolvido de modo prático e espiritual em minha vida, mas também está emocionalmente envolvido por quem sou e em quem me tornarei. Quanta diferença essa simples verdade fez na minha perspectiva. Posso ser eu mesma com o Espírito Santo. Não preciso ficar "ligada". Posso relaxar e ser transparente com Ele. Posso confiar totalmente Nele porque Ele me ama de verdade!

E o Espírito Santo ama você também! Ele se importa profundamente com o que você se importa, pois Ele se importa com você.[2] Independentemente do tamanho de sua preocupação. Ele se importa. Ele entende. Quer o melhor para você. Deseja que você alcance seu potencial divino. Ele quer aliviar seu peso, resolver seu problema, confortar seu coração partido, cicatrizar suas feridas, levá-lo através do vale das sombras, fazer chover bênção atrás de bênção. E sim, Ele quer te fazer santo — pois Ele te ama! Ele agirá em todas as coisas — *todas as coisas* — pelo bem que lhe quer.[3] Então relaxe. Pare de tentar impressioná-lo. Pare de se esforçar para merecer Seu amor. Seja aberto, sincero e transparente. Viva com a confiança de que você é amado profunda, incondicional e permanentemente por Ele.

24

Confie em Sua Promessa

Quando viajei para a cidade de Hyderabad, Índia, para falar no Dia Nacional de Oração deles, como citei anteriormente, não consegui deixar de notar a quantidade de joalherias. Era impressionante! Placas ao longo das ruas da cidade e grandes outdoors com fotografias de lindas mulheres indianas usando espetaculares joias feitas de ouro. As mulheres nas fotografias usavam colares tão largos que pareciam colarinhos de puritanos confeccionados de ouro sólido, braceletes que se estendiam do pulso até o cotovelo, braçadeiras de ouro ou pulseiras presas nos braços, e brincos que pareciam candelabros pendurados nas orelhas e resvalando nos ombros.

Era tão impressionante que eu me perguntava se a cidade era o centro do comércio de joias de todo o país. Meu anfitrião respondeu que, quando uma mulher é prometida a um homem para o casamento, o homem paga um dote para ela, não em dinheiro, vacas ou terras, mas em joias. Um dos propósitos é que, caso algo aconteça ao homem, seja por morte ou divórcio, a mulher possa vender as joias para ter algo com que viver. De fato, Hyderabad é um dos centros nacionais para esse tipo específico de joias.

As espetaculares peças de joalheria indiana que vi exibidas em placas, revistas e lojas me fez lembrar de uma joia que Danny me deu basicamente com o mesmo propósito — como pedido de casamento. Exceto que Danny Lotz me pediu em casamento sem um anel! Aceitei a proposta e ele, como o homem prático que era, me perguntou que tipo de anel eu queria. Eu disse que desejava um como o da minha mãe. Apenas um diamante único no estilo da Tiffany.

Cerca de duas semanas após o pedido, Danny me entregou o anel. Estávamos sentados no mesmo local em que ele tinha me pedido em casamento — no sofá ao lado da lareira na sala de meus pais. Dentro de uma pequena caixa preta estava o anel de noivado mais lindo que eu já tinha visto. Era exatamente o que eu teria escolhido. Apenas um diamante único no estilo da Tiffany. Fiquei muito emocionada!

Quando fui deitar naquela noite, não conseguia dormir. Eu continuava a admirar o anel em meu dedo. Ele parecia brilhar no escuro. Bem cedo no dia seguinte, desci as escadas até o quarto de minha mãe para lhe mostrar. Ela concordou que aquele era o anel de noivado mais lindo que já tinha visto.

O anel, porém, era mais do que uma linda peça de joalheria porque eu levava comigo o pedido de casamento de Danny Lotz. Toda vez que o via em meu dedo, eu me lembrava que chegaria o dia em que a promessa dele se cumpriria. Eu me tornaria a esposa dele e viveríamos juntos até que a morte nos separasse. O anel continuou no dedo até o momento em que o tirei para que Danny colocasse a aliança no mesmo dedo. Então coloquei o anel de noivado junto da aliança, onde está até hoje. É um lembrete constante do amor e compromisso de meu marido comigo, e meu com ele, até além de sua morte.[1]

O Espírito Santo dentro de nós é nosso "anel de noivado". Ele Próprio é o compromisso... a garantia... a promessa... de que Jesus nos ama. Que Ele está comprometido e é fiel a nós. E que um dia retornará para nos levar para viver com Ele eternamente na casa que está preparando.[2]

Um Presente para a Futura Noiva

No *The Book of Mysteries*, o rabino Jonathan Cahn forneceu uma rica compreensão dessa promessa divina com base na cerimônia de noivado judaica.[3] Com a permissão dele, usei seus pensamentos para ilustrar a seguinte alegoria.

A mulher era tão linda como qualquer princesa de contos de fada. O homem era tão deslumbrante como qualquer Príncipe Encantado da Disney. O homem estava apaixonado desde o começo do relacionamento, mas ele pacientemente deu tempo ao tempo para que ela o conhecesse. Ela então se apaixonou por ele também. Quando ele finalmente demonstrou todo o seu amor e a propôs em casamento, ela aceitou com alegria! Ambos estavam felizes, em êxtase. Mas com uma expressão resoluta e tristonha, o homem explicou que seria necessário um período de separação antes que eles pudessem se casar. Ele partiria para construir uma casa na qual pudessem viver juntos. Ela estava compreensivamente perturbada. Em resposta aos protestos dela, ele assegurou que, embora precisasse partir, enviaria um presente para confirmar o amor que sentia por ela. Serviria também para confirmar a fidelidade dele enquanto estivessem afastados e que ele voltaria para ela. E que o presente iria embelezá-la durante sua ausência.

Ela estava praticamente inconsolável quando ele partiu. Mas muitos dias depois, como prometido, ela recebeu um extravagante presente dele — um deslumbrante anel de um diamante de quinze quilates em cuja volta havia outros pequenos diamantes. Era o anel de compromisso dela, a promessa de que um dia ela se tornaria a noiva dele. Ele não a esqueceria, pois realmente a amava. Ele seria fiel enquanto separados, e retornaria quando os preparativos para a casa deles fossem finalizados. Nesse intervalo, não havia dúvidas de que o anel iria embelezá-la na ausência dele.

Uma Promessa do Noivo Fiel

Rabino Cahn apontou que o presente de amor do noivo — uma joia ou qualquer outro presente que ele dê à noiva — é chamado de *mattan*.

O mais fascinante é o seguinte: o dia em que Deus deu a lei, ou a Torá, para Moisés no Monte Sinai é lembrado no calendário judaico como o Mattan Torá — "a entrega da Torá". A lei foi considerada como o presente de amor de Deus para Seu povo. É comemorado pela Festa de Shavuot,[4] que acontece no mesmo dia que ocorreu o Pentecostes, 2 mil anos atrás. Na Festa de Shavuot, o Espírito Santo foi dado como um presente de amor para a noiva prometida do Filho. O Espírito Santo é nosso "mattan", nosso "anel de noivado". Ele serve para nos embelezar na ausência do Filho, ao mesmo tempo em que Ele também garante a fidelidade do Filho conosco, Sua noiva. O Espírito Santo é a promessa Dele de comprometimento conosco agora e que um dia Ele retornará para nós para que possamos viver juntos na casa que Ele está preparando.

Confiando na Providência do Espírito Santo

Observe seu "anel de noivado", o Espírito Santo. Como você o descreveria? O que significa para você que Ele seja a garantia de nosso relacionamento com o Filho? Se Ele de fato ama você de forma completa e incondicional — se Ele de fato deseja o melhor para você, se Ele de fato se importa com tudo o que é importante para você porque Ele se importa com você — qual seria o motivo para não confiar na providência e promessa Dele? Então, você escolhe confiar Nele? Relaxe. Confie Nele. Você é precioso para o Filho e portanto é precioso para o Pai e precioso para o Espírito. O Espírito Santo é absolutamente comprometido em cumprir Suas responsabilidades de tomar conta de você até que seja apresentada como a gloriosa noiva para seu Noivo.

25

Confie no Selo Dele

Nos velhos tempos, um selo era uma figura ou um símbolo ou escrita de algum tipo que era cravado em uma superfície dura de metal ou pedra. Quando pressionado em argila ou cera, o selo deixava uma impressão que carregava a autoridade de quem o utilizava. Era normalmente utilizado em documentos para conferir autenticidade, autoridade ou propriedade.

O apóstolo Paulo afirmou: "Nele, igualmente vós, tendo ouvido a Palavra da verdade, o Evangelho da vossa salvação, e nele também crido, fostes selados com o Espírito Santo da Promessa."[1] A presença do Espírito Santo — o selo — garante que nós pertencemos a Deus. Serve como a "prova de compra" divina. Embora não possamos ver o selo, Deus o vê. "O Senhor conhece os seus."[2] O selo aparentemente também é visível no mundo invisível, pois ele nos identifica em todo o Universo como autênticos filhos de Deus.

Os cristãos para os quais Paulo escreveu, explicando que o prometido Espírito Santo os selou aos olhos de Deus, viviam na cidade portuária de Éfeso. Mercadores de todo o mundo passavam por ali para comprar madeira, que chegava nos barcos que lá aportavam. Quando o mercador selecionava e comprava a madeira que queria, ele a estampava com sua marca, indicando sua propriedade. Ele então enviava um representante em quem confiava para reclamar e coletar toda a madeira que carregava seu selo. A aplicação emocionante para você e eu é que o Espírito Santo é a prova de propriedade de Deus! Alguma vez você questionou sua salvação? Questionou se você é realmente um filho de Deus? Faltando o seguro abençoado de que você é Dele e Ele é seu? Bem, Deus não duvida ou questiona ou falta com a garantia de Sua propriedade, pois Ele selou você com Seu selo de aprovação, o Espírito Santo. Quando o Inimigo destila suas acusações infundadas contra você, Deus o afasta. *Deus sabe* que você é Dele. Um dia, se estivermos vivos na terra no fim dos tempos, Deus enviará Seus agentes especiais para reunir todos aqueles que foram selados com o selo Dele, e "seremos arrebatados... para o encontro com o Senhor nos ares" para viver com Ele para sempre!³

Você e eu temos a segurança de saber que nada poderá nos separar do nosso Dono — nenhuma "tribulação, ou ansiedade, ou perseguição, ou fome, ou nudez, ou perigo, ou espada"⁴ — pois fomos selados com o selo Dele, o Espírito Santo! O Próprio Jesus reafirmou que ninguém pode nos roubar das mãos Dele ou das mãos do Pai Dele.⁵ Nenhum pecado, nenhuma pessoa, nenhuma circunstância, nenhuma doença, nenhum demônio, nem nós mesmos, nem mesmo a morte.

Quando minha mãe estava prestes a falecer, eu tinha certeza de que a salvação e vida eterna dela estavam garantidas. Ela sequer tinha medo de morrer. Mas eu queria ler para ela uma passagem das Escrituras que sabia que ela gostava e tinha memorizado. As palavras foram escritas pelo apóstolo Paulo para reafirmar e garantir o foco na fé daqueles que procuravam seguir Jesus enquanto viviam no assombroso mundo romano. Foi isto que o Espírito Santo o inspirou para escrever, e foi isto que eu li para minha mãe em seu leito de morte: "Portanto, estou seguro de que nem morte nem vida, nem anjos nem demônios, nem o presente nem o futuro, nem quaisquer poderes, nem altura nem profundidade, nem qualquer outra criatura poderá nos afastar do amor de Deus, que está em Cristo Jesus, nosso Senhor."⁶

Louve a Deus! Minha mãe, você e eu estamos seguros pela eternidade pois fomos selados!

Confie no Selo Dele

Você já se sentiu espiritualmente inseguro? Falta-lhe a certeza de sua salvação? Do amor de Deus por você? Do seu lar divino? Então tire outro momento para olhar para o seu "anel de noivado"... o Espírito Santo. Ele garante Deus como o proprietário de sua vida. Como filho de Deus e amada noiva de Seu Filho único, você pode ter certeza de que Ele garantirá o cumprimento de todas as promessas de Deus para com você. O Espírito Santo é sua promessa e sua prova de que Deus está comprometido com você. Ele será fiel a você. E — esperança gloriosa — um dia retornará para que você viva ao lado Dele. Porque você é Dele e Ele é seu. Para sempre!

26

Confie na Compreensão Dele

Uma das coisas que mais sinto falta de minha mãe é sua compreensão. Ela me conhecia tão bem que eu não precisava me explicar ou defender. Ela usava seu conhecimento e discernimento para me aconselhar, confortar e encorajar. Conforme fui me tornando adulta, em raras ocasiões, ela de forma gentil me corrigiu ou repreendeu. Normalmente, quando perguntava algo ou dividia alguma preocupação, ela aparecia com alguma declaração objetiva que tocava direto no cerne da questão. Minha mãe tinha a habilidade de colocar seu coração e mente em qualquer situação que surgisse. Ela apenas "sacava". Sinto muita falta do brilho nos olhos dela, do calor dos sorrisos, do modo como ela me abraçava quando entrava em seu quarto e as conversas que tínhamos ao lado da "lareira de risadas" dela.

Nunca me cansei de escutar a voz dela nas orações. Até mesmo quando estava próxima de falecer, com a fraqueza física afetando sua voz, eu ainda pedia que ela fizesse as orações. A voz dela oscilava. Algumas vezes era insinuante e áspera. Mas não há dúvidas de que ela sabia com Quem estava falando. Na minha mente, consigo visualizá-la agora, sua cabeça inclinada nas mãos entrelaçadas, orando por mim, meu marido, meus filhos ou qualquer outra situação. O tom de sua voz na oração fazia parecer que ela estava falando com um velho e poderoso amigo no qual ela confiava e amava totalmente. A relação dela com o Senhor era contagiante. Eu queria conhecê-Lo tão intimamente como ela. Mas isso é um assunto para outra hora.[1] O que mais sinto falta são as orações dela de compreensão sobre minha família.

Quando ela nos deixou, senti um profundo vácuo no plano espiritual. Agora quem intercederia por nós? Quem nos protegeria com as orações, lutando no plano celestial em nosso nome? A resposta, obviamente, é Aquele que tinha orado por nós por meio da minha mãe — Aquele que orava e ainda ora: o Espírito Santo.

ELE NOS CONHECE COMPLETAMENTE

O Espírito Santo é totalmente confiável. Ele não tem necessidades próprias para se preocupar. Ele se dedica às suas preocupações. Ele disse que ora por você, e ora. Está orando. Orará. Ele está eternamente comprometido com seu bem-estar. E é devotado a você.

Pois Ele vive dentro de nós, está intimamente ligado com todo o nosso ser: nossos desejos e dúvidas, decisões e sonhos, sentimentos e medos, problemas e pressões, doenças e sofrimentos, feridas e preocupações, segredos e egoísmos. Na verdade, não há nada que o Espírito Santo não saiba ou compreenda sobre nós. Não há nada que possamos esconder Dele. Ele sabe. O salmista descreveu deste modo: "Senhor, tu me sondas e me conheces. Sabes quando me sento e quando me levanto, e acompanhas o meu pensamento onde quer que eu esteja (...) Porquanto a palavra ainda não chegou à minha língua e tu, ó Eterno, já a conheces completamente (...) Para onde poderia eu fugir do teu Espírito? Para onde poderia correr e escapar da tua presença?"[2] A resposta para essas perguntas retóricas é "Lugar nenhum". O Espírito de Deus está dentro de nós. Nunca poderemos ser separados Dele. Ele está conosco em todos os lugares e Ele sabe de tudo.

Ao contrário de algumas companhias que aparentemente compartilham cada grão de informação de seus usuários para que sejam manipulados, o Espírito Santo tem nossos melhores interesses como Seu objetivo. Ele usa o que sabe sobre nós para interceder eficazmente, de maneira poderosa, em todos os momentos-chave de nossas vidas.

ELE ORA POR NÓS

O Espírito Santo sabe como orar e como obter respostas para Suas orações. Ele nos compreende porque Ele é Deus, que vive dentro de nós e nos conhece completamente, por todos os lados. Ele tem acesso em tempo integral ao santuário interior na sala do trono no Paraíso, e Ele sabe precisamente qual é a

Confie na Compreensão Dele

vontade do Deus, o Pai. Ele aplica tudo isso em Suas orações para agir de acordo com nossas questões e sintonizá-las perfeitamente com a vontade de Deus. A Bíblia explica: "O Espírito nos auxilia em nossa fraqueza; porque não sabemos como orar, no entanto, o próprio Espírito intercede por nós com gemidos impossíveis de serem expressos por meio de palavras. E aquele que sonda os corações conhece perfeitamente qual é a intenção do Espírito; porquanto, o Espírito suplica pelos santos em conformidade com a vontade de Deus."[3]

Você já teve algum fardo tão pesado, uma ferida tão funda, um anseio tão profundo, um pesar tão devastador, um problema tão desgastante que não soube como orar? Você nem sabia como começar a orar, menos ainda o que perguntar ou como perguntar? Nesses momentos, é um alívio e conforto saber que o Espírito Santo intercede por você.

Anos atrás, meu marido me convidou para ir com ele a Williamsburg, Virgínia, para um evento especial da Associação de Atletas Cristãos. Estava ansiosa para me afastar das responsabilidades do lar e das crianças pequenas. Mas mais ansiosa para sair com Danny e explorar uma velha cidade sobre a qual havia lido mas nunca visitado. Eu nos imaginava andando de mãos dadas pelas ruas e depois parando para comer algo em um café charmoso.

Em vez disso, quando chegamos em Williamsburg, meu marido me deixou no hotel e saiu com os amigos dele. O dia todo. Mais tarde, percebi que não tínhamos falado sobre o itinerário e menos ainda sobre as expectativas sobre aquele final de semana. No entanto, àquela altura eu estava devastada. Caí na cama e chorei até dormir. Quando acordei, experimentei um fenômeno estranho. Embora eu externamente não chorasse, bem lá no fundo ainda o fazia. E eu sabia que o Espírito de Deus chorava dentro de mim. De modo estranho, me senti reconfortada, sentindo que Ele compreendia a situação. Quando meu marido chegou antes do jantar, estava feliz, tão excitado para falar dos jogos de basquete e de tênis de que participou, que me senti mal de contar sobre meu dia. Sabia que precisávamos trabalhar nossa comunicação, mas deixei isso para depois que voltássemos para casa.

É na comunicação que o Espírito Santo se destaca. Quando não sabemos o que dizer, Ele sabe. Quando não sabemos o que perguntar, Ele sabe. Quando não sabemos demonstrar nossos sentimentos, Ele sabe.

Recentemente, uma jovem esposa se abriu para mim em desespero. Ela carregava feridas tão profundas que mal conseguia falar entre os soluços. As palavras dela saíam em pedaços. Ela não tinha noção de como eu compreendia a dor dela, e ainda assim eu não tinha respostas. Nenhuma resposta. Nenhuma "solução". Sem mais saber o que fazer, perguntei se poderia orar com ela. Ela concordou. Perdida em relação ao que orar, apenas abaixei minha cabeça, fechei os olhos, abri minha boca e confiei que o mesmo Espírito Santo que chorou comigo quando estava ferida me emprestaria Suas palavras. E Ele o fez. Quando terminei de orar por ela, pude escutar a mudança na voz dela conforme me agradecia. O pesadelo diminuíra, e o fardo estava mais leve.

Ele Fala Conosco

Nossas orações nem sempre são atendidas por meio de ações específicas. Às vezes, nossas orações são respondidas por uma mudança de atitude ou em nossas emoções. Após orar, podemos descobrir que a confiança substituiu o medo, o contentamento substituiu o desejo, a esperança substituiu o desespero, o conforto substituiu o pesar, a paciência substituiu a frustração, a alegria substituiu o peso espiritual e o amor substituiu a raiva.

Há alguns anos, uma pessoa que tinha mais autoridade que eu tomou uma decisão com a qual eu não só não concordava, mas achava injusta. Sabia que ela machucaria muitas pessoas. Escrevi uma carta, respeitosamente protestando contra aquela decisão, e expliquei o que considerava ser uma alternativa mais sábia. Minha sugestão não só foi rejeitada como a resposta veio em um tom ofensivo.

Ter raiva demanda uma energia maior do que costumo investir, mas nessa ocasião fiquei furiosa. Vivenciei uma emoção tão incomum que parecia uma raiva quase incontrolável. Por três dias minha cabeça fumegava enquanto conduzia conversas imaginárias com a pessoa, vencendo brilhantemente com cada argumento.

Estava tão irada e distraída que eu sabia que não poderia continuar vivendo pelo Senhor e servi-Lo com o turbilhão interno que estava experimentando. Finalmente, tomei coragem para ficar de joelhos e falar honestamente com o Senhor sobre a situação. Reiterei que não concordava com aquela decisão, o estrago e a dor que ela criaria e minha raiva diante daquela injustiça. Quando terminei de descarregar meu fardo na oração, fiquei em silêncio. O Senhor estava em silêncio. Continuei ajoelhada, esperando. Em minha mente chegou um sussurro: *Anne, sua raiva aos olhos de Deus é tão errada quanto a decisão dessa pessoa*. Isso me abalou a ponto de cair sentada no chão! *Sério?* Conforme passei a refletir sobre aquilo, eu soube que esse pensamento veio do Espírito Santo. E Ele estava certo. Como sempre.

Agora eu tinha outro problema diferente da injustiça daquela outra pessoa. Eu tinha um problema comigo. Em vez de um problema com a decisão, eu tinha um problema com minha reação diante da decisão. Então, comecei a confessar minha raiva para o Senhor. No fim, eu disse que preferia viver com a injustiça do que ofendê-Lo com minha raiva. Disse-Lhe que Ele precisaria remover minha raiva, pois eu não tinha força o suficiente para fazer isso sozinha. Estava disposta a desistir, mas não podia. Continuei a orar e falar com Ele sobre isso.

Quando me levantei, a raiva tinha sumido. *Sumido!* A drástica diferença em meu interior era atordoante. Sabia que era o trabalho sobrenatural do Espírito Santo dentro de meu coração. Eu nunca teria me libertado sozinha de uma emoção tão poderosa, pesada, especialmente quando as circunstâncias não tinham se alterado. Compreendi que era uma resposta não só às minhas orações mas às orações Dele também. Por meio de um invisível, porém poderoso, milagre, Ele substituiu minha raiva por uma gentil e silenciosa paz. O resultado? Enviei um buquê de flores para a pessoa que tomou a decisão. Três dias após as flores serem entregues, eu liguei e Deus me ajudou a construir uma solução que não seria possível se eu tivesse continuado a afundar meu coração na raiva.

Que raiva reside em seu coração? Que medos estão enraizados em sua memória? Que desejos parecem consumir seus pensamentos? Que desespero o afundou na desesperança? Que pesar abriu a torneira de suas lágrimas? Que frustração mexeu com seu temperamento? Que ladrão de alegrias deixou seu espírito pesado?

Você ficaria de joelhos, como eu fiz, e conversaria com o Espírito Santo sobre isso? Ele já sabe, mas está esperando que você venha conversar com Ele. Honestamente. Sem *mas* ou desculpas. Entregue-Lhe o peso. Ele o aceitará conforme o liberta Dele. Ele compreende. E está orando por você.

27

Confie em Suas Orações

Sou tão grata pelo Espírito Santo orar por nós de modo tão compreensivo. Como vimos no capítulo anterior, isso significa que não precisamos fingir, arrumar desculpas, defender, esconder ou racionalizar qualquer coisa. Podemos ser totalmente honestos com Ele já que Ele sabe tudo o que é necessário saber.

É de coração que o Espírito Santo ora por nós. Já que a Bíblia diz que Ele ora sem usar palavras,[1] é impossível encontrar uma de Suas orações nas Escrituras na qual possamos basear nossos pensamentos. Mas o Espírito Santo é Jesus em nós. Então, é nas orações de Jesus que encontramos o mais próximo do que devem ser as orações proferidas pelo Espírito Santo. Quando Jesus orava, de modo bem real, o Espírito Santo orava por meio Dele.

Ele Ora para que Nossa Fé Seja Firme

Na noite em que Ele foi traído, menos de doze horas antes da crucificação, nós temos dois vislumbres de como Jesus orava por Seus discípulos. No primeiro, nós de fato não O escutamos orar, mas durante a última ceia com Seus discípulos, Jesus descreveu Suas orações para um deles. Ele os guiou em comunhão enquanto dividia um gole do vinho que representava o sangue que seria derramado por eles, e ao mastigar o pão que representava o corpo que seria ferido por eles. Nesse momento santo, em vez de adoração e de atitudes humildes relacionadas ao que foi ensinado, os discípulos discutiram sobre quem seria o maior entre eles![2] Seria quase hilário se não fosse ridículo. E sério.

Confiando na Providência do Espírito Santo

Um pouco antes de prever a negação de Pedro Simão, Jesus revelou: "Simão, Simão, eis que Satanás já recebeu autorização para vos peneirar como trigo! Eu, entretanto, roguei por ti, para que a tua fé não se esgote."[3] Eu quase consigo ver as lágrimas nos olhos Dele e escutar a dor em Sua voz. Ele sabia o que estava para acontecer dentro de algumas horas, seria traído por um deles, preso, tentado, torturado e depois crucificado. Em antecipação a esse horror — e à falha de Simão — Ele orou para que Simão fosse fortalecido na fé.

Que situação subitamente desafiou sua fé? A morte de um ente querido? O diagnóstico de uma doença crônica ou terminal? A demissão de um trabalho? A destruição de seu lar? A rebeldia de um filho? A divisão em sua igreja? A infidelidade do cônjuge? A vida não é fácil. Mas Deus é grande. Ele ama você. E Ele ora para que sua fé não vacile.

Há alguns anos, o mundo cristão testemunhou a resposta dramática às orações Dele na vida de Greg Laurie. Greg era, e ainda é, o pastor de uma enorme igreja no sul da Califórnia. Ele é um evangelista talentoso que lota estádios apresentando o evangelho de forma clara e poderosa, convidando todos a procurar Jesus em busca de perdão dos pecados, salvação do julgamento e vida eterna. Em 24 de julho de 2008, se espalhou rapidamente na família de Deus a notícia de que o filho de 33 anos de Greg Laurie, Christopher, havia sido morto em um acidente de carro na Califórnia. Christopher era marido de Brittany, pai de Stella, de dois anos, e tinha outro bebê a caminho. Como isso pôde ter acontecido? Como poderia um Deus amoroso ter permitido um horror tão devastador? Como Greg reagiria?

Greg compartilhou que, na época, a pergunta presa em seu coração era: "Você confia em Cristo, realmente, ou não?" Ele testemunhou que não queria se acomodar com a jornada de sua vida. Nas palavras de Greg, quando Christopher morreu "não era a hora de baixar a guarda para o inimigo e ter um caso, ou se entregar ao álcool, ou cair na amargura. Era a hora de jogar sério". Era um tempo para uma fé verdadeira. Greg reagiu se agarrando a Deus e ao que ele sabia ser verdade, desdobrando-se e plantando as sementes para uma nova igreja, o que efetivamente mais que dobrou seu ministério no sul da Califórnia.[4]

É um privilégio ser amiga de Greg e de sua esposa, Cathe. Sirvo com ele no conselho administrativo da Associação Evangelística Billy Graham. Eu preguei para ele em sua igreja e conduzi reuniões de mulheres para Cathe. O que testemunhei é fé autêntica. Uma fé que estou convencida de que é a resposta às orações do Espírito Santo. Se Deus pode fazer com que Greg passe por um pesadelo tão terrível e ainda assim saia com uma fé ainda mais forte do que antes, Ele pode fazer o mesmo por você e por mim.

Você confia em Cristo, *realmente*, ou não? A escolha é sua, mas a força para confiar em momentos como esses surge em resposta às orações do Espírito Santo.

ELE ORA PELA NOSSA RELAÇÃO COM O PAI

Voltando novamente na reunião de Jesus com Seus discípulos, vemos um segundo vislumbre de como o Espírito Santo ora por nós. Jesus estava conversando com Seu Pai, e eles ouviram Sua conversa muito particular e pessoal. Como João escreveu para nós em João 17, também podemos ouvir.

Ele começou a oração dirigindo-se a Deus como Pai. Bem ali, você pode querer parar de ouvir. Um pai que tenha sido abusivo, irascível, alcoólatra, adúltero ou ausente, pode fazer com que você tenha dificuldades com o conceito de Deus como pai. Meu próprio pai era um pai ausente. Estima-se que ele esteve ausente 60% do tempo em que eu crescia. Quando em casa, ele nunca me colocou na cama, nunca me contou uma história para dormir, nunca me ajudou com a lição de casa — todas as coisas que vi meu marido fazer com nossos filhos. De fato, só percebi o que havia perdido quando vi o modo como Danny agia com nossos filhos. Para ser sincera, também não quero pensar em Deus como um pai. Insistirei que meu pai agiu como nosso Pai celestial de várias maneiras, exceto nas atividades cotidianas, e eu preferiria ter Billy Graham como um pai ausente, do que qualquer outra pessoa a qualquer hora.

No entanto, Jesus não estava sugerindo que Deus é como seu pai ou como meu pai. Um dos relacionamentos mais pessoais disponíveis para a humanidade é o que existe entre pais e filhos. Assim, o Espírito de Jesus enfatizou que o relacionamento entre os membros da Trindade é um relacionamento pessoal de amor. Conforme Jesus continuava a abrir Seu coração, Ele orou: "Eu oro (...) para que todos sejam um, Pai, como Tu estás em mim e Eu em Ti. Que eles também estejam em nós, para que o mundo creia que Tu me enviaste. Eu lhes dei a conhecer o teu Nome e ainda continuarei a revelá-lo, a fim de que o amor com que me amaste esteja neles, e Eu neles esteja."[5] Esse pedido foi atendido no Pentecostes quando Jesus veio até os discípulos na pessoa do Espírito Santo.

E, para que não haja mal-entendidos, a presença do Espírito Santo nos leva a um relacionamento pessoal de amor com Deus o Pai, Deus o Filho e Deus o Espírito Santo. Pense nisso por um momento. Deus o ama! Deus *o ama*! Deus realmente *o ama*! Não há nada que você possa fazer para que Ele o ame menos. Ou faça com que Ele o ame mais. Ele o ama completamente. Totalmente. Incondicionalmente.

Depois de se concentrar em um relacionamento pessoal de amor com Deus, chamando-o de Pai, Jesus reconheceu que Deus havia Lhe dado autoridade para nos dar a vida eterna,[6] um relacionamento com Deus que não é apenas pessoal, mas também permanente. É para sempre. Por todo o tempo. Que não é interrompido nem pela morte. A morte é apenas a transição da fé para a visão. A morte fecha seus olhos para esta vida e os abre para o rosto de Jesus. E o relacionamento que você estabeleceu com o Pai na cruz quando foi salvo pela primeira vez continua... e continua... e continua... *para sempre*!

Você é uma dessas pessoas que vive com medo de perder sua salvação? Você não pode. A vida eterna lhe é dada quando você é salvo, e se pudesse perdê-la, não seria eterna, seria? Seria temporária. E se não fez nada para ganhar ou merecer a salvação, o que não fez por se tratar de um presente que recebeu pela fé, então você não pode fazer nada para perdê-la ou merecê-la. Portanto, em vez de viver com medo... em apreensiva incerteza... nunca realmente certo de que você pertence... nunca certo de que está indo para o Céu... viva na luz do amor do Pai por você e do relacionamento dele com você. Seu amor nunca morrerá, nem se apagará ou se desgastará. Deus, o Pai, Filho e Espírito Santo nunca se cansarão de você. Você é amado. Para sempre. Como sabe disso? Porque você está selado, lembra? E por que Ele diz isso![7]

Jesus definiu a vida eterna não como viver para sempre, mas como conhecer Deus o Pai e Deus o Filho.[8] A palavra "conhecer" que Ele aplicou é usada quando nos referimos ao relacionamento íntimo entre marido e mulher.[9] Nesse caso, a palavra *conhecer* não descreve conhecimento intelectual, acadêmico, ou teológico de Deus apenas. Ela implica muitas outras coisas.

A verdade fenomenal é que Ele não apenas *permite* que nós o conheçamos intimamente, mas nos *convida* a fazê-lo quando Ele nos dá vida eterna. Esse conhecimento exponencial e íntimo do Deus vivo é evidência do Espírito Santo atuando, porque é Ele que recebe as coisas de Deus e as torna conhecidas para nós.[10]

Ao exercermos o privilégio de ter um relacionamento pessoal e íntimo com o Deus vivo, o Espírito Santo está orando por nós. De que outra forma Ele ora? Sobre o que mais, além de nossa fé e nosso relacionamento com o Pai, Ele ora? Vamos voltar à cena na qual Jesus orava por seus discípulos.

Ele Ora por Nossas Necessidades

À medida que voltamos a João 17, os pedidos específicos que Jesus fez nos dão uma visão mais detalhada de como o Espírito Santo ora por você e por mim. Quais são os pedidos que Ele fez? Ele parece cobrir uma ampla gama de nossas necessidades.

Por Nossa Proteção

Jesus orou para que Seus seguidores fossem protegidos do mundo.[11] Enquanto Jesus estava com os discípulos, Ele os protegeu do intenso questionamento, escrutínio, ódio, rejeição e perigo que rodopiavam ao redor deles. Como uma mãe galinha com seus filhotes debaixo das asas, Ele havia tomado sobre Si o turbilhão de hostilidade das pessoas. Seu desejo pela proteção dos discípulos era claramente evidente na cena de Sua prisão, quando ordenou aos soldados que deixassem Seus discípulos partirem.[12] Mas Jesus sabia que, quando Sua presença visível e Sua voz audível fossem removidas, Seus discípulos ficariam vulneráveis. O ódio e a perseguição seriam dirigidos a eles por causa de sua associação com Ele.

Lembro de quando meus filhos estavam no ensino médio e queriam ir à praia com seus amigos nas férias de primavera. Minha preocupação com as coisas às quais eles seriam expostos e as tentações que enfrentariam me levou a dizer não. Porém, quando eles foram para a Universidade de Baylor e eu estava a meio continente de distância, eu sabia que eles estariam vulneráveis e expostos a todo tipo de coisas das quais os teria protegido se estivesse fisicamente presente. Então orei. Da mesma forma, na ausência da presença visível de nosso Senhor, o Espírito Santo ora por nossa proteção contra distrações, desvios e tentações do mundo.

Do que você tem medo? De quem tem medo? Leve seus medos até Aquele que compreende e está orando agora mesmo por sua proteção.

Por Nossa Alegria

Jesus também orou para que Seus seguidores tivessem total compreensão de Sua alegria.[13] Diferentemente da percepção de certas pessoas de que os cristãos vivem vidas miseráveis, cheias de uma lista de prós e contras... que é espiritual ter um comportamento sério e até amargo... que não é espiritual rir e aproveitar a vida... o Espírito Santo realmente reza para que fiquemos plenos de alegria! Alegria que vem de estar em paz com Deus. Alegria que advém da confiança de que nossos pecados serão perdoados. Alegria que vem de saber que estamos envolvidos pelo amor de Deus. Alegria que vem de viver para algo maior que nós mesmos, para que nossas vidas tenham propósito e significado. Alegria originada pelo privilégio de conhecer cada vez mais a Deus em um relacionamento pessoal e permanente. A alegria de saber que nossas vidas não estão descontroladas, mas orquestradas com um propósito divino. Alegria que vem da esperança de um lar celestial por vir. Alegria que vem de vivenciar uma bênção após a outra.

O Espírito Santo sabe que, se você e eu tivermos a plenitude da alegria de Deus, o mundo perderá seu charme. O pecado não parecerá tão atraente. Posições mundanas, posses, popularidade e prestígio parecerão obscenos, baratos e superficiais em comparação a conhecer Jesus. Então, o Espírito Santo reza para que nossa alegria esteja em Jesus, não em nossas circunstâncias ou em qualquer outra coisa. Apenas Jesus.

Quem ou o que roubou sua alegria? Tente contar suas bênçãos.

Anos atrás, nossa casa foi invadida em plena luz do dia. Os ladrões levaram quase tudo de valor. Naquela noite, quando fui dormir, sabia que eles também tinham roubado minha alegria, paz e capacidade de dormir. Enquanto olhava para a escuridão, com medo de que eles voltassem, o Espírito parecia sussurrar: *Anne, conte suas bênçãos*. Então eu comecei a fazê-lo. Havia tantas que eu não conseguia mantê-las em ordem, então comecei a colocá-las em ordem alfabética. Depois de passar pela segunda lista e começar a terceira, fui dormir. Na manhã seguinte, a alegria voltou.

Por Nossa Libertação do Diabo

Jesus também orou por nossa proteção contra o Mal — o diabo ou Satanás — que é nosso arqui-inimigo.[14] Embora o diabo não possa interferir em nossa salvação, uma vez que já estamos selados com o selo inquebrável de propriedade de Deus, ele fará o possível para nos atrapalhar. Ele priorizará fazer com que você e eu desperdicemos nossa vida cristã, para que não causemos impacto eterno em nosso mundo para Jesus. Ele trabalhará com outras pessoas para caluniá-lo, acusá-lo, distraí-lo, tentá-lo e, finalmente, derrotá-lo. Cuidado! O inimigo não é seu vizinho, seu cônjuge, seu chefe, seu colega de trabalho ou o professor de seu filho. Seu inimigo é o diabo, e é por isso que Jesus orou por sua proteção e que o Espírito Santo certamente continua nessa linha de oração. Ele sabe que o diabo é muito mais forte, mais inteligente e mais astuto do que nós. Mas o diabo não é páreo para o Espírito de Deus.

Então, quando o diabo atacar, não corra ou fuja. Nem dê as costas. Paulo desafiou os seguidores Efésios de Jesus a se oporem aos planos do diabo.[15] E continue firme. Não se entregue, desista ou recue. As orações do Espírito nos garantem a vitória definitiva.

Por Nossa Completa Devoção

Jesus também orou para que sejamos santificados, separados do mundo ao redor, para uso exclusivo de Deus.[16] Como já vimos, o Espírito Santo trabalha em nossas vidas para nos afastar do pecado, para que cada vez mais sejamos santos como Ele é santo. Mas esse pedido específico na oração de João 17 traz consigo o pensamento de estarmos separados de coisas secundárias, para que possamos nos dedicar ao nosso objetivo principal, que é o de cumprir nosso potencial dado por Deus e concluir o trabalho que Ele nos deu.

Quando Jesus disse que, por nossa causa, Ele Se santificou, Ele não estava dizendo que havia Se separado do pecado, pois sempre esteve separado do pecado. Ele estava dizendo que havia Se separado de muitas coisas boas, a fim de usar Sua dedicação, atenção, tempo e energia para uma coisa melhor, que era terminar o trabalho de Seu Pai. Ao fazer isso, Ele deu um exemplo para Seus discípulos, incluindo você e eu.[17]

Do que você se separou para ter tempo de servir a Jesus? Do que mais se separou para dar exemplo a seus filhos e netos de uma vida santa e santificada? Senti as orações do Espírito Santo ao me separar da minha cama quente e aconchegante pela manhã para acordar cedo e passar um tempo em oração e leitura da Bíblia. Algumas vezes eu me separei do almoço ou das compras com os amigos, a jardinagem ou trabalho doméstico, e até mesmo de assistir a alguns dos jogos de basquete e futebol de minhas netas, para escrever este livro. Para dar um exemplo a meus filhos e netos, eu me separei de certos programas de televisão que não assisto, filmes que não vou assistir, livros que não vou ler, revistas que não vou olhar e lugares que não irei.

Do que você precisa se separar para dar um exemplo de Deus para outra pessoa? Pense nisso. Que direito você se negou para evitar que outra pessoa tropeçasse e, em vez disso, atraí-la para Jesus? "Em benefício deles Eu me consagro",[18] Jesus orou. Tenho certeza de que o Espírito Santo ora para que você e eu façamos o mesmo.

Por Nossa União

Conforme Jesus continuava a orar, nós podemos escutar o Espírito Santo nos pedindo para ser um com o Pai e o Filho.[19] A oração dele foi respondida inicialmente quando você e eu recebemos Jesus Cristo como nosso Senhor e Salvador, e depois selados com o Espírito Santo. Nesse momento, entramos em uma união orgânica com o Deus triuno, similar ao ramo que está organicamente unido à vinha. União é nossa posição em Jesus Cristo. Mas Jesus orou, e o Espírito Santo continua a orar, para que nossa união seja vivenciada em todas as práticas cotidianas.

Como compartilhei com você, fui casada com Danny por 49 anos. Por mais que o amasse e por mais segura que estivesse em nosso relacionamento como casal, às vezes discordávamos e discutíamos. É engraçado agora, porque não consigo pensar em um exemplo para dar. Mas sei que tivemos muitas discussões e, quando o fizemos, a tensão subia, o silêncio reinava e uma barreira se estabelecia entre nós. Eu ainda era sua esposa e ele ainda era meu marido, mas não me sentia mais em união com ele.

É o mesmo no meu relacionamento com o Senhor. Qualquer discussão, discordância ou desobediência — se podemos chamar assim pecado e rebeldia — ergue uma barreira. A tensão se instala enquanto luto com a condenação e o sentimento de culpa. O silêncio reina, já que não posso mais orar livremente, sem restrições. Embora ainda esteja selada com o Espírito Santo, meu pecado me rouba a consciência da unidade e da doce comunhão com Deus. O remédio? Devo pedir desculpas. Confessar meu pecado pelo que é. Dizer que sinto muito. E então me entregar à Sua vontade e obedecer a qualquer orientação à qual eu tenha resistido. Quando sou brutalmente honesta sobre meu pecado, nomeando-o pelo que é aos olhos Dele e pedindo que Ele me purifique, Ele o faz![20] Nosso relacionamento então é recuperado à doce intimidade que faz parte do meu ser. E essa é uma resposta para a oração do Espírito Santo.

Mas Jesus também orou para que nos uníssemos com outros crentes.[21] De muitos modos, esse é o pedido mais desafiador de todos. Minha mãe brincava que essa era a evidência de que mesmo nosso Senhor tinha orações sem resposta. E ela pode estar certa, porque a resposta a essa oração é baseada em nossa escolha de nos preocuparmos mais com o bem-estar dos outros e com a nossa unidade com eles do que com nossa própria opinião. Ou nossa própria igreja ou denominação. Ou nossa própria posição de liderança. Ou nossa própria raça, status econômico ou filiação política. Ou nosso próprio direito de ser ouvido ou ignorado, respeitado, honrado ou obedecido. Ou nosso próprio direito de estar certos.

O que está separando você de outros seguidores de Jesus? O que danificou a unidade pela qual o Espírito Santo, até neste momento, está orando? Você pediria que Ele lhe mostrasse o que você pode fazer para restaurá-la? Pode significar que talvez precise desistir. Você pode ter que deixar algo ou alguém para trás. Talvez precise ligar, escrever um e-mail ou ser o primeiro a pedir desculpas. Se não souber por que o relacionamento está danificado, pergunte à outra pessoa: "Estamos bem? Fiz algo que o tenha ofendido? Como podemos acertar as coisas?" Então, siga em frente e faça o que for necessário.

Lembre-se: o Espírito Santo está orando por você.

Por Nossa Perspectiva Eterna

A última oração de Jesus em João 17 é uma verdadeira lição de vida e estabelecimento de prioridades. Ele orou para que um dia estivéssemos onde Ele está e pudéssemos vê-Lo em Sua glória.[22] À medida que o mundo à nossa volta se torna mais anticristo, mais herege, mais perigoso para os seguidores de Jesus, precisamos ter a eternidade em vista. Enquanto outros vivem sozinhos, trabalhando duro para serem populares, acumulando posições, construindo portfólios, galgando posições de destaque, exercendo poder, desfrutando de uma variedade de prazeres ou apenas vivendo uma "vida boa" sem arrumar confusão, você e eu vivemos para a glória de Deus. Nós sabemos que esta vida não é tudo o que existe e precisamos viver de acordo com isso.

O que chamou sua atenção? O carro novo do vizinho? As roupas de grife de seu amigo? A casa maior de seu irmão? As pessoas no shopping com sacolas de marcas que você não pode comprar? Você já se pegou olhando duas vezes e desejando...?

Embora todos tenhamos passado por isso, minha mãe me pediu para que nunca sentisse inveja da riqueza ou prazeres ou prestígio ou posses ou posições ou poder dos ímpios nesta vida. Pois, pense bem, isso é tudo o que eles terão. Por outro lado, "'olho algum jamais viu, ouvido algum nunca ouviu e mente nenhuma imaginou o que Deus predispôs para aqueles que o amam' (...) Deus, todavia, o revelou a nós por intermédio do Espírito".[23] Você e eu vivemos em antecipação de que o melhor ainda está por vir.

Você já experimentou a bênção de ter alguém orando com você? Por você? Sobre você? Já teve um ou mais parceiros de oração nos quais confia? Amigos que oram especificamente porque o conhecem, amam e entendem? Os parceiros de oração são uma das mais doces bênçãos de minha vida. Desde minha mãe até meu marido, meus filhos, minha equipe de oração, meu assistente executivo e alguns amigos amados, experimentei o ministério do Espírito Santo invisível orando especificamente por mim por intermédio de pessoas visíveis.

Se você não tem um parceiro de oração, peça a Deus para lhe dar um. Fique em silêncio. Deixe-o trazer um nome à sua mente. Em seguida, convide essa pessoa para orar com e por você. Vocês podem trocar e-mails, telefonemas ou cartas. Podem orar juntos uma vez por dia, uma vez por semana, uma vez por mês. A hora, o local e o modo de reunião vocês definem. Quem sabe? Você pode ser a resposta para as orações de alguém.

E se ninguém vier à mente ou ninguém assumir esse compromisso, lembre-se de que o Espírito Santo está orando por você. Especificamente. Pessoalmente. Com plena compreensão e um coração cheio de amor.

Conclusão

O Foco Inabalável do Espírito Santo: Jesus

Se o propósito do Espírito Santo é glorificar Jesus...

se o objetivo do Espírito Santo é fazer com que Jesus seja conhecido por você e eu... se a prioridade do Espírito Santo é nos guiar até a verdade — a verdade revelada na Palavra escrita de Deus, para que possamos conhecer e refletir com nossas vidas a Palavra viva de Deus, que é Jesus, a verdade encarnada...

... então o propósito, a meta e a prioridade do Espírito Santo podem ser resumidos em uma palavra: *Jesus*. Quando sincronizamos nossas mentes com o Espírito Santo, muitas coisas ficam mais claras, incluindo a própria Bíblia.

A Bíblia fica mais compreensível quando entendemos o que é o livro inteiro. De certa forma, isso me lembra os quebra-cabeças que montava quando criança.

Sempre que eu adoecia, minha mãe me enviava para a casa da minha avó. Minha avó foi uma enfermeira por 25 anos, ela comandou uma grande clínica de mulheres na China antes de ela e meu avô serem expulsos durante a invasão japonesa. Ela foi a melhor enfermeira que uma garotinha doente poderia desejar. Um dos modos que ela arrumava para me distrair era me envolver na montagem de um de seus quebra-cabeças. Ela quase sempre tinha um com, pelo menos, quinhentas peças.

Se você já teve contato com um desses quebra-cabeças, sabe que eles consistem de uma imagem colada em papelão, recortada de várias formas. Minha avó me ensinou a virar as peças do quebra-cabeça para cima, ver os pedacinhos da imagem e conectá-los a outras peças que fossem semelhantes. O quebra-cabeça estaria completo quando todas as peças estivessem conectadas e a imagem na caixa estivesse visível.

A Bíblia pode ser vista como um quebra-cabeça com muitas peças desconectadas, e é por isso que precisamos virar as peças. O Espírito Santo nos mostra como juntá-las para descobrir o quadro completo. E a imagem formada é a de Jesus! Toda a Bíblia, que é "inspirada por Deus" por meio do Espírito Santo,[1] revela a presença de Jesus e Jesus revela a presença de Deus.

O foco inabalável do Espírito Santo em Jesus pode ser visto ao longo de toda a Escritura. No próximo parágrafo, vou tentar descrever algumas das maiores peças do quebra-cabeça que servem como evidências do foco Dele.

Focado na Criação

A partir de Gênesis 1, a Bíblia revela que Deus criou os céus e a terra e que o Espírito de Deus pairava sobre a face das profundezas. Então, no versículo 3, recebemos a expressão *"Disse Deus"*. Começando com a luz, quando essas palavras são repetidas por todo o caminho por Gênesis 1, o que Deus diz se torna realidade.

Pensaríamos, talvez, que Deus falava em algum tipo de linguagem com substantivos e verbos até o Espírito Santo pegar a peça do quebra-cabeças e conectá-la ao primeiro versículo do evangelho de João, que diz claramente: "No princípio era a Palavra [Disse Deus], e a Palavra estava com Deus [uma pessoa distinta pois Ele estava com Deus], e a Palavra era Deus." Mais a frente, o Espírito Santo conecta essas duas peças a outra que se torna uma assombrosa afirmação quando João testemunhou: "E a Palavra se fez carne e habitou entre nós. Vimos a sua glória, glória como a do Unigênito do Pai, cheio de graça e verdade."[2] Que revelação incrível! O Espírito Santo conecta as peças para nos mostrar que bem lá no princípio já estava a imagem de Jesus, por quem e para quem tudo foi criado. Jesus — o Criador — tornou-se carne em Belém, mas esse não foi Seu começo. Ele tem sido sempre!

Como nunca ninguém viu Deus, quando Deus se revela para nós em uma forma física, Ele se revela para nós por meio de Jesus.[3] De tempos em tempos ao longo do Antigo Testamento, antes de Deus se tornar carne em Belém, Ele assume a forma física do Jesus pré-encarnado para poder ser visto.

O Foco Inabalável do Espírito Santo: Jesus

Em Gênesis 2:8 nos é dito: "Ora, *Yahweh*, Deus, havia plantado um jardim na região do Éden, no Oriente." É lógico supor que, para plantar um jardim no Éden, Deus assumiria uma forma física. E o Espírito Santo vira a peça do quebra-cabeça e nos mostra a foto do homem do outro lado, cavando na terra, plantando flores e grama, cuidando de árvores e arbustos enquanto preparava uma casa para nossos primeiros pais, Adão e Eva. Pense nisso! Olhe para o outro lado da peça do quebra-cabeça! A Palavra pré-encarnada de Deus, que estava no começo, que estava com Deus, que era Deus, foi a primeira dona de casa. Jesus! E ele ainda hoje trabalha no ramo doméstico.[4] Ele disse isso. Ele prometeu que prepararia um local para que pudéssemos viver com Ele eternamente.[5] Quando terminar, um dia Ele voltará por nós.

Voltando ao nosso quebra-cabeças, encontramos outra peça importante em Gênesis 2. É revelado que "o Senhor modelou o ser humano do pó da terra, feito argila, e soprou em suas narinas o fôlego da vida, e o homem se tornou um ser vivente".[6] Ciente de que não era bom para o homem estar sozinho, o Senhor Deus fez uma companheira adequada — a mulher — e a deu para o homem.[7] Virando as peças, vislumbramos de novo o pré-encarnado Filho de Deus pessoalmente criando e formando o homem e a mulher, e depois soprando Sua própria vida neles. Jesus é nosso criador![8]

Nossos corpos, sua aparência e funcionalidade, são Sua ideia e o trabalho de Suas mãos. Nossa própria respiração vem Dele. Você conhece pessoas que dizem que não precisam de Jesus? Não acreditam nele? Essas pessoas devem virar as peças do quebra-cabeça. Porque toda a vida e respiração humanas, incluindo as deles, vêm Dele!

Em Gênesis 3, quando Adão e Eva desobedeceram ao Senhor Deus, eles foram tomados pela vergonha e tentaram se esconder Dele. Mas Ele os procurou. A Bíblia descreve o Senhor Deus andando pelo jardim, chamando-os, claramente indicando que Ele estava em uma forma física.[9] Ele os encontrou encolhidos nos arbustos. Ele não queria deixá-los eternamente vivendo no pecado, então fez com que confessassem e explicou quais seriam as consequências dos atos deles e a maldição que cairia sobre seus descendentes por causa disso.[10] Mas antes eles foram separados Dele: "Fez *Yahweh* Deus túnicas de pele e com elas vestiu Adão e Eva, sua mulher."[11] Para fazer túnicas de pele, é claro que algum animal teve que ser sacrificado. Sinto que essa peça está virando lentamente, pois não consigo deixar de me perguntar se o Senhor Deus tinha lágrimas nos olhos enquanto vestia os filhos. Certamente o Filho pré-encarnado de Deus tinha plena consciência de que um dia o pecado deles e o nosso exigiriam outro sacrifício, para que pudéssemos ser purificados de nossos pecados, vergonha e culpa, e depois vestidos para ficar ao lado de Deus. E que esse sacrifício seria o de um cordeiro, o próprio Jesus.

Em Gênesis 4 vislumbramos a família disfuncional de Adão e Eva. O primogênito deles, Caim, se tornou insanamente invejoso de seu irmão, Abel. O Espírito Santo vira a sombria peça do quebra-cabeça e nos mostra o filho de Deus pré-encarnado, procurando o filho rebelde e beligerante de Adão e Eva, desafiando-o a dominar sua forte inclinação ao pecado. Mas, em vez disso, Caim se rebelou, matou seu irmão e se recusou a se arrepender, choramingando que o julgamento de Deus era pesado demais para suportar. Ele viveu o resto de sua vida vagando de lugar em lugar, sem encontrar paz em seu coração ou vida.[12] A lição que o Espírito Santo nos dá a partir dessa peça do quebra-cabeça é que Jesus procurará nossos filhos e fará o máximo possível para reconciliá-los com Ele. A escolha de se arrepender, retornar e se reconciliar, porém, depende deles.

Em Gênesis 6 descobrimos que o mundo estava tomado pelo mal. Como resultado, o coração de Deus se encheu de dor.[13] Ao examinar a maldade da humanidade, seus olhos se voltaram para um homem, Noé, que viveu de tal modo que caiu nas graças de Deus. No mundo inteiro, Noé era o único, entre todas as pessoas de sua geração, que agia de acordo com os ensinamentos Dele e não carregava culpa. A principal razão de sua retidão deveria ter sido que Noé andou com Deus.[14] Esta peça do quebra-cabeça é intrigante, pois a Bíblia nos permite ouvir uma conversa unilateral. Enquanto Noé e o filho pré-encarnado de Deus, Jesus, caminhavam juntos, Noé descobriu o que estava no coração e na mente de Deus: punição. "Então declarou Deus a Noé: 'Eis que darei fim a todos os seres humanos, porquanto a terra encheu-se de violência por causa deles.'"[15] Com certeza, essa foi uma revelação assustadora para Noé, como seria para nós se dissessem que seríamos atingidos por armas nucleares e que todos iríamos morrer! Enquanto Noé recuperava o fôlego e tentava colocar os pensamentos em ordem, Deus ordenou: "Faze uma arca de madeira resinosa."[16] A punição estava na mente de Deus mas também estava a salvação! O Espírito Santo vira essa peça do quebra-cabeça e revela que punição pelo pecado e salvação pela punição estavam no coração e mente do Filho de Deus desde o princípio. E ainda estão hoje em dia. E estarão até o final da história humana.

Quando tirarmos o tempo para andar e falar com Deus, também ficaremos cientes do que se passa na mente e coração Dele. O fardo que Ele carrega pelas pessoas se tornará nosso também, e nossos corações arderão para "criar uma arca" — para espalhar o evangelho, a boa nova da salvação de Deus a partir do julgamento, para nossa geração. Para que não ocorra um mal-entendido, o Espírito Santo conecta essa peça a outra presente no Novo Testamento: "E, portanto, não há salvação em nenhum outro ente, pois, em todo universo não há nenhum outro Nome dado aos seres humanos pelo qual devamos ser salvos."[17] Somente Jesus. Ele é a arca. Não seja pego pelas opiniões populares, filosofias e perspectivas como as pessoas no tempo de Noé fizeram. Elas negavam a verdade. Elas acreditavam que um Deus amoroso jamais enviaria punição e destruiria Sua própria criação. Deveriam estar convencidos de que estavam seguros por serem numerosos. Eles estavam errados. Mortalmente errados. A enchente chegou e, com ela, a destruição de todos os seres vivos fora da arca.[18]

Deus usou Noé e sua família para repovoar a terra. Após muitas gerações, a Bíblia focou outro homem, Abraão, e sua família.

Focado ao Longo dos Séculos

Abrão vivia em Ur dos Caldeus, atualmente a região conhecida como Iraque. Deus se inclinou do Céu e disse a Abrão que, se ele O seguisse em uma vida de fé obediente, seria abençoado. Uma das bênçãos que Deus prometeu a Abrão era que Ele lhe daria um filho.[19]

Mas, depois de muitos anos sem conseguir engravidar, a esposa de Abrão, Sarai, propôs que ele usasse Hagar, a serva egípcia dela, como mãe de aluguel. Ele o fez. Hagar engravidou de Abrão, então ela arrogantemente tratou a estéril Sarai com desprezo. Sarai reagiu maltratando Hagar, que fugiu. Em algum lugar em um deserto esquecido, o anjo do Senhor — a quem alguns teólogos se referem como uma "teofania", uma aparição única do pré-encarnado Filho de Deus — a procurou e encontrou. Ele a orientou e revelou que ela estava carregando um filho e que Deus estava ciente de sua situação. Ele então a enviou de volta para Sarai.[20] Podemos quase escutar a emoção na voz de Hagar quando percebeu que o Deus de Abrão e Sarai era o dela também, quando respondeu: "Tu és *El-Roí*, o Deus que me Vê... Teria eu visto Aquele que Me Vê."[21]

A revelação surpreendente é que a primeira vez nas Escrituras que o anjo do Senhor aparece não é para Abrão ou um de seus descendentes. Não é para um homem, para uma pessoa livre, para uma pessoa rica, mas para uma egípcia, uma mulher grávida, uma pobre escrava, sem direitos próprios. E o Espírito Santo vira a peça do quebra-cabeça e mostra-nos Aquele que nos vê, que nos ama por quem somos, que ouve nossa angústia, que nos procura no deserto, que responde às nossas orações e que está conosco quando voltamos às nossas situações e temos que permanecer lá.[22]

Treze anos após o nascimento do filho de Hagar, Abrão estava sentado na porta de sua tenda, no calor do dia, quando três homens apareceram de repente. Temos uma cena incrível quando Abrão não apenas ofereceu a seus três visitantes hospitalidade, mas também serviu a eles uma refeição com pão fresco e bifes grelhados! Enquanto comia, um dos homens revelou que ele, Abrão, aos 99 anos, e sua esposa estéril, Sarai, aos 89, teriam seu próprio filho dentro de um ano. Abrão sabia que apenas o Senhor teria esse conhecimento! O homem era o Filho pré-encarnado de Deus, o próprio Jesus, dizendo para Abrão que sua tão esperada resposta à oração, o desejo de seu coração, estava prestes a se tornar realidade![23] Abrão aprendeu em primeira mão que Deus pode fazer o impossível.

Abrão e Sarai de fato tiveram um filho, Isaque, que teve dois filhos, Esaú e Jacó. Jacó desesperadamente queria a herança que pertencia a seu irmão, Esaú, como primogênito. Essa herança incluía as bênçãos da aliança que Deus havia feito com seu avô Abrão, que depois passou para seu pai, Isaque. Então Jacó conspirou para roubar a nascença de Esaú. Com a ajuda de sua mãe, ele conseguiu. Esaú ficou enfurecido, forçando Jacó ao exílio por mais de 20 anos.[24] Quando Jacó retornou para reivindicar o direito de nascença, ele seguiu com suas próprias forças e inteligência. Mas, ao atravessar o rio que servia de fronteira com a terra que Deus havia prometido a Abrão, deparou-se com um homem que não o deixava passar. Jacó lutou com o homem. A noite toda. Não tenho certeza de quando Jacó percebeu que estava nas garras de Deus, mas pode ter sido quando, finalmente, o homem se abaixou e deslocou o quadril de Jacó com um toque. Em vez de cair em uma pilha de autopiedade, Jacó passou os braços em volta do pescoço do homem e disse que não o deixaria ir até que o abençoasse. O homem assim o fez.[25] O Espírito Santo vira a peça do quebra-cabeça e vemos o Filho de Deus encarnado se recusando a nos permitir aproveitar a plenitude da bênção de Deus por meio de nossa própria força, manipulação, conhecimento, esforço ou força de vontade. Ele nos quebra primeiro. Quebra nosso orgulho, autoconfiança, arrogância, de modo que somos totalmente, sinceramente, humildemente rendidos a Ele. Jacó mudou por completo como resultado. Até seu nome foi mudado para Israel. Seus doze filhos se tornaram os pais fundadores da nação que hoje leva seu nome.

Anos depois, os filhos de Jacó e suas famílias se mudaram para o Egito durante um período de fome. A família permaneceu no Egito por gerações até crescer ao ponto do Faraó se sentir ameaçado e escravizar a todos. Assim como Hagar, Deus ouviu os gritos de dor dos israelitas e enviou Moisés para libertá-los. Moisés os levou para fora do cativeiro e para o deserto, no qual vagaram por 40 anos.[26] Isso estabelece o cenário para a próxima peça do quebra-cabeça que me vem à mente.

Josué havia auxiliado o grande libertador, Moisés. Quando Moisés morreu, Josué foi chamado por Deus para levar os israelitas para fora do deserto e até a terra que Deus havia prometido.[27] Havia, no entanto, um grande obstáculo no caminho: Jericó. A grande fortaleza era a mais impenetrável de todas as fortalezas de Canaã. Josué enviou espiões para avaliar a situação.[28] Quando Josué partiu em uma missão de reconhecimento ao redor da cidade, encontrou um homem com uma espada desembainhada. O homem se identificou como o comandante do exército do Senhor. Ele ordenou que Josué tirasse as sandálias porque estava de pé em solo sagrado. O homem então deu a Josué instruções sobre como transpor a fortaleza inimiga.[29] E o Espírito Santo vira a peça do quebra-cabeça para revelar o Comandante do exército de Deus, o encarnado Filho de Deus, que ainda hoje dá ao povo a vitória sobre o inimigo. A vitória não tem nada a ver com estratégia militar, recursos financeiros, diplomas, conspiração ou planejamento, e tudo a ver com obediência à Palavra de Deus e depois envolver a fortaleza em oração e louvor.

Anos depois, quando Israel estava estabelecida na terra prometida, eles pareceram esquecer o Senhor, seu Deus, e todo o povo fazia o que era certo aos próprios olhos. De novo e de novo Deus usou um inimigo para voltar o povo para si. Como resultado de perigo, ameaças e opressão, Seu povo clamava a Ele por ajuda e Ele respondia levantando alguém para libertá-los. As coisas ficariam boas por um tempo; então Seu povo voltaria a agir de modo rebelde e inconsequente. A próxima peça do quebra-cabeça ocorreu durante um desses momentos.

"Novamente o povo de Israel pecou contra *Yahweh*, o Senhor", e Deus enviou os Midianitas para oprimi-los.[30] Por sete longos anos, os Midianitas invadiram a terra na época da colheita, tomando colheitas e gado para que nada restasse. Mais uma vez, os israelitas clamaram ao Senhor. Em resposta ao clamor, o anjo do Senhor interveio. Sentou-se embaixo de um carvalho e observou um homem chamado Gideão, que se escondia do inimigo em um tanque de prensar uvas enquanto triturava trigo.[31] O anjo do Senhor saudou Gideão: *"Yahweh* está contigo, valente guerreiro."[32] Gideão deve ter olhado ao redor, se questionando com quem aquele homem estava falando. Valente guerreiro? Ele era um fazendeiro amedrontado. Mas o Senhor estava falando com ele. Embora a obediência de Gideão tenha começado um pouco instável, ele seguiu as instruções claras que Deus lhe deu. Os Midianitas foram derrotados e o povo de Deus foi libertado.[33] O Espírito Santo vira a peça do quebra-cabeça e descobrimos que o Filho de Deus encarnado nos eleva para servi-Lo e para ajudar a libertar os outros com base não em quem somos, mas em quem podemos nos tornar quando o Senhor estiver conosco.

"No ano em que faleceu o rei Uzias", Isaías viu o Senhor, sentado no trono do Céu, "alto e exaltado".[34] O Espírito Santo conecta essa peça a outra no Novo Testamento, que confirma que Isaías viu a glória do Senhor Jesus Cristo.[35] Quando a peça do quebra-cabeça é virada, também vemos o Filho de Deus pré-encarnado, dando a Isaías uma nova visão de Sua glória quando seu mundo e vida foram abalados. E somos incentivados a olhar para cima quando nossas vidas são destruídas pela morte, doença, divórcio, decepção ou outra forma de desastre. O Senhor Deus está sentado no trono, no controle absoluto de tudo o que acontece no vasto mundo, bem como em nosso próprio mundo particular.

Ezequiel sabia tudo sobre decepção e desastre. Ele estudava para o sacerdócio em Jerusalém quando foi capturado e escravizado pelos babilônios. Enquanto Daniel, que havia sido capturado na mesma época, acabou no palácio do rei, Ezequiel foi descartado. Ele era um pedaço de lixo humano, jogado fora para viver em um campo de refugiados localizado em um depósito de lixo ao lado de um canal de irrigação.[36] Quando ele pensou que as coisas não poderiam piorar, uma tempestade veio do norte. Enquanto olhava para a aproximação ameaçadora de uma imensa nuvem reverberando com trovões e iluminada por raios, ele olhou mais de perto. Viu no centro da tempestade quatro seres vivos com asas estendidas. Acima de suas cabeças havia um trono de safira, e bem acima do trono estava "alguém que parecia um homem".[37] O Espírito Santo vira outra peça do quebra-cabeça e vemos o Filho de Deus encarnado, que revela Sua glória aos "perdidos". Porque a vida deles é importante para ele. E às vezes Deus usa desastres para redirecionar nosso caminho. Ezequiel nunca se tornou um pastor. Em vez disso, ele se tornou um dos principais profetas do Antigo Testamento.

Também durante o exílio da Babilônia, Sadraque, Mesaque e Abede-Nego tiveram um confronto com o rei da Babilônia, Nabucodonosor, na planície de Dura. O rei erigira uma estátua de trinta metros de altura, feita de ouro, e exigia que todos se curvassem em adoração. Dele! Quando Sadraque, Mesaque e Abede-Nego se recusaram a se curvar, foram ameaçados de execução em uma fornalha ardente.[38] A resposta deles ao rei demonstra uma fé inabalável: "Ó Nabucodonosor, não precisamos defender-nos de ti. Se formos condenados por isso e lançados na fornalha de fogo ardente, o nosso Deus, *Elah*, a quem cultuamos pode livrar-nos, e ele nos livrará das tuas mãos, ó majestade. Contudo, se ele não nos livrar, fica sabendo, ó rei, que não cultuaremos aos teus deuses, tampouco adoraremos a estátua que ergueste."[39] Que resposta maravilhosa! Eles não precisaram discutir a resposta entre si, sabiam que Deus poderia salvá-los. Mas mesmo se Ele não o fizesse, eles não adorariam um ídolo de ouro.

Deus não salvou Sadraque, Mesaque e Abede-Nego do fogo. O rei aqueceu a fornalha sete vezes mais quente e depois os jogou nela. Mas nossos olhos se arregalam de espanto quando nós também olhamos com o rei para as chamas e vemos não três homens, mas quatro, caminhando ilesos no meio da fornalha. E o quarto, disse o rei, parecia "um filho dos deuses".[40] O Espírito Santo vira a peça do quebra-cabeça e nós vemos o encarnado Filho do "único Deus" no fogo com os filhos Dele. Ele prometeu estar conosco quando cruzássemos "o vale da sombra da morte" ou quando "andássemos no fogo". De fato, Ele prometeu nunca nos deixar ou esquecer.[41]

Focado no Berço e na Cruz

Talvez a peça mais surpreendente de todas se concentre em uma pequena vila da Judeia. Era uma noite estrelada nos arredores de Belém. Os pastores estavam nos campos, vigiando suas ovelhas e cordeiros de sacrifício. De repente, o céu negro e escuro foi dividido com o que devia ter parecido um raio de luz. Um anjo apareceu cercado pela glória de Deus e, em uma voz que foi ouvida em todo o mundo e ao longo dos séculos, anunciou: "Hoje na cidade de Davi, vos nasceu o Salvador, que é o Messias, o Senhor."[42] Eles o encontraram envolto em panos, deitado em uma manjedoura! Em um estábulo na cidade vizinha! Antes que os pastores pudessem reagir, o céu estava cheio de anjos, todos louvando a Deus: "Glória a Deus nos mais altos céus, e paz na terra às pessoas que recebem a sua graça."[43]

Quanto tempo levou para os pastores reagirem? Quando o fizeram, eles devem ter corrido pelos campos, tropeçando nas pedras, esquivando-se das oliveiras, afastando os arbustos e entrando em Belém, olhando para todos os estábulos até encontrarem um que, com certeza, tinha um bebê recém-nascido deitado em uma manjedoura.[44] Quando nos juntamos aos pastores, que devem ter se aproximado silenciosamente, de forma respeitosa e com expectativa de observar a pequena forma, o Espírito Santo vira a peça do quebra-cabeça e nos vemos olhando para o rosto de Deus! O Messias. O Senhor Deus. O Filho de Deus, que não era mais pré-encarnado. A Palavra que estava no princípio havia se tornado carne! O nome dele? Jesus!

Nós O vemos em meio às páginas das Escrituras, crescendo "em sabedoria, estatura e graça na presença de Deus e de todas as pessoas".[45] Nós O vemos entrar na arena pública e pregar, ensinar, curar, confortar e perdoar até se tornar uma ameaça para os líderes religiosos ciumentos e ferozmente territorialistas que conspiravam para tirar Sua vida. Nós O vemos traído por um de seus discípulos, preparado para prisão e julgamento pelos líderes religiosos, que deveriam ter sido os primeiros a reconhecê-Lo, pois conheciam as Escrituras. Em choque, nós O vemos crucificado pelos romanos em uma zombaria da justiça. E enquanto olhamos horrorizados, O vemos pendurado em uma cruz. Mas o Espírito Santo vira a peça do quebra-cabeça, e não vemos mais o mal triunfando sobre o bem, ou o ódio triunfando sobre o amor, ou os culpados triunfando sobre o inocente. Vemos o Cordeiro de Deus sendo intencionalmente sacrificado no altar da cruz para expiar os pecados do mundo.

Pare um momento para se ajoelhar diante da cruz. Peça ao Espírito Santo que vire essa peça em particular de uma maneira nova. Peça a Ele que lhe revele a enormidade de seu pecado e culpa, que deve ser infinita em seu mal, a fim de exigir tal preço. O preço do sangue de Deus encarnado.

O Foco Inabalável do Espírito Santo: Jesus

Vemos o Senhor de toda a vida morto, enterrado em uma tumba. O quebra-cabeça, entretanto, ainda está incompleto, pois três dias depois vemos o mesmo túmulo vazio! E o Espírito Santo vira a peça e nos revela o ressuscitado Senhor Jesus Cristo. Ele está vivo! Nossos corações se emocionam! Os discípulos... os seguidores de Jesus... nós... o mundo... nunca mais será o mesmo! A pontada da morte e a vitória da sepultura foram derrotados. Não somos mais escravos do medo, da culpa, da vergonha, do ego ou do diabo. Nossos pecados foram perdoados. Nossa culpa, expiada. Fomos reconciliados com o Pai e estamos em paz com Deus. Temos a certeza de um lar celestial.

Após a Ressurreição, ouvimos o Senhor Jesus Cristo ordenando a Seus seguidores que andem pelo mundo e dividam as gloriosas novas de que Ele salva, Ele vive, Ele reina e que Ele retornará![46] Nós O vemos levantar Suas mãos em bênção ao subir de volta aos Céus.[47] E o Espírito Santo vira a peça e nos mostra que Jesus *está vivo*!

Por meio do Seu Espírito, hoje Ele está presente em nosso mundo. Nossas vidas não dizem respeito a nós. Elas devem ser vividas por um propósito maior, com objetivos e prioridades maiores do que apenas as coisas cotidianas. Tudo se trata de Jesus! Amando-O e vivendo por Ele, obedecendo-O e servindo-O e, no processo, nos multiplicando para que o número de Seus seguidores cresça.

Se somos tentados a descrer ou duvidar da presença do vivo, ressuscitado, Cristo entronizado na glória do Céu, então o Espírito Santo começa a virar as peças do quebra-cabeça, dando-nos evidências quando Estêvão, um dos diáconos da igreja primitiva, foi apedrejado até a morte. Pouco antes de Estêvão morrer, ele viu o Céu aberto, e Jesus estava em pé à direita do Pai Celestial.[48] E o Espírito Santo nos mostra que, quando deixamos nossos corpos, ficamos na presença do Senhor. Imediatamente.

Quando Saulo de Tarso, um fanático religioso, estava fazendo o possível para eliminar os seguidores de Jesus, que ele considerava blasfemos, ele viu uma luz brilhante e ofuscante enquanto viajava pela estrada de Damasco. Ele então ouviu uma voz do Céu perguntar por que ele O estava perseguindo. Quando Saulo perguntou quem ele era, a resposta foi impressionante: "Eu Sou Jesus, a quem tu persegues."[49] E Saulo de Tarso, perseguidor dos cristãos, foi transformado por seu encontro com o Senhor Jesus Cristo no apóstolo Paulo, que proclamou o evangelho por todo o mundo.[50] E o Espírito Santo nos mostra que, se Saulo de Tarso pode se tornar o apóstolo Paulo, ninguém é tão hostil a Jesus que esteja fora do alcance do poder transformador de Deus.

Quando João, o discípulo amado por Jesus, foi exilado em Patmos, uma pequena ilha no Mar Egeu, devido a seu testemunho de fé e da Palavra de Deus, ele ouviu uma voz alta como uma trombeta. Quando se virou para ver quem estava falando, viu com seus olhos o Senhor Jesus Cristo ressuscitado em toda Sua glória.[51] E a noite escura que habitava o coração de João se tornou dia na presença do vivo, ressuscitado, Senhor Jesus Cristo.[52] E o Espírito Santo nos mostra isso quando estamos no exílio... largados... isolados... confinados a uma cama de hospital, ou a uma pequena casa com filhos pequenos, ou a um emprego indesejável, ou a um casamento sem amor, ou a um quartel militar... Jesus se aproxima e pode transformar nossa noite em dia.

Focado na Coroa

Talvez a peça final do quebra-cabeça seja encontrada no final da Bíblia. A Palavra de Deus afirma claramente que os exércitos do mundo se reunirão em Israel na planície do Armagedom para se engajarem em uma guerra apocalíptica final.[53] Se eles liberassem a ferocidade de seu poder de fogo, o mundo inteiro seria aniquilado. Mas bem no auge do confronto,[54] o céu se abre e surge um cavaleiro em um cavalo branco.[55] "Seus olhos são como chamas vivas de fogo, e em sua cabeça há muitas coroas (...) Estava vestido com um manto salpicado de sangue, e seu Nome é Palavra de Deus."[56]

O Espírito Santo vira a peça do quebra-cabeça e nos mostra que a mesma Palavra que estava no princípio, que estava com Deus, que é Deus, e que se tornou carne e habitou entre nós,[57] é o cavaleiro montado no cavalo branco. Jesus, retornando para julgar e comandar o mundo com justiça e retidão. Para sempre e sempre! "Aleluia! Porquanto, o Senhor nosso Deus, o Todo-Poderoso, já reina. Alegremo-nos, exultemos e demos glória a Ele!"[58]

Como saberíamos o final emocionante da história sem o Espírito Santo virar as peças do quebra-cabeça e nos revelar? Louve a Deus pelo que faz! E a Bíblia não parece mais um quebra-cabeça tão complexo, não é?

O Foco Inabalável do Espírito Santo: Jesus

Focado em Jesus Cristo

Nós não saberemos o que vai acontecer com o mundo se não lermos nossas Bíblias, pois o Espírito Santo revela a Palavra Viva de Deus por meio da Palavra escrita de Deus. De Gênesis ao Apocalipse, Ele revela que...

por baixo de tudo que acontece em nosso mundo...

acima de tudo no Universo...

e tudo ao redor desse planeta...

por meio do nascimento e queda de impérios...

no início de tudo na história humana...

e no fim de tudo na história humana...

Jesus Cristo reina supremo!

Ele é o Rei dos reis e Senhor dos senhores.[59] Um dia todos os joelhos se dobrarão, e todas as línguas confessarão que Ele é o Senhor, queiram ou não.[60] Ele será absolutamente vitorioso! Triunfante! Incomparável em Seu poder, inigualável em Sua posição e insuperável em louvor e adoração.

Jesus é a razão de tudo o que existe, incluindo você e eu. Ele é o nosso propósito final, nosso objetivo final e nossa prioridade final. Se o propósito, a meta e as prioridades de sua vida são tudo, menos apenas Jesus, algo que não seja apenas Jesus, algo mais que apenas Jesus, então há uma desconexão entre você e o Espírito Santo. Porque, lembre-se, o objetivo final do Espírito Santo é glorificar Jesus, Seu objetivo final é tornar Jesus conhecido para você e para mim, e Sua prioridade é guiar-nos para toda a verdade à medida que Ele nos transforma à imagem de Jesus.

Portanto, mantenha o foco. Pare de olhar ao redor e se comparar com os outros. Pare de olhar para o que poderia ter, poderia ser, deveria ter sido. Pare de revirar os olhos em dúvida ou confusão cínica. Peça ao Espírito Santo que o guie em toda a verdade. Conheça Jesus para que você ame a Jesus, confie em Jesus, obedeça a Jesus, sirva a Jesus e traga glória a Jesus.

Se, no fim deste livro, for seu compromisso, viva por isso ao abrir sua Bíblia *e leia,* escutando os sussurros gentis do Espírito! Deixe que Ele vire a peça do quebra-cabeça para você. Ele irá. Eu sei. Pois Ele virou as peças para mim, revelando que Ele é meu companheiro constante — Jesus em mim.

APÊNDICES

Apêndice A

Aprenda a Escutar os Sussurros do Espírito Santo ao Ler Sua Bíblia

À medida que envelheço, tenho vergonha de confessar que estou com dificuldades para ouvir. Tive a experiência embaraçosa de conversar com as pessoas, ver suas bocas se mexerem, mas não conseguir de fato ouvir o que elas estavam dizendo. Isso é especialmente verdade se alguém fala baixinho.

Eu costumava ter uma experiência semelhante ao ler minha Bíblia. Sempre gostei de ler, mas nem sempre "ouvi" Deus falando comigo. É como se eu soubesse que a boca Dele estava se mexendo. Ele estava dizendo alguma coisa porque as palavras estavam na página, mas eu não conseguia realmente ouvir o que Ele dizia. Isso mudou quando comecei a aplicar uma forma simples de meditação na leitura da Bíblia. Transformou não apenas meu tempo diário com o Senhor, mas também minha vida, agora sou capaz de ouvir quando Ele fala baixinho com Seus gentis sussurros.

Todas as manhãs reservo tempo para ler minha Bíblia. Faço isso em uma cadeira específica ao lado de uma mesa na qual guardo um par de óculos, caneta, lápis, caderno e lenços para não perder um tempo precioso correndo atrás desses itens. A passagem das Escrituras que leio não é uma parte selecionada aleatoriamente da Palavra de Deus; em vez disso, é um livro da Bíblia que senti que Deus me levou a trabalhar naquela ocasião.[1] Mas meu objetivo não é passar pelo livro. Meu objetivo é ouvir os sussurros do Espírito enquanto leio. Por isso, não abordo um capítulo inteiro todas as manhãs, pois isso se tornaria um fardo demorado. Eu me concentro em apenas um parágrafo dos versículos. Na manhã seguinte, continuo de onde parei e medito no pa-

Apêndice A

rágrafo seguinte ao que trabalhei na manhã anterior. Enquanto escrevo isto, estou lendo o evangelho de João, do começo ao fim, parágrafo por parágrafo, capítulo por capítulo.

Ao ler os versículos, faço quatro perguntas ao texto.

A primeira é: *O que diz a Palavra de Deus?* Para responder a essa pergunta, releio os versículos e listo em meu caderno os fatos marcantes que encontro neles. Não parafraseio, o que seria colocar palavras na boca de Deus. Eu apenas omito algumas das palavras ou descrições "extras", como adjetivos e frases preposicionais, depois me concentro especialmente em substantivos e verbos enquanto identifico exatamente quais são os fatos.

A segunda pergunta é: *Qual o significado da Palavra de Deus?* Para responder a isso, volto à minha lista de fatos e tento aprender algo com cada um. Procuro uma ordem para obedecer, uma promessa para reivindicar ou um aviso para prestar atenção. Também olho para ver o que as pessoas estão fazendo ou dizendo que eu também devo fazer ou dizer... ou que eu não devo fazer ou dizer. Depois, escrevo as lições no caderno versículo por versículo.

A terceira pergunta é: *Qual o significado da Palavra de Deus para minha vida?* É aqui que tantas vezes começo a ouvir o sussurro do Espírito. Pois a resposta a essa pergunta é encontrada quando volto para as lições que escrevi e as reescrevo na forma de perguntas que eu faria a mim ou a outra pessoa. É incrível para mim que, ao escrever as perguntas, muitas vezes ouço o Espírito sussurrando Seu conforto, instrução, aviso, encorajamento ou respostas às minhas orações particulares. Isso não acontece todas as manhãs, mas acontece com frequência.

A quarta pergunta é: *Qual é o meu aprendizado?* Escrevo o que Deus parece ter me dito para ter certeza de que estou aplicando o que Ele disse e depois vivo de acordo. Marco a data para me responsabilizar por seguir em obediência. Então termino orando enquanto falo com o Senhor sobre o que acabei de ler.

Em minhas devoções particulares, estou no evangelho de João. Usei isso no exemplo a seguir, a fim de guiá-lo por este exercício.

Aprenda a Escutar os Sussurros do Espírito Santo ao Ler Sua Bíblia

Passo 1: Ler a Palavra de Deus Escolha a passagem	Passo 2: O que diz a Palavra de Deus? Liste os fatos
Ler João 1:35–39	*Como fatos são fatos, e se estivermos usando a mesma tradução da Bíblia, nossas listas serão semelhantes. Você pode ter mais fatos, e eu posso ter menos fatos, ou vice-versa. O importante é não parafrasear, mas usar as palavras exatas da própria passagem. Depois de reler João 1:35–39, a seguir, os fatos que retirei:*
v. 35 No dia seguinte, João estava outra vez na companhia de dois de seus discípulos.	v. 35 No dia seguinte João estava novamente com seus discípulos.
v. 36 Observando que Jesus passava, disse: "Eis o Cordeiro de Deus!"	v. 36 Quando ele viu Jesus, disse: "Eis o Cordeiro de Deus!"
v. 37 Os dois discípulos ouviram o que ele falou, e se tornaram seguidores de Jesus.	v. 37 Quando os discípulos escutaram, eles seguiram Jesus.
v. 38 Então Jesus, voltando-se e vendo que os dois homens o seguiam, disse-lhes: "Que estais procurando?" Eles disseram: "Rabi, (que significa Professor) onde estás hospedado?"	v. 38 Voltando-se, Jesus os viu seguindo-O. Jesus perguntou: "Que estais procurando?" Eles disseram: "Onde Você está hospedado?"
v. 39 E Jesus disse: "Vinde e vede." Eles foram e viram onde Jesus estava morando; e ficaram com Ele aquele dia, sendo isso por volta da décima hora.	v. 39 "Vinde", Ele respondeu, "e vede". Eles o seguiram e passaram o dia com Ele.

Apêndice A

Passo 3: Qual o significado da Palavra de Deus?	Passo 4: Qual o significado da Palavra de Deus para minha vida?
Aprenda as lições	Escute os sussurros Dele
As lições a seguir são as que extraí de cada um dos fatos da página anterior em resposta à pergunta citada:	*Ao reescrever as lições na forma de perguntas, ouço atentamente o sussurro do Espírito:*
v. 35 Ser um discípulo é um compromisso longevo.	v. 35 Ao ler este livro, estou disposto a me tornar um discípulo?
v. 36 Um verdadeiro homem de Deus guia os outros até Jesus.	v. 36 No final deste livro, ouvi o sussurro do Espírito me apontando para Jesus?
v. 37 Podemos precisar nos separar de alguém que amamos e respeitamos para escolher seguir Jesus por nós mesmos.	v. 37 Estou disposto a seguir Jesus, mesmo que isso signifique me separar dos outros?
v. 38 Quando escolhemos seguir Jesus, descobrimos que temos Sua atenção total. Jesus nos desafia a dizer a Ele o que queremos. Aqueles que querem seguir a Jesus desejam estar onde Ele está, para conhecê-lo melhor.	v. 38 Se escolhi seguir Jesus, estou ciente de que Ele está me dando toda a Sua atenção? Por que quero segui-lo? Eu realmente desejo estar onde Jesus está — passar tempo diariamente com Ele para poder conhecê-lo melhor?
v. 39 Jesus nos convida para conhecê-lo. É nossa escolha passar um tempo ao lado de Jesus.	v. 39 Aceitarei o convite de Jesus — para conhecê-lo melhor? Em caso afirmativo, que parte deste dia... e todos os dias... vou me dedicar a passar um tempo com Jesus, pedindo ao Espírito da Verdade que me guie?
Pode haver várias lições de um fato, dependendo de sua perspectiva. Esta é apenas uma amostra. O mesmo acontece quando reescrevemos as lições em perguntas. Não há limite para o que você pode encontrar.	

Passo 5: Qual É Meu Aprendizado?
Viva a Palavra de Deus
O último passo neste exercício é escrever o que farei sobre o que o Espírito parece ter sussurrado em João 1:35–39, a fim de me responsabilizar. Exemplo: Eu quero ser um seguidor de Jesus, então escolho passar um tempo com Ele todos os dias por meio da oração e meditando em Sua Palavra, pedindo ao Espírito Santo que retire o que é Dele e me faça conhecer Jesus por mim mesmo... para que eu possa fazê-lo conhecido pelos outros.
Data:

Esse exercício é simples, mas desafiador, pois exige que você e eu pensemos por nós mesmos. Ele efetivamente remove o "intermediário" e nos permite ouvir diretamente o Espírito por meio da Palavra de Deus. Não se deixe intimidar. Em alguns dias tenho dificuldades em aprender as lições dos fatos, e em outros parece mais fácil. E o Espírito não parece sussurrar para mim sempre. Mas meditar em Sua Palavra enquanto escuto Sua voz transformou o tempo que passo com Ele.

Se precisar de mais ajuda, visite meu site: www.annegrahamlotz.org [conteúdo em inglês]. Temos planilhas, estudos bíblicos e vídeos gratuitos, todos com o objetivo de ajudá-lo a ler sua Bíblia para que você também possa ouvir os sussurros do Espírito. No entanto, lembre-se do que Jesus disse: "O Espírito Santo... ensinará todas as verdades e vos fará lembrar tudo o que Eu vos disse."[2] Logo, antes de ler sua Bíblia, ore e peça a Ele para ensiná-lo por meio dela. Ele está ansioso para começar.

Apêndice B

Aprendendo a Ser Preenchido — e Permanecer — com o Espírito Santo

A casa da minha infância está em uma enseada acessada por um caminho estreito que serpenteia pela encosta da montanha. A quase três quartos do caminho para a casa, ele faz uma curva em ângulo reto. Uma nascente está localizada nessa curva da estrada. Quando eu era jovem, a nascente fluía pela entrada e, no inverno, quando a temperatura caía, a água congelava e constituía um sério risco para quem tentasse passar pela estrada. Então minha mãe pegou um balde de madeira velho e o colocou na base da nascente. Ela então direcionou uma extremidade de um cano para a própria nascente, com a outra extremidade projetando-se sobre o balde. A água da nascente fluía por meio do cano e dentro do balde. Quando o balde se enchia de água, em vez de atravessar a estrada, transbordava para uma vala ao lado, e o risco desaparecia.

De tempos em tempos, encontrávamos o cano seco, pois a água voltava a penetrar no solo e fluía pelo caminho. Quando isso acontecia, minha mãe pegava uma vara e passava pelo cano para remover o que estivesse bloqueando a passagem. Às vezes era uma folha podre, às vezes uma salamandra escorregadia, e às vezes uma pedrinha pequena e resistente. Assim que ela removia o que quer que fosse, a água novamente voltava a escoar por meio do cano, dentro do balde e depois na vala à beira da estrada.

Apêndice B

Se usarmos a solução criativa de minha mãe como um exemplo espiritual, a água é como o poder e a presença do Espírito Santo, o cano é Seu acesso a nós, e o balde representa nossas vidas que deveriam transbordar com Ele como um exemplo de bênção para os outros. Mas às vezes o acesso Dele é dificultado. Parece que secamos e caímos em nossos velhos hábitos. Quando isso acontece, precisamos pegar a "vara" da cruz e aplicá-la ao acesso do Espírito. Talvez Seu fluxo esteja entupido por uma folha podre — algo do passado como um fracasso ou uma decepção. Ou talvez o acesso do Espírito seja bloqueado por uma salamandra escorregadia — um hábito pecaminoso que parece minar nosso esforço para mudar ou uma memória que aparece no meio da noite. Talvez a obstrução seja uma pedra resistente de falta de perdão, amargura, ressentimento ou raiva.

Seja lá o que for, procure a cruz. Pergunte ao Espírito Santo: "Sonda-me, ó Deus, e analisa o meu coração. Examina-me e avalia as minhas inquietações. Vê se há em mim algum sentimento funesto, e guia-me pelo Caminho da vida eterna"[1] — o caminho que leva até o pé da cruz. Ele mostrará qual é o bloqueio. E então cabe a você escolher removê-lo.

Ser preenchido pelo Espírito Santo não é místico ou emocional. Não é algo reservado a um grupo seleto de pessoas. É na verdade uma ordem que nós devemos obedecer: "Deixai-vos encher pelo Espírito."[2] E como ordens são passíveis de obediência, elas envolvem decisões que tomamos por nossa vontade. Pense nisso. Se a obediência depende de nossos sentimentos ou emoções, não temos como ser consistentemente obedientes pois não controlamos nossas emoções. Então, a obediência reside na escolha intencional que fazemos de seguir o que Deus diz. Ser preenchido pelo Espírito não é opção ou exceção.

Obedecer à ordem de ser preenchido pelo Espírito, escolher trazer seu pecado diante da Cruz e depois tomar a ação necessária para removê-lo. O Espírito Santo o fortalecerá para tomar essa decisão e seguir adiante.

Minhas preces são para que você, como resultado de ler este livro, fará a escolha de ser preenchido pelo Espírito Santo, se já não o tiver feito. As ações necessárias requerem simples disciplina na vida cristã. Embora muito já tenha sido abordado neste livro, não custa repetir que você aplique o que leu. Siga-me conforme andamos juntos nestes simples passos. Por favor considere cada pergunta, olhe cuidadosamente cada versículo e sinceramente peça a Deus para que o preencha com Seu Espírito, aquele que, como você sabe, é Jesus... em você.

1. Um Coração em que Ele Reside

Como o Espírito Santo é Jesus vivendo dentro de você, reserve um momento para examinar seu coração. O Espírito Santo realmente vive em você? Em que momento você lembra de ter convidado Jesus, de modo consciente, a entrar em seu coração? Se não consegue se lembrar de quando fez esse convite, como pode ter certeza de que Ele vive dentro de você? Vamos nos certificar juntos.

NOTA: Se você tem certeza de que Jesus habita em seu coração, pule as etapas a seguir e comece o exercício com a seção 2, "Um Coração que Ele Preenche". Mas, antes disso, pare um momento para agradecer a Deus pela inestimável provisão de Seu Espírito.

Considerando que você não pode ser preenchido pelo Espírito Santo até que Ele habite em seu coração, é muito importante garantir que Ele vive dentro de você. Eu sei que você não entenderá mal. Convidar Jesus para seu coração é a mesma coisa que convidar o Espírito Santo para seu coração.

Se você tem alguma dúvida de que Jesus, na pessoa do Espírito Santo, vive dentro de você, dedique alguns minutos agora para garantir que Ele o faça ao procurar Deus humildemente em oração:

- Reconheça que você é um pecador (Romanos 3:23).
- Confesse os pecados que vierem à sua mente (1 João 1:9). Tenha certeza de que não está racionalizando o pecado de acordo com o nome que você dá a ele. Chame-o pelo que é aos olhos de Deus.
- Arrependa-se, o que significa parar de pecar e mudar suas atitudes conforme se afasta definitivamente do pecado (Lucas 13:5; Atos 3:19).
- Peça a Deus que o purifique e o perdoe (Efésios 1:7; 1 João 1:7).
- Convide Jesus, na pessoa do Espírito Santo, a entrar em sua vida (Lucas 11:13; João 1:12; Apocalipse 3:20).
- Entregue o controle de sua vida a Ele como seu Senhor (Atos 2:36).
- Para ajudá-lo com a profunda e abençoada certeza de que Jesus agora vive em você na pessoa do Espírito Santo, conte a alguém sobre a decisão que tomou e depois declare publicamente sua decisão por meio do batismo (Atos 2:37–39; Romanos 10:9–10).

Apêndice B

Depois de seguir sinceramente essas etapas, faça uma pausa para se alegrar! Louvado seja Deus! Com base no que Ele disse em Sua Palavra, seus pecados — todos eles — agora foram perdoados! Você estabeleceu um relacionamento pessoal e digno com Ele. Você recebeu a vida eterna, o que significa que entrou em um relacionamento pessoal com Deus o Pai, Deus o Filho e Deus o Espírito Santo, pois agora é membro da família Dele. Um lar celestial é seu direito de nascença. E Jesus agora vive dentro de você na pessoa do Espírito Santo.

Se duvida de alguma parte disso, releia as referências das Escrituras mais uma vez — e novamente, se necessário — até reivindicar pela fé o que Deus disse. Jesus aceita seu convite quando você o faz pela fé no que Deus disse, confiando em Deus pela Sua própria Palavra, reivindicando Suas promessas para si. É fundamental que sua fé não se baseie no que eu ou qualquer outra pessoa tenha dito ou escrito, mas no que o próprio Deus disse. Ele mantém Sua Palavra. Você pode contar com Sua Palavra, porque ela é apoiada pela integridade de Seu próprio caráter. Além disso, uma vez que você Lhe pertence, Ele nunca o abandonará e nunca o esquecerá, independentemente do que você ou alguém faça ou diga! (Romanos 8:35, 37–39; Hebreus 13:5–6).

O Espírito Santo — Jesus dentro de você — também é a promissória ou garantia de que Ele manterá todas as Suas promessas, pois Ele, de forma permanente, pessoal e apaixonada, se comprometeu com você! Você agora possui o selo de propriedade Dele (Efésios 1:13).

2. Um Coração que Ele Preenche

Se você é habitado pelo Espírito Santo pois nasceu de novo na família de Deus por meio da fé em Jesus, então significa que está preenchido pelo Espírito Santo? Como descobrimos neste livro, o Espírito Santo que vive dentro de você não é o mesmo que preenche sua vida. Compartilhei com você a analogia de que, embora possa convidá-lo a entrar em minha casa, posso permitir apenas um acesso parcial. Você pode entrar na sala de estar ou cozinha ou em outro cômodo mais público, mas não em minha lavanderia bagunçada ou em meu quarto e banheiro ou no andar de cima negligenciado. Em outras palavras, é possível que você seja convidado para minha casa sem ter acesso a todos os cômodos.

Da mesma forma, é possível convidar o Espírito Santo para sua vida, com a intenção de dar a Ele acesso total, mas quando Ele entra em áreas que você deseja ocultar ou controlar, você fecha a porta. Recusa-se a renunciar a certo hábito, relacionamento, prazer, memória, objetivo ou método por medo de que, se o fizer, a mudança que Ele trará será menor do que a esperada. A desvantagem é que, quando você restringe o acesso Dele em sua vida, desiste de ser preenchido pelo Espírito e nega a si mesmo o acesso a todas as bênçãos espirituais Dele, incluindo Seu poder e propósito eterno para sua vida.

Vou assumir que, porque ainda está lendo isso, você quer ser preenchido com o Espírito Santo. Quer dar a Ele acesso irrestrito a todo canto e recanto, todo recesso sombrio, todo relacionamento, toda atitude, todo sonho, toda ação em sua vida. Você deseja profundamente colocar tudo sob Sua autoridade, e então viver essa rendição momento a momento em uma vida que transborda a presença de Jesus. Eu também!

Os passos a seguir para ser preenchido com o Espírito Santo são simples, mas não fáceis.

Confesse para Deus todos os pecados conhecidos.

- Peça a Deus para trazer à sua mente todos os pecados que você precisa confessar para Ele (1 João 1:9).
- Não se preocupe com os pecados de que não está ciente. Talvez seja melhor listá-los conforme aparecem em sua mente (1 Coríntios 6:9–11, 18–20; Gálatas 5:19–21; Efésios 4:29–32; Tiago 2:10; 4:17).
- Leia a lista de pecados no Apêndice C deste livro para ajudar a focar e clarear o restante de negação, racionalização, desculpas, defensividade ou orgulho que ainda pairem em seu coração.

Arrependa-se de seus pecados.

Arrependimento significa repudiar o pecado, pará-lo e se afastar dele. Tem algum comportamento ou atitude pecaminosa que você precisa parar? Ou um hábito que precisa romper? Ou um relacionamento que você precisa abandonar? Diga, rejeite e se afaste dele (2 Coríntios 6:14–18; Efésios 4:17–28; Colossenses 3:5–10).

Apêndice B

Faça as pazes com os outros.

Procure agora a pessoa com quem você tem um relacionamento abalado, confesse honestamente tudo o que fez para feri-lo e faça o melhor possível para resolver essa situação — agora. Faça uma ligação ou escreva um e-mail ou texto. Basta estender a mão e oferecer perdão à pessoa ou pedir que ela o perdoe (Mateus 5:23–24; Hebreus 12:15).

Destrua qualquer ídolo em sua vida.

Um ídolo é qualquer coisa que você escolhe priorizar no lugar de Deus. Pode ser seu filho ou seu desejo de ter um filho, seu cônjuge ou seu desejo de um cônjuge, sua carreira, objetivos, amigos, imagem, reputação, dinheiro, diversão, prazeres, alimentação ou dieta. Também pode ser sua saúde ou sua cura, seu exercício ou sua preguiça, sua igreja ou seu ministério, sua posição, casa, bens materiais, sexo, tecnologia, internet, mensagens de texto e mídias sociais. Um ídolo é qualquer coisa que ocupa seus pensamentos na medida em que Deus é excluído ou relegado para as sobras de sua mente ou de seu tempo, dinheiro ou afeição. Qualquer que seja o ídolo, destrua-o! (Êxodo 20:3–4; 1 João 5:21).

Com intenção, humildade e sinceridade, entregue tudo o que você é e tem a Deus.

Abra cada porta, cada quarto, cada armário, cada recesso obscuro de seu coração e vida para o Espírito Santo. Se há algo que você ainda está se agarrando e resistindo de entregar, deixe-o ir agora. Pense com cuidado.

- Coloque Deus em primeiro lugar em suas prioridades (Mateus 6:33).
- Coloque Deus em primeiro lugar em seu tempo (Salmos 63:6).
- Coloque Deus em primeiro lugar em seus pensamentos (Josué 1:8).
- Coloque Deus em primeiro lugar em seu coração (Deuteronômio 6:5–6).

As seguintes palavras de um antigo hino escrito por J. Edwin Orr podem ajudá-lo em sua oração:

> Procure-me, ó Deus, e conheça o meu coração hoje;
> Use-me, ó Salvador, conheça meus pensamentos, eu oro;
> Se vides alguma maldade em mim; Purifica-me de todo pecado, e me liberte.
>
> Eu louvo a Ti, Senhor, para me purificar do pecado;
> Complete Tua Palavra, e me faça puro no interior;
> Preencha-me com fogo, onde antes eu queimava com vergonha;
> Garanta-me o desejo de exaltar Teu nome.
>
> Ó Espírito Santo, o renascimento vem de Ti;
> Envie um renascimento — inicie o trabalho em mim;
> Tua Palavra declara que Tu suprirás nossas necessidades;
> Por bênçãos agora, Ó Senhor, humildemente suplico.[3]

Peça que Deus o preencha com Seu Espírito.

Quando você tiver entregado tudo a Deus, tanto quanto você conhece e entende, peça-lhe agora para preencher você com Seu Espírito (Gálatas 2:20).

Acredite por meio da fé que agora você está preenchido pelo Espírito Dele e O agradeça.

Quando você terminar sua oração, tendo completado os passos anteriores, poderá assumir, pela fé, que agora está preenchido pelo Espírito Santo! Tire um minuto para agradecer a Ele!

Para alguns, o preenchimento do Espírito Santo é uma experiência do tipo "crise" que pode ser desencadeada por grandes pressões ou problemas. Para outros, é mais um processo de crescimento, sem crise.

Para alguns, o preenchimento do Espírito Santo é acompanhado de emoção, enquanto para outros é simplesmente uma série de escolhas profundas, diárias e sinceras, sem emoção.

Apêndice B

Para alguns, o preenchimento do Espírito Santo pode ser mais impressionante do que sua conversão. Para outros, é simplesmente a consciência silenciosa de que Deus está no controle de tudo.

Percebi que as pessoas nas Escrituras foram descritas por outras como preenchidas pelo Espírito Santo, mas as pessoas não fizeram essa afirmação sobre si mesmas (Lucas 1:15, 41, 67; Atos 4:8, 31). Não fique se comparando aos outros.

Aceite o Espírito.

Agora você está pronto para iniciar o processo de deixar o Espírito entrar em sua vida, entregando-se momento a momento ao controle Dele (Romanos 8:1–16; Gálatas 5:25; 1 João 1:7; 2:6).

Não tenha medo.

Ao viver sua vida cristã, você continuará a pecar, embora uma pessoa preenchida pelo Espírito não peque voluntária ou conscientemente (1 João 3:6).

Mas as pessoas preenchidas pelo Espírito pecam! Nosso pecado pode ser desobediência, negligência ou atitude ou hábito que lutamos para vencer. Porém, todo e qualquer pecado entristece ou apaga o Espírito Santo, que vive dentro de nós (Efésios 4:30). Assim que você pecar, deixa de ser preenchido por Ele.

Quando isso acontecer, e acontecerá...

Retorne para a Cruz.

Quando perceber que pecou e, portanto, entristeceu o Espírito Santo, repita as etapas anteriores. Não se sinta embaraçado ou com vergonha de voltar à Cruz e pedir a Deus que o limpe e o reabasteça.

A Bíblia menciona não um, mas muitos preenchimentos do Espírito Santo na vida dos apóstolos.[4] Lembre-se: a vida cristã é uma jornada, um passo de cada vez, dia após dia. Amadurecer leva tempo. Não há atalhos. Com o tempo, conforme você segue esses passos, eles se tornarão um hábito. Você perceberá seus pecados com mais rapidez, retornará à Cruz e receberá sua purificação e reabastecimento.

Ore comigo agora:

Querido Espírito de Jesus,

Quando Você pairou sobre o caos, a ordem nasceu, a beleza tomou o mundo, a fecundidade surgiu.

Eu aprendi tanto sobre Você que desejo ser preenchido com Você até transbordar. Você, que procede do Pai e do Filho, olha por mim e tem misericórdia.

Por favor, mova-Se, oro, sobre meu coração desordenado;

Afaste as enfermidades de desejos indisciplinados e luxúrias odiosas;

Levante a névoa e a escuridão da incredulidade;

Ilumine minha alma com a pura luz da verdade;

Cumpra em mim a glória e teus ofícios divinos;

Seja meu auxiliador, consolador, advogado, intercessor, conselheiro, fortalecedor e assistente.

Pegue as coisas de Jesus e mostre-as à minha alma;

Por meio de Você posso diariamente aprender mais de Seu amor, graça, compaixão, fidelidade, beleza;

Leva-me à cruz e mostra-me suas feridas, a natureza odiosa do mal, o poder de Satanás;

Que eu possa ver meus pecados como...

os pregos que O transpassaram,

as cordas que O prendiam,

os espinhos que O rasgaram,

a espada que O perfurou.

Ajude-me a encontrar em Sua morte a realidade e a imensidão de Seu amor.

Aumente minha fé no puro conhecimento da expiação alcançada, culpa liquidada; minha dívida, paga; meus pecados, perdoados; minha pessoa, redimida; minha alma, salva; o inferno, vencido, o Céu, aberto; e a eternidade, a meu alcance.

Faça de mim um receptáculo. Um templo limpo. Uma pedra viva e polida que reflete Sua pureza e glória.

Ó Espírito Santo, aprofunde em mim essas lições salvadoras.

Escreva em meu coração que minha caminhada será livre de pecado, fugindo do pecado, exaltando a Cristo, glorificando-O,[5] até que todos vejam

Apêndice B

que Jesus está transbordando do meu ser. E até Você se alegrar quando o universo irromper em aplausos por Aquele que é o único digno de todo louvor, honra, glória e poder para todo o sempre!

Para a glória de seu grande nome — Jesus.

Amém.

Apêndice C

Uma Visão Particular sobre o Pecado

A seguir está a lista de pecados que desencadeou meu próprio arrependimento e experiência de reavivamento pessoal há vários anos. O livreto do qual é retirada inclui mais explicações para a maioria desses pecados.[1] Apenas os listei aqui. O autor diz para ler a lista três vezes em oração.

- ingratidão
- falta de amor por Deus
- negligência na leitura da Bíblia
- surtos de descrença
- negligência na oração
- negligência na disciplina espiritual
- uma atitude displicente ao realizar tarefas espirituais
- falta de amor pela alma dos outros
- falta de preocupação por aqueles que não foram alcançados
- negligência nas tarefas familiares
- negligência na vigilância sobre minha própria vida
- negligência em cuidar dos irmãos e irmãs em Cristo
- negligência sobre a própria negação
- pensamento mundano
- orgulho

Apêndice C

- inveja
- um espírito crítico
- calúnia
- falta de seriedade
- mentira
- traição
- hipocrisia
- desonrar a Deus
- mau temperamento
- impedir que outros sejam úteis

Para uma lista semelhante com mais explicações, consulte minha própria lista, conforme publicado em *Expecting to See Jesus*.[2] E lembre-se: "Se declaramos que não temos pecado algum enganamos a nós mesmos, e a verdade não está em nós. Se confessarmos nossos pecados, Ele é fiel e justo para nos perdoar todos eles e nos purificar de qualquer injustiça. Se afirmarmos que não temos cometido pecado, nós o fazemos mentiroso, e sua palavra não está em nós."[3]

Apêndice D

Dons do Espírito

No Capítulo 18, abordamos como o Espírito Santo equipa os crentes para espalharem o evangelho, o que inclui dons espirituais. Os dons são sobrenaturais e nos são dados pela escolha soberana do Espírito Santo. Eles não são talentos naturais.

Existem três categorias: dons motivacionais, dons de manifestação e dons ministeriais.

Dons Motivacionais

Essa é a lista que Paulo forneceu aos crentes romanos, junto com meu entendimento de cada dom e as características de quem os tem.[1] Eles foram descritos como dons motivacionais pois tendem a ser dominantes em nossa perspectiva de vida, tomada de decisões e relacionamento com Deus.

Profecia é a habilidade de transmitir a Palavra de Deus de modo relevante aos ouvintes. No Antigo Testamento, os profetas de Deus eram responsáveis por receber a mensagem Dele e transmiti-la para Seu povo. A mensagem que recebiam normalmente envolvia a previsão do futuro. Para serem considerados autênticos mensageiros divinos, eles necessitavam ser 100% certeiros 100% das vezes. Qualquer coisa inferior seria uma ofensa capaz de ser punida com a morte.[2]

Hoje, uma pessoa que tem o dom da profecia ainda é responsável por receber a mensagem de Deus e transmiti-la. Mas a mensagem é baseada nas revelações feitas por Deus na Bíblia. Uma pessoa que tem esse dom não se sa-

Apêndice D

tisfaz em apenas apresentar academicamente a verdade da Palavra de Deus, mas procura aplicá-la à vida de outras pessoas e persuadi-las a receber e viver por ela. Essa pessoa tende a expressar posições sobre o que é certo e errado e está disposta a sofrer por falar a verdade. Aquele com esse dom tem uma grande capacidade de entender as situações. Eles podem ser dolorosamente diretos, fazer julgamentos rápidos e são abertos e honestos sobre suas fraquezas. Um exemplo bíblico de alguém com esse dom é o apóstolo Pedro.[3]

Ministério é o que às vezes chamamos de dom de serviço ou ajuda. Uma pessoa com esse dom gosta de ficar nos bastidores fazendo coisas práticas e fica encantada em ajudar outras pessoas a exercitar seus próprios dons. Um exemplo bíblico é o de Timóteo, o "filho na fé",[4] do apóstolo Paulo, pastor da igreja dos Efésios e superintendente de algumas igrejas na Ásia.[5]

Ensinamento é um dom que prospera em procurar e confirmar a verdade. Um professor tem uma mente mais acadêmica do que um profeta e fica satisfeito em apresentar a verdade, não necessariamente em transmiti-la aos outros. Essa pessoa gosta de estudar, dissecar as Escrituras e apresentar a verdade de forma sistemática. Uma pessoa com esse dom enfatiza fatos e detalhes e pode desafiar as credenciais de um pastor ou professor. Lucas seria um bom exemplo de professor bíblico.[6]

Exortação é um dom de encorajamento. Uma pessoa com esse dom estimula outros a caminhar mais próximos de Jesus. Ela se dá bem no ministério individual e em visualizar o potencial dos outros. E, em vez de ser desencorajada pela tribulação, essa pessoa o vê como um meio de crescimento espiritual. O apóstolo Paulo seria o melhor exemplo de alguém com esse dom.[7]

Doação é um dom incomum que não tem nada a ver com status financeiro. Essa pessoa vive para dar, não acumular. Pessoas com esse dom suprem as necessidades dos outros com alegria, mas o fazem de maneira privada, e não pública. Embora geralmente sejam econômicos e reservados em suas vidas pessoais, eles doam de forma generosa, até mesmo sacrificialmente, para atender às necessidades dos outros. Os crentes macedônios tinham esse dom.[8]

Administração ou comando é um dom organizacional. As pessoas que têm esse dom são líderes, delegadores, coordenadores ou facilitadores que podem manter toda uma operação nos trilhos. Esses indivíduos são pró-ativos, com a capacidade de realizar uma tarefa e dividi-la em pequenas partes para que outras pessoas possam atuar. Eles não se impressionam com o tamanho do desafio. São durões, sabem o que deve e não deve ser delegado e exigem lealdade daqueles ao redor. No Antigo Testamento Neemias foi um reconhecido administrador.[9]

Misericórdia é a capacidade de simpatizar com a necessidade, dor ou mágoa dos outros. Pessoas com esse dom são ótimas em restaurar e tornar saudáveis os relacionamentos. Elas são atraídas para os angustiados. Tendem a não ser incisivas pois não querem causar mais danos. Desejam proximidade física e tempo de qualidade, sensíveis às necessidades emocionais dos outros. O apóstolo João parece exemplificar alguém que tem esse dom.[10]

Que diferença faz saber e agir de acordo com seu dom? Vamos considerar essa questão no contexto de uma igreja local. E se a pessoa com um dom de misericórdia fosse encarregada do orçamento? Logo estariam no vermelho, pois dificilmente recusaria ajuda aos outros. Ou se o profeta fosse encarregado da visitação? Quase podemos ouvir os gritos de raiva das pessoas batendo as portas na cara da equipe visitante, ofendidas pela franqueza do profeta. Ou se a pessoa com o dom de encorajamento ou exortação fosse encarregada do evangelismo? Duvido que muitos seriam informados de que precisavam renunciar ao pecado.

Em vez disso, é lógico que uma pessoa com o dom de profecia seja um pastor; uma pessoa com o dom do ministério atue como líder ou seja encarregada do contato com a comunidade; os professores estejam nas salas da escola dominical; exortadores sejam líderes de pequenos grupos; doadores cuidem do tesouro; um administrador seja o pastor executivo ou diretor de educação; e aqueles com o dom da misericórdia sejam colocados em visitas a hospitais. Paulo escreveu especificamente que esses Dons são dados para o bem comum.[11] Eles não são brinquedos, mas ferramentas para abençoar e fortalecer a fé das pessoas.

Dons de Manifestação

Dons de manifestação do Espírito são dados para edificar os outros na glória de Deus.[12] Embora cada crente tenha um dom motivacional dominante, uma pessoa pode ter múltiplos dons de manifestação. Eles atuam em conjunto com os dons motivacionais para criar uma infinita variedade de combinações que tornam o dom de cada pessoa único. Nos é dito para buscar esses dons,[13] ainda assim não significa que iremos recebê-los. Novamente, "o mesmo e único

Espírito realiza todas essas ações, e Ele as distribui individualmente, a cada um, conforme deseja."[14]

Palavra de Sabedoria

Este é um dom da compreensão da verdade revelada de Deus. Observei esse dom mais claramente nos países em desenvolvimento, nos quais o povo de Deus não teve acesso às escolas bíblicas e aos seminários teológicos. Um de meus primeiros compromissos quando deixei de dar aulas semanais da Bíblia foi em uma conferência de pastores em Suva, Fiji. Pediram-me para enviar várias mensagens a cerca de seiscentos pastores que haviam chegado das centenas de ilhas vizinhas. Ainda que tenha me sentido humilde e honrada em fazer isso, perguntei aos organizadores se também poderia realizar uma reunião de mulheres. Disseram-me que, em sua cultura, as mulheres não faziam reuniões separadas. Quando insisti para que tentassem arranjar esse encontro, eles concordaram. O resultado foi uma pequena reunião de mulheres no depósito das instalações onde as reuniões dos homens estavam ocorrendo.

Como não havia cadeiras, as mulheres estavam sentadas em caixas dispostas em semicírculo. Elas estavam descalças, e a maioria havia caminhado quilômetros para participar da reunião. Até hoje consigo ver seus belos rostos redondos, brilhantes olhos escuros, cabeças coroadas com cabelos castanhos enquanto olhavam para mim com expectativa. Elas seguravam Bíblias esfarrapadas no colo. Após abrir minha Bíblia e lhes ensinar, abri a reunião para o debate, e suas percepções foram maravilhosas! Eu mal conseguia absorver a profundidade de seu conhecimento e compreensão. Sabia que estava testemunhando uma manifestação da capacitação dessas mulheres por parte do Espírito Santo para entender as coisas espirituais em um nível que até mesmo algumas de minhas amigas em casa teriam dificuldade em fazer. Era o Espírito Santo dotando de modo sobrenatural os filhos de Deus.

Palavra de Conhecimento

Esse dom envolve a verdade comum que é revelada sobrenaturalmente. Seu uso mais eficaz parece ser a percepção de como orar. Minha filha Rachel-Ruth tem esse dom.

Muitos anos atrás, estava em uma cabana no Billy Graham Training Center at The Cove, me preparando para dar meu seminário de outono. Saí da cabana para dar uma volta, percebi que não estava com meu celular, então voltei para a cabana para pegá-lo. Quando estava saindo, vi movimentos na floresta abaixo da cabana. Enquanto me concentrava na agitação, vi um urso preto caminhando entre as árvores. Fascinada, continuei assistindo até perceber que ele estava vindo direto para a cabana! Rapidamente me virei, voltei para dentro e observei consternada o urso, que parecia um pouco enfermo, cambalear na varanda da cabana, rasgar o travesseiro em que eu estava sentada, virar meu copo de chá gelado, empinar nas patas traseiras para me olhar pela janela e depois circular a cabana mais duas vezes antes de ir para a floresta!

Quando Rachel-Ruth me ligou naquela noite para ver como eu estava, contei o que tinha acontecido. Ela me perguntou o horário que ele apareceu, e eu disse que era por volta do horário do almoço — a mesma hora que ela estava de joelhos em oração com outras oito senhoras. Ela disse que se sentiu levada a orar em voz alta por minha proteção contra os ursos. Quando terminou de orar, as outras senhoras riram de seu pedido estranho. Mas ninguém riu quando se encontraram novamente e ela contou o que aconteceu. Sei que, se não tivesse voltado para a cabana para recuperar meu celular, teria saído rapidamente da cabana — e direto para aquele urso.

A percepção que Rachel-Ruth teve foi uma manifestação da Palavra de conhecimento do Espírito. Experimentei, de tempos em tempos, pessoas aleatórias vindo até mim depois que eu falava ou enquanto saía em público, que afirmavam ter uma palavra de conhecimento para mim. Elas parecem sinceras, bem-intencionadas, e eu costumo reservar um tempo para que elas compartilhem o que está em seus corações. Após o encontro, levo ao Senhor em oração o que a pessoa disse e deixo lá. Sei que, se a palavra do conhecimento é dele, acontecerá. Nunca agi em função do que alguém me disse. Eu simplesmente guardo para encorajar, advertir, preparar ou confirmar caso ocorra.

Fé

Isso não se refere à fé salvadora, mas à confiança em Deus contra as adversidades. Esse dom é mais óbvio quando exercido por crentes e missionários, embora os leigos também o possam ter. Um de meus exemplos favoritos é o de Matt e Misty Hedspeth. Matt veio de uma boa família em nossa cidade, deu seu coração a Jesus enquanto estava na faculdade antes de iniciar um negócio de incorporação imobiliária. Logo depois se casou com Misty, que começou

Apêndice D

a praticar direito de família, e eles pareciam seguir para um típico futuro de boa vida sulista.

Matt gostava de surfar, mergulhar e praticar outros esportes aquáticos, então ele e Misty decidiram passar férias no Panamá. Mas é aí que suas vidas foram invadidas por Deus. Em vez de relaxar e aproveitar as atividades de lazer, eles se deram conta de que havia milhares de órfãos e crianças de rua que pareciam estar em toda parte, crianças sem esperança e sem futuro.

Matt e Misty sentiram aquilo como sendo um chamado. Misty foi trabalhar para mudar as leis de adoção no país — e conseguiu! Matt usou sua formação em desenvolvimento imobiliário para construir orfanatos e, mais recentemente, concluiu o primeiro centro temporário de lar e terapia do Panamá para órfãos com necessidades especiais, a Casa Providencia.[15] Seu ministério também fornece serviços de adoção e assistência social, aconselhamento jurídico, avaliações psicológicas e educação — sem nenhum custo! Eles certamente tiraram um A+ no dom da fé.

Outro exemplo é Wes e Vicky Bentley. Em 1999, eles tiveram a visão de treinar capelães para o exército do Sudão do Sul. Até agora, Wes treinou mais de quatrocentos capelães. O ex-vice-governador do Kordofan do Sul, Abdel Aziz, afirmou que os capelães são os melhores homens de seu exército. As forças inimigas islâmicas sabem que eles não têm medo. Os jihadistas os chamam de "o exército de Deus que não tem medo de morrer por sua fé".

Enquanto Wes treinou capelães, Vicky fundou um ministério de aviação missionária, bem como ministérios que fornecem treinamento de discipulado e alfabetização para mulheres e necessidades básicas para crianças. Sua organização, Ministérios de Longo Alcance, possui uma faculdade da Bíblia no Quênia, além de atividades no Sudão do Sul, Uganda, Congo, Ilhas Maurício, África do Sul, França, Irlanda, Rússia, Ásia e Estados Unidos.[16]

Como louvo a Deus por Wes e Vicki Bentley, e Matt e Misty Hedspeth. Eles foram e são fiéis em exercer o dom da fé para a glória de Deus. E louvo a Deus pelos milhares de outros missionários e líderes de ministérios que exercem seu dom de fé enquanto levam o evangelho aos quatro cantos do globo, cuidando dos menos afortunados em nome do Senhor Jesus Cristo.

Cura

Louvado seja Deus! Ele ainda hoje cura física, emocional, mental e espiritualmente. A história de João, que compartilhei nos capítulos anteriores, é evidência de múltiplas facetas da cura. Mas outro exemplo que nunca esquecerei envolveu minha neta mais nova, Anne Riggin. Convidei um conselheiro para nossa família para nos ajudar a conversar sobre vários assuntos. Ele era gentil, sábio, abençoado e surpreendentemente útil. Também era um benzedor. Depois de alguns dias, ele havia conseguido tudo o que sentia que podia naquele momento. Prometendo voltar vários meses depois, ele pegou suas coisas para sair. Anne Riggin, com cerca de 6 anos na época, correu até mim e puxou minha mão. "Mas, Mimi. Ele não orou pelas minhas verrugas." Ela tinha manchas de verrugas nas pernas, tronco e mãos. Olhei para a intensidade de sua pequena expressão e sua vontade de ser ajudada. Eu o parei quando ele estava literalmente saindo pela porta e perguntei se rezaria para que ela se curasse de suas verrugas. Ele ficou exatamente onde estava, largou as coisas e a chamou. Ela caminhou até ele, que pegou as duas mãos dela. Olhando-a bem nos olhos, ele perguntou se ela acreditava que Jesus poderia curá-la. Ela assentiu com a simplicidade de uma criança. "Sim." Então ele orou. E foi embora. No dia seguinte, todas as verrugas sumiram! E nunca voltaram!

Embora a cura da Anne Riggin possa parecer pequena em comparação a outras experiências, foi uma manifestação do dom do Espírito.

Às vezes, Deus cura como fez por Riggin, em resposta à oração de fé. Às vezes, ele usa médicos e enfermeiras para fazer isso, como fez quando o cateter de diálise de meu marido foi infectado com MRSA [uma bactéria resistente a vários antibióticos]. Os olhares nos rostos da equipe médica ao colocar meu marido severamente diabético em quarentena me fizeram chorar. Eu sabia que eles acreditavam que havia uma chance muito pequena de recuperação. Enviei um e-mail para o grupo dele de estudos bíblicos para homens, descrevi o que estávamos enfrentando e pedi oração. O e-mail se tornou viral. Mensagens começaram a chegar de todo o mundo quando as pessoas começaram a orar. E meu marido se recuperou milagrosamente! Embora eu saiba que Deus usou médicos, enfermeiros, antibióticos intravenosos e cuidados e limpeza meticulosos, também sei que Deus curou meu marido.

Milagres

Um milagre é algo que acontece no mundo físico que não possui explicação natural ou racional. Deus é o Deus dos milagres, pois Ele não está limitado por métodos comuns ou convenções.

Apêndice D

Na ocasião em que escrevia este apêndice, uma amiga telefonou para me contar algo que aconteceu em um estudo da Bíblia que ela conduz. O grupo estava assistindo a um vídeo sobre o tema da oração quando uma senhora idosa desmaiou. Os olhos da mulher reviraram, a cor sumiu do rosto e ela estava imóvel. Minha amiga imediatamente pôs as mãos na mulher e orou, desafiando com ousadia a morte, ordenando: "Hoje não." Pediram ajuda para qualquer médica ou enfermeira no grupo de estudo, enquanto uma ligação para o 911 era feita. Uma enfermeira se aproximou e disse que trabalhava em uma UTI. Quando a enfermeira verificou a mulher, ela não conseguiu encontrar pulso. Enquanto as mulheres se reuniam e continuavam a orar, os médicos chegaram. A mulher abriu os olhos e perguntou: "O que aconteceu? Eu desmaiei?" Ela foi levada ao hospital, onde foi atestada sua saúde. O médico dela fez um acompanhamento e não encontrou nada capaz de provocar o colapso. Duas semanas depois, ela estava de volta ao estudo da Bíblia para dar testemunho do poder da oração! Isso foi sem dúvida um milagre!

Durante minha vida testemunhei milagres, mais frequentemente em resposta à oração do que como resultado do dom de um indivíduo. Um milagre muito pessoal que nunca esquecerei envolveu o belo diamante Tiffany que Danny me deu como anel de noivado. Estava viajando na época e, embora nunca tivesse tirado minha aliança de casamento, tirei meu anel de diamante antes de ir para a cama em um hotel de aeroporto. Na manhã seguinte, quando fui colocá-lo, não o achei. Procurei em todos os lugares, mesmo chamando a chefe de limpeza para me ajudar a olhar. Mas o anel não estava em lugar nenhum.

Eu sabia que, se não pegasse o ônibus, perderia o voo e, de coração partido, deixei o hotel. Quando o ônibus me deixou no aeroporto, tropecei. Minha carteira caiu de cabeça para baixo, derramando todo o conteúdo na calçada. Quase chorei enquanto pegava tudo com as mãos trêmulas e depositava o conteúdo de volta na minha bolsa, depois a fechei cuidadosamente. Enquanto estava na fila do balcão de check-in da companhia aérea, orei silenciosamente: *"Pai, o Senhor sabe como esse anel é precioso e tudo o que ele representa. Se o Senhor pode colocar uma moeda na boca de um peixe para Pedro pagar os impostos,*[17] *o Senhor pode trazer meu anel. Por favor, traga-o de volta para mim."*

Quando chegou a minha vez de fazer o check-in, peguei minha passagem enquanto colocava minha carteira no balcão. Para minha surpresa, meu anel de noivado estava em cima da minha carteira! Isso foi um milagre![18]

Profecia

Como no dom motivacional, esse dom é a capacidade de divulgar a Palavra de Deus de maneira relevante para os ouvintes. Eu experimentei sua manifestação durante o funeral de meu pai.

Fui aconselhada a me preparar com antecedência para quaisquer comentários que me fossem solicitados no funeral, porém, pela minha vida, não consegui pensar em nada. Confiava que Deus me daria o que Ele queria que eu dissesse, se e quando chegasse a hora.

Chegou a hora em que meu pai foi para o céu, em 21 de fevereiro de 2018. Sua morte desencadeou uma série de eventos que ocorreram quase diariamente até seu funeral, em 2 de março.

Cada um dos meus quatro irmãos e eu tínhamos concordado em compartilhar comentários pessoais no serviço do meio-dia, e Deus havia usado um amigo para plantar uma semente de pensamento em minha mente no dia seguinte que meu pai foi para o céu. Mas, nos dias que se seguiram, eu literalmente não tive tempo para me preparar. Enquanto esperava participar na primeira de várias caravanas no dia do culto, o Espírito pareceu falar comigo em um sussurro gentil, deixando-me saber como eu poderia concretizar o pensamento que já me fora dado. Mas, com a agenda lotada antes do funeral, eu não tinha tempo reservado para criar uma mensagem.

Uma hora antes do início do culto, fiquei tão sobrecarregada com o medo de falar no funeral de meu pai sem ter preparado nada para dizer que me debrucei sobre uma mesa, fechei os olhos e pensei que fosse desmaiar. Eu não conseguia nem rezar.

Cerca de 30 minutos antes do início do culto, fui chamada para ficar ao lado do caixão de papai e esperar com meus irmãos para cumprimentar o presidente e a primeira-dama, e o vice-presidente e sua esposa. Quando eles entraram no saguão principal da biblioteca, cumprimentos foram feitos e os quatro caminharam para a tenda. Meus irmãos e eu seguimos com papai, liderando o caminho. Depois de uma música especial, minha tia, minhas duas irmãs e meu irmão mais novo e eu fomos escoltados à plataforma para aguardar nossa vez de falar. Não tive nem um momento para reunir meus pensamentos.

Fomos em ordem de nascimento, o que significava que eu seria a terceira a falar, seguindo minha tia e minha irmã mais velha. E foi aí que o milagre ocorreu. Quando eu estava no pódio, todo o medo, tontura e tristeza desapareceram. O que restou foi uma clareza de pensamento e uma mensagem profética que eu sabia, mesmo quando ouvi minhas próprias palavras, ser uma manifestação de um dom do Espírito. Até hoje, não tenho certeza se foi o dom de milagres, cura ou profecia. Sei apenas que foi a dotação sobrenatural do Espírito para a frágil criança de Deus naquele momento. Acredito que meu pai foi honrado, Jesus foi exaltado e Deus foi glorificado quando Sua Palavra foi divulgada ao mundo inteiro pela televisão, transmissão ao vivo e mídia social.

Distinguir entre Bons e Maus Espíritos

Há vários anos, fui convidada para falar com pastores e líderes de ministérios em Uganda. O primeiro compromisso me levou a Gulu, uma área que havia sido dominada durante anos por rituais satânicos, sacrifício humano e feiticeiros. Cerca de 40 minutos após a primeira sessão, fiquei tonta e desmaiei. Os organizadores se reuniram, puseram as mãos em mim e oraram contra as forças espirituais que agiram contra mim. Voltei para a plataforma e terminei o dia com grande vitória. No entanto, nunca esquecerei o som dos jatos militares que zumbiam no teto do pavilhão em que estávamos enquanto falava, tentando assustar todos nós. Ou os enormes abutres que circulavam no céu, sobrevoando o pátio no qual centenas de pessoas se reuniram para almoçar — pássaros que, me disseram, podiam comer e digerir um motor de carro. Embora eu não tenha visto os espíritos malignos, sabia que eles estavam por toda parte.

Às vezes entrava em uma loja e sentia meu espírito colidir com a atmosfera — e saía de lá. Conversei com líderes espirituais, olhei nos olhos deles e sabia que estava vendo espíritos sem amor. Oro, e muito, por um maior discernimento para mim, meus filhos e meus netos, durante esses dias maus, quando a verdade é trocada por uma mentira, a luz é marginalizada pelas trevas e o pecado é aplaudido enquanto a pureza é difamada. Os demônios parecem ter sido desencadeados, pois sabem que seu tempo é curto para causar o máximo de destruição possível.

Línguas

Essa linguagem de oração desconhecida parece ser uma fonte de divisão dentro da comunidade cristã. Em vez de edificar o corpo de Cristo, parece nos colocar um contra o outro. Quem tem esse dom é tão abençoado por ele que às vezes acha que todos deveriam tê-lo. Aqueles que não o têm às vezes se sentem menos espirituais do que aqueles que têm. Como resultado, o próprio Espírito Santo tem sido considerado uma força perigosa e divisiva em alguns círculos cristãos. Deus deve chorar.

Não tenho o dom das línguas. Mas já vi isso ser usado de maneiras poderosas para trazer cura e restauração a pessoas feridas. Anos atrás, nossa cidade foi abençoada quando Nicky e Gloria Cruz se mudaram para lá. Nicky era um notório líder de gangue das ruas do Brooklyn. Ele foi considerado irrecuperável pelas autoridades. Um dia ele estava na plateia quando um pregador, David Wilkerson, compartilhou o evangelho. Pouco tempo depois, ele foi gloriosamente convertido.

Quando Nicky se mudou para nossa cidade, fui convidada para um café em sua homenagem, com várias mulheres importantes de nossa cidade, incluindo a esposa do governador. Nicky compartilhou que seu sonho era abrir um lar para meninas — um lugar onde elas poderiam receber aconselhamento, amor e uma segunda chance na vida ao sair da prisão. A reunião resultou em equipes distintas assumindo a responsabilidade de consertar várias partes da casa para que ninguém suportasse o fardo de todo o projeto. Como resultado, a Casa para Mulheres Nicky Cruz na Hillsborough Street se tornou realidade.

E foi aqui que testemunhei um uso válido do dom das línguas. As moças que entraram na casa precisavam desesperadamente de uma manifestação do Espírito para libertá-las das drogas, álcool, sexo e muitos dos vícios que as haviam deixado em seu estado de desamparo. A maioria delas, assim que se arrependeu de seus pecados e recebeu Jesus como Salvador e Senhor, começou a orar em línguas. Por alguma razão, poder orar dessa maneira parecia ser mais forte do que qualquer droga que usaram, e Deus a usou para ajudar a libertá-las! A linguagem da oração parecia impulsionar sua fé. Uma após a outra, as meninas formadas na casa levaram uma vida produtiva.

Interpretação

Quando exercitado, o dom da interpretação da oração de línguas desconhecidas se torna mais parecido com a profecia. A Bíblia dá instruções estritas de que, se o domínio das línguas é exercido em público, como em um ambiente de igreja, deve ser seguido imediatamente por alguém que possa declarar claramente o que foi orado.[19] Embora eu não tenha experiência pessoal com esse dom, participei de reuniões em que as pessoas oravam em línguas sem interpretação, e o resultado foi caótico. Não só *não* foi uma bênção, como também não era edificante para a congregação geral e era muito perturbador para os outros. Por outro lado, estive recentemente em uma reunião em que uma mulher idosa orou em línguas e depois interpretou frase por frase. Foi muito dramático e muito significativo.

Também conheço um jovem amigo que estava visitando uma pessoa que começou a falar com ele em hebraico. Quando a pessoa perguntou a meu amigo o que ele havia dito, meu amigo interpretou literalmente. Ele nunca estudou hebraico. Nunca esteve com ninguém que falasse hebraico. No entanto, sabia exatamente o que havia sido dito. Esse dom é provavelmente o que foi exercido no Pentecostes quando "ajuntou-se um grande número de pessoas; e ficaram maravilhados, pois cada um ouvia falar em sua própria língua".[20]

Compartilhei essas histórias porque você e eu não podemos colocar Deus em uma caixinha. Os caminhos Dele não são os nossos. Ele opera no aqui e agora, mas também opera fora do tempo e espaço.

Dons Ministeriais

A terceira categoria de Dons espirituais é mais uma lista de posições de ministério dentro da igreja. Eles são apresentados pelo apóstolo Paulo à igreja de Efésios,[21] como tendo sido dados "com o propósito de aperfeiçoar os santos para a obra do ministério, para que o Corpo de Cristo seja edificado, até que todos alcancemos a unidade da fé e do conhecimento do Filho de Deus, e cheguemos à maturidade, atingindo a medida da estatura da plenitude de Cristo".[22]

O primeiro listado é o dos *apóstolos*. No sentido primário da palavra, essa posição não está mais ativa, uma vez que um dos requisitos para um apóstolo é que ele tivesse que conhecer pessoalmente o ressuscitado Senhor Jesus Cristo.[23] Mas, em um sentido secundário, alguém poderia usar a palavra *apóstolo* para descrever aqueles a quem Deus usa para abrir caminho para novos ministérios, como semeadores de igrejas e missionários.

Segundo, os *profetas* são listados. Não são necessariamente pessoas que predizem o futuro, mas aquelas que são expositoras da Bíblia e que divulgam a Palavra de Deus de maneira relevante.

Terceiro, os *evangelistas* têm o dom de compartilhar o evangelho de tal maneira que as pessoas se emocionam em seus corações, são condenadas por seus pecados e respondem ao receber Jesus Cristo como Salvador e Senhor.

Quarto, os *pastores* são pastores do povo de Deus que lideram as congregações locais, certificando-se de que as pessoas sejam alimentadas com a Palavra de Deus, protegidas de heresias e trazidas de volta se elas se afastarem da fé. Eles alertam, orientam e aconselham.

Por fim, há *professores* ou instrutores, homens e mulheres, que apresentam e preservam a verdade da Palavra de Deus que foi transmitida geração após geração.

Abrace e Exercite Seus Dons

Descobrir seus Dons espirituais não é opcional. Cada um de nós será responsabilizado por Deus por exercitar o que nos foi dado à medida que construímos nossa família cristã. O pensamento solene compartilhado comigo por um de meus mentores é o seguinte: quando estiver diante de Jesus e vir as cicatrizes em sua testa, onde estavam os espinhos, e as feridas nas mãos e nos pés — quando eu finalmente compreender tudo o que lhe custou para abrir o Céu para mim —, sei que desejarei dar algo em troca. E apesar de que nada que eu possa dar a Ele seja suficiente para retribuir o que Ele fez por mim, uma coroa que me foi dada em recompensa por uma vida vivida por Ele na Terra seria algo significativo. Naquele dia, terei uma coroa para repousar diante de Seus pés perfurados?

As escolhas que fazemos hoje determinarão como nossas vidas serão vistas quando encontrarmos Jesus frente a frente. Por favor. Abrace totalmente o dom do Espírito Santo, depois exercite seus Dons ao serviço Dele, para que, quando o dia chegar, você não fique de mãos vazias, mas tenha algo para repousar aos pés de Jesus em troca de tudo o que Ele lhe deu.

Com Gratidão às Minhas Famílias

A primeira pessoa que gostaria de reconhecer com o coração transbordando de gratidão é o Espírito Santo. Eu nunca poderia ter escrito este livro, muito menos cumprido a tempo todos os prazos associados a ele, se não tivesse a ajuda de Deus. Ele me confortou, fortaleceu, incentivou e inspirou — especialmente quando, durante o processo de escrita, meu adorado pai foi para o céu e eu comecei minha jornada contra o câncer.

Uma das formas de ajuda que o Espírito Santo me deu foi praticamente me colocar em famílias...

Minha Família Editorial

Como este é o primeiro livro que escrevi em parceria com minha nova editora, a Multnomah, gostaria de agradecer à equipe que acreditou em mim, esteve a meu lado para me orientar, apoiar e encorajar neste ano difícil.

Conheci minha nova editora comercial [em inglês, "publisher"], **Tina Constable**, em um banquete do ECPA Awards. O burburinho ao redor da sala não era sobre quem ganharia o Livro do Ano, mas a considerável honra de ter Tina Constable presente. Fiquei um pouco intimidada ao conhecê-la, mas desde nosso primeiro encontro achei que ela era um espírito afim. Ela ama a Palavra de Deus e lançou sua impressionante força editorial para a realização de *Jesus em Mim*.

Laura Barker foi minha editora de texto, exercitando suas habilidades excepcionais com paciência, gentileza e excelência. Este livro é muito melhor graças a seu toque.

Donald Fairbairn fez uma revisão teológica detalhada e completa do primeiro rascunho. Suas ideias e perspectivas foram inestimáveis. Como resultado, o leitor pode confiar na precisão factual e bíblica deste livro.

Ginia Hairston Croker apresentou para nossa equipe de editores um plano de marketing incrivelmente detalhado e completo, que não apenas elevava seu escopo e visão, mas também evidenciava que ela compartilhava meu coração para ajudar as pessoas a experimentar o Espírito Santo como um companheiro constante.

Bev Rykerd elaborou o plano de marketing de Ginia com uma extensa e intensa campanha publicitária que foi emocionante! Ela pensou em todas as oportunidades, de todos os ângulos, para ajudar a promover a mensagem de que não fomos abandonados por Jesus. Pelo contrário, Ele não nos deixará nem nos abandonará porque veio morar conosco na pessoa do Espírito Santo.

Helen Macdonald pegou o manuscrito editado e o conduziu durante o processo de produção. Ela estava atenta aos prazos, apesar de ser respeitosa, gentil e compreensiva.

Kristopher Orr gentilmente perguntou se eu tinha ou não alguma ideia para o design da capa deste livro. Eu não tinha ideias. Como você imagina o Espírito Santo... *Jesus em mim*? Quando Kristopher enviou sua ideia pela primeira vez, eu sabia que ele havia capturado visualmente algo que é realmente invisível... a glória de Deus no interior das pessoas comuns. A capa [da edição original] é uma interpretação ousada, marcante e elegante do título.

Por fim, **Bryan Norman** habilmente me guiou durante a transição da Zondervan Publishing para a Multnomah e continua a supervisionar meus esforços de publicação com alegria e energia criativa.

Minha Família Ministerial

Meu ministério sem fins lucrativos, AnGeL Ministries, é como uma equipe de operações especiais. Somos pequenos, mas focados em levar às pessoas a Palavra de Deus para que possam conhecê-Lo em um relacionamento pessoal por meio da fé em Jesus. Embora eu não pudesse ser efetivamente funcional no ministério sem a ajuda 24 horas por dia, 7 dias por semana, de **Helen George**, minha assistente executiva por mais de 40 anos, o diretor de operações, **Ross Rhudy**, assumiu muitas de minhas responsabilidades. Ele supervisiona minha equipe ministerial de 14 pessoas, 2 equipes de oração e dezenas de voluntários. Enquanto escrevia este livro, precisei ficar afastada do ministério ativo, não apenas pelas horas passadas no computador, mas também pelo sofrimento e pelo câncer; porém, sob a liderança de Ross, os AnGeL Ministries continuaram a funcionar sem problemas e com excelência.

Com Gratidão às Minhas Famílias

Minha Família na Igreja

Quando fui diagnosticada com câncer, Deus parecia me prometer, por intermédio de Tiago 5:16, que eu seria curada pelas orações de outras pessoas. Eu confiei em Sua Palavra, divulguei minha condição e fui surpreendida pelo contínuo tsunami de orações em meu nome! Minha família da igreja inclui milhares de pessoas em todo o mundo que me acompanharam fielmente nesta jornada, me carregando nas asas de suas orações. Não tenho dúvidas de que minha recuperação, assim como este livro, evidenciam um Deus que ouve e responde à oração.

Minha Própria Família

Eu tenho três filhos: **Jonathan** e sua esposa, Jenny; **Morrow** e seu marido, Traynor; **Rachel-Ruth** e seu marido, Steven. Jonathan vinha com frequência para cuidar da lista de "afazeres do marido" — tudo, desde trocar lâmpadas até limpar a garagem. Morrow fazia compras, cozinhava e mantinha minhas consultas e exames médicos em dia. Rachel-Ruth liderou minha equipe semanal de oração, inspirando-as com insights sobre as Escrituras, enquanto mantinha todas rindo com seu senso de humor doido. E as orações dos três transformaram a terra no Paraíso e me levantaram nos dias mais difíceis. Eu não poderia ter suportado de modo tão triunfante, nem cumprido os prazos deste livro, sem sua ajuda prática, física, emocional e espiritual.

Minhas três netas, **Bell**, **Sophia** e **Riggin**, mantiveram o sorriso em meu rosto e a alegria em meu coração com suas presenças e orações.

> Por esse motivo, dobro o meu joelho diante do Pai, do qual se deriva toda a paternidade nos céus e na terra. Oro para que, juntamente com suas gloriosas riquezas, Ele vos fortaleça no âmago do vosso ser, com todo o poder, por meio do Espírito Santo. E que Cristo habite por meio da fé em vosso coração, a fim de que arraigados e fundamentados em amor (...) para que sejais preenchidos de toda a plenitude de Deus.
>
> Efésios 3:14–17, 19

Notas

Introdução: Vivenciando o Espírito Santo como um Companheiro Constante
1. João 14:16.

Primeira Parte: Amando a Pessoa do Espírito Santo
1. João 16:7–14. O número de pronomes usados para o Espírito Santo é o da versão de 1978 da Nova Versão Internacional da Bíblia. Os números podem variar de acordo com as diferentes traduções.
2. A história dramática da mudança de nome de Jacó está em Gênesis 32.
3. Mateus 1:21.

Capítulo 1: Nosso Auxiliador
1. Hebreus 13:6.

Capítulo 2: Nosso Consolador
1. Números 6:24–26.
2. 2 Coríntios 1:4.
3. João 20:11–14.

Capítulo 3: Nosso Advogado
1. Nos anos que se seguiram, Danny ajudou a estabelecer uma igreja em crescimento, e mais uma vez presidiu o conselho de presbíteros e ensinou a maior classe de adultos na escola dominical. Com o tempo, ele ajudou a fomentar duas outras igrejas que estão prosperando hoje.
2. Gênesis 39:1–23; 41:1–44.
3. Neemias 1:1–2:12; 6:15–16.
4. Ester 5:1–9:16.
5. Atos 13:13.
6. Atos 15:39.
7. 2 Timóteo 4:11.
8. João 14:16, NLT.

Capítulo 4: Nosso Intercessor
1. A história é verdadeira, mas os nomes foram alterados para proteger a privacidade dos envolvidos.
2. Salmos 139:23–24.
3. Escrevi mais sobre as lições que aprendi em minha jornada de cura em *Feridos pelo Povo de Deus: Descobrindo como o amor de Deus cura o nosso coração* (Editora Vida, 2014).

Capítulo 5: Nosso Conselheiro
1. 2 Crônicas 1:10.

2. 2 Crônicas 1:1–12.
3. Salmos 23:4.
4. Salmos 31:15; Jó 14:5.
5. Provérbios 3:5–6.
6. Tiago 1:5.

Capítulo 6: Nosso Fortalecedor
1. 2 Coríntios 12:10.
2. Gênesis 37.
3. Gênesis 39.
4. Salmos 105:18, YLT.
5. Gênesis 41.
6. Jeremias 1:18–19. 7.
7. Isaías 41:10–12.
8. Apocalipse 3:7–13.
9. Daniel 9:4–19.

Capítulo 7: Nosso Assistente
1. Cada um desses exemplos vem da minha família.
2. Marcos 6:45–48.
3. Marcos 6:48.

Segunda Parte: Aproveitando a Presença do Espírito Santo
1. João 14:16–17.
2. João 14:26.

Capítulo 8: Sua Presença na Eternidade
1. "Apollo 8: Christmas at the Moon", NASA, 19 de dezembro de 2014, www.nasa.gov/topics/history/features/apollo_8.html [conteúdo em inglês].
2. Salmos 139:7.
3. Mateus 28:19.
4. 1 Pedro 1:2.
5. O símbolo da pomba no batismo de Jesus muitas vezes levou ao equívoco de que o Espírito Santo é uma pomba. Do mesmo modo, as chamas que repousavam sobre as cabeças dos discípulos no Pentecostes fazem com que algumas pessoas acreditem erroneamente que o Espírito Santo é uma chama. Mas o Espírito Santo é um espírito. Ele não tem uma forma visível. Assim, nas Escrituras, símbolos são frequentemente usados para indicar Sua presença. Veja Gênesis 15:17; Zacarias 4:1–6; Atos 2:3–4; Apocalipse 4:5.
6. Mateus 3:16–17.
7. Você pode explorar a questão da Trindade no livro *Life in the Trinity* do Dr. Donald Fairbairn, o revisor teológico deste livro. Ele também recomenda *Delighting in the Trinity* de Michael Reeves e *The Deep Things of God* de Fred Sanders.
8. "Apollo 8's Christmas Eve 1968 Message", 24 de dezembro de 1968, vídeo, 2:01, 9 de maio de 2013, www.youtube.com/watch?v=ToHhQUhdyBY [conteúdo em inglês].

Capítulo 9: Sua Presença na História

1. No Capítulo 18, exploraremos as maneiras pelas quais o Espírito Santo dota os crentes hoje em dia.
2. Êxodo 31:3; 35:31.
3. Números 11:16–17.
4. Juízes 6:33–35.
5. Juízes 14:5–6.
6. 1 Crônicas 28:11–12.
7. Isaías 61:1.
8. Ezequiel 3:10–15.
9. 1 Samuel 10:10.
10. 1 Samuel 15:1–9.
11. 1 Samuel 16:13–14.
12. 1 Samuel 16:14; 17:4–53; 18:6–7; 31:1–4.
13. 1 Samuel 16:13.
14. 2 Samuel 23.
15. 1 Samuel 13:14.
16. Salmos 19:1; 23:1; 27:1; 34:18; 31:1–2.
17. Mateus 1:1; Lucas 1:32–33.
18. 2 Samuel 11.
19. Salmos 32:3–4.
20. 2 Samuel 12:1–12.
21. 2 Samuel 12:13.
22. Salmos 51:3–4.
23. 1 João 1:9.
24. Salmos 51:17.
25. João 13:3–30; 14:2–6; 15:1–25.
26. João 14:18; 16:7.
27. João 20:22; Atos 1:4, 8.
28. Atos 1:14.
29. Atos 2:1–4.
30. Atos 2:7–8, 12.
31. Atos 2:14–33.
32. Atos 2:33.
33. Mateus 27:22–23.
34. Lucas 23:34; Atos 2:23, 36
35. Atos 2:36.
36. Atos 2:38.
37. Salmos 51:17.
38. Mateus 1:21.

Capítulo 10: Sua Presença na Humanidade

1. Gênesis 3:21.
2. Levítico 17:11; Hebreus 9:22.
3. "The Precious Blood", em *The Valley of Vision*, ed. Arthur Bennett (Edimburgo: Banner of Truth, 1975), 74.
4. Levítico 4:4, 14, 22–23, 27–28, 32–35; 5:7, 11.
5. Hebreus 10:4.
6. João 1:29.
7. Efésios 1:7; 1 João 3:1; 5:11.
8. João 1:46.
9. Lucas 1:28–29.
10. Lucas 1:30–33.
11. Lucas 1:34.
12. Lucas 1:35, 37.
13. Lucas 1:38.
14. Romanos 3:23; 6:23; João 3:16; Efésios 1:7; 1 João 1:9; João 17:1–3; 1:12; Efésios 1:13–14; João 3:3–6.

Notas

15. Tito 3:4–7.
16. 2 Coríntios 5:17.
17. Romanos 10:9–10.
18. Efésios 1:13–14.
19. João 14:16–17; Hebreus 13:5.
20. A campainha tocou às duas da manhã, durante uma grande tempestade, quando eu estava sozinha. Embora tenha sido muito perturbador, não tive medo, pois sabia que não estava realmente sozinha. Coloquei meu roupão e encontrei um policial em pé na porta da frente, dizendo que havia sido recebida uma chamada de emergência da minha casa e que fora encarregado de verificar. Eu o assegurei de que estava bem, depois relatei o erro à companhia telefônica. Aparentemente, na tempestade, os fios foram cruzados e meu telefone estava discando repetidamente para o número de emergência por engano.

Capítulo 11: Seu Poder Transformador

1. Gênesis 1:3.
2. Gênesis 1:26–27.
3. Gênesis 1:31.
4. João 1:41.
5. João 1:42.
6. Lucas 5:5.
7. Lucas 5:1–11.
8. Mateus 16:15.
9. Mateus 16:16.
10. Mateus 16:17.
11. Mateus 16:22.
12. Mateus 16:23; veja também Apocalipse 2:18.
13. Mateus 26:31–35.
14. Mateus 26:69–75.
15. Mateus 14:25–30.
16. Mateus 17:1–5.
17. Marcos 14:38.
18. Atos 2:14–41.
19. Atos 3:6.
20. Atos 3:12.
21. Atos 4:8–10, 12.
22. Atos 4:19–20.
23. Atos 4:31.

Capítulo 12: Seu Poder de Nos Transformar

1. Alan Redpath, *The Making of a Man of God: Lessons from the life of David* (Grand Rapids, MI: Revell, 2007), 9.
2. Atos 2:4; 4:8, 31.
3. Efésios 5:18.
4. Discutiremos mais detalhadamente o que significa o pesar do Espírito Santo na Sétima Parte deste livro.
5. Atos 2:4; 4:8, 31; 13:9, 52.
6. 2 Coríntios 3:18.

7. Judson W. Van DeVenter, "I Surrender All", 1896, domínio público.
8. No fim deste livro, você encontrará um exercício feito para guiá-lo pelos passos bíblicos necessários para ser preenchido pelo Espírito Santo.
9. João 1:16; Romanos 8:28–29.

Capítulo 13: Seu Poder de Transformar Outros

1. Deuteronômio 6:4.
2. João 3:16.
3. João 16:8, 13.
4. João 3:3.
5. Zacarias 4:6.
6. Efésios 3:16–19.

Quarta Parte: Abraçando o Propósito do Espírito Santo

1. Para aqueles que discordam porque conhecem pessoas incrédulas que parecem muito felizes e satisfeitas, tudo o que posso dizer é que a felicidade e satisfação que elas experimentam é uma versão menor e limitada do que elas teriam se estivessem em um relacionamento pessoal e digno com Aquele pelo qual foram criados.
2. 2 Coríntios 3:18.

Capítulo 14: Ele Nos Desperta

1. Chegará o tempo em que o Espírito Santo também despertará nossos corpos mortos e nos levará à vida física (Romanos 8:11).
2. Efésios 2:1–10, KJA.
3. João 6:63, KJA.
4. 2 Crônicas 20:7; Isaías 41:8; Tiago 2:23.
5. Hebreus 13:8.
6. Para mais detalhes da minha jornada e a vida de Abraão, veja *Magnífica Obsessão: Abraçando uma vida de plenitude de Deus* (Editora Vida, 2010).
7. Mateus 5:16.
8. Efésios 2:10.
9. Lucas 7:36–50.
10. Romanos 5:5.
11. Filipenses 2:13.
12. Mateus 13:52.

Capítulo 15: Ele Nos Guia

1. *The Shorter Catechism of the Westminster Assembly of Divines* (Londres: 1647), 1.
2. João 17:4.
3. João 4:4.
4. João 4:28–29.
5. João 4:32.
6. João 4:34.
7. Isaías 50:7.
8. Romanos 5:10.
9. João 19:30.

Notas

10. Hebreus 12:2. 11. João 16:13.

Capítulo 16: Ele Nos Acende

1. Embora não possa achar uma fonte para essa "tradição", o ponto dessa história é válido.
2. Gênesis 15:17–18; Êxodo 3:1–2; Deuteronômio 5:1–5; Atos 2:1–4; Apocalipse 4:5.
3. 1 Tessalonicenses 5:19.
4. 2 Timóteo 1:6.
5. Hebreus 10:25.
6. Hebreus 12:2.
7. L. B. Cowman, 7 de agosto, em *Mananciais do Deserto* (ed. James Reimann, rev. ed. (Grand Rapids, MI: Zondervan, 1997), 303.

Capítulo 17: Ele Nos Molda

1. Jeremias 18:2.
2. Jeremias 18:3–6.
3. Romanos 9:19–21; 2 Coríntios 4:7; 2 Timóteo 2:20–21.
4. Romanos 8:29; 2 Coríntios 3:17–18.
5. Romanos 8:28.
6. Romanos 8:28.
7. Romanos 8:29.
8. 2 Coríntios 4:7.

Capítulo 18: Ele Nos Equipa

1. Filipenses 4:13.
2. Colossenses 1:11.
3. 2 Coríntios 12:9.
4. 1 Coríntios 12:11.
5. 1 Coríntios 12:7.

Quinta Parte: Vivendo pelos Preceitos do Espírito Santo

1. Eu não recomendo os livros de Ayn Rand para meus filhos. Ou para qualquer pessoa. Mas eles eram uma leitura interessante na época.
2. A Palavra de Deus é diferente de qualquer outro livro que eu tenha lido. É diferente de todos os livros que já foram escritos. A Bíblia inclui 66 livros escritos por aproximadamente 40 autores durante um período de cerca de 1.500 anos. Continua sendo o livro mais vendido de todos os tempos, ultrapassando a marca de 5 bilhões de exemplares. Na última contagem, a Bíblia estava disponível em mais de 680 línguas. Veja Brian H. Edwards, "Why 66?", em *The New Answers Book 2: Over 30 Questions on Creation/Evolution and the Bible*, ed. Ken Ham (Green Forest, AR: Master Books, 2008), 169; "Best-Selling Book of Non-Fiction", Guinness World Records, www.guinness worldrecords.com/world-records/best-selling-book-of-non-fiction; "Scripture and Language Statistics 2018", Wycliffe Global Alliance, www.wycliffe.net/statistics [conteúdos em inglês].

Notas

Capítulo 19: Seus Preceitos São Verdadeiros
1. João 14:17.
2. 2 Pedro 1:20–21.
3. 2 Samuel 23:2.
4. Jeremias 1:7, 9.
5. Ezequiel 3:24, 27.
6. João 14:26.
7. João 16:13.
8. João 16:13.
9. Gênesis 3:1.
10. Essa conversa imaginária está no livro de Anne Graham Lotz, *God's Story* (Nashville: Thomas Nelson, 2009), 63.
11. Mateus 5:18.
12. Mateus 24:35.
13. Mateus 12:40; 19:4; 24:37–39.
14. Mateus 18:1–4; Marcos 10:13–16; Lucas 18:15–17.
15. 2 Timóteo 3:16.

Capítulo 20: Seus Preceitos São Confiáveis
1. Êxodo 20:3–17.
2. 2 Timóteo 3:16.
3. L. B. Cowman, "8 de outubro", em *Mananciais no Deserto* (Editora Betânia, 2010).
4. João 16:32.
5. Oseias 2:18, KJA.
6. Jó 42:12, KJA.
7. Zacarias 10:12, KJA.
8. 2 Reis 5:10.
9. 2 Reis 5:11–12.
10. 2 Reis 5:13–14.
11. Isaías 30:18, KJA.

Capítulo 21: Sua Pureza É Refletida em Jesus
1. Gênesis 6–7.
2. Gênesis 19:1–28.
3. Êxodo 3:1–6.
4. Êxodo 7:14–12:30.
5. Êxodo 19:1–24.
6. Êxodo 26:30–35; 28:31–38.
7. Josué 5:13–15.
8. 1 Pedro 1:15–16.
9. Atos 4:31.
10. Atos 5:4.
11. Atos 5:11.
12. Hebreus 4:15.
13. 1 Pedro 1:18–19.
14. João 12:41.
15. Isaías 6:1–3.
16. Isaías 6:5.
17. João 14:26.

Capítulo 22: Sua Pureza É Embelezada em Nós
1. Mateus 21:1–11.
2. Zacarias 9:9.
3. Lucas 19:46; veja também Mateus 21:1–17; Marcos 11:1–17; Lucas 19:28–46; João 12:12–15.
4. 1 Timóteo 4:1–2.
5. Charles G. Finney, *How to Experience Revival* (New

Kensington, PA: Whitaker, 1984), 19–27.
6. Isaías 6:3.
7. Mateus 7:1–5.
8. Joel 2:13.
9. Efésios 1:7.
10. 1 João 1:9.
11. 1 João 1:7.
12. Salmos 56:8; João 11:35.
13. Hebreus 4:15.
14. 2 Coríntios 5:21.
15. 2 Coríntios 5:17.
16. Atos 3:19.

Capítulo 23: Sua Pureza É Ampliada em Nós
1. 1 Reis 8:27–30; 9:3.
2. 1 Coríntios 6:19–20.
3. 2 Coríntios 6:16.
4. Efésios 2:19–22.
5. 1 Pedro 2:5.
6. 1 Pedro 2:4–8.
7. Isaías 6:3; Apocalipse 5:11–13.
8. Efésios 1:11–12.
9. 1 João 1:9.
10. Ezequiel 34:31.
11. Isaías 53:6.
12. 1 Coríntios 14:8.
13. Gálatas 5:16–21.
14. Isaías 42:8.
15. Oseias 14:2.
16. Oseias 14:4.
17. Apocalipse 15:3–4.
18. Efésios 1:6, KJA.
19. 2 Samuel 11:1–12:13; Salmos 32:3–5.
20. Salmos 32:11.
21. Apocalipse 5:9–10.
22. Apocalipse 5:12.
23. Apocalipse 5:11–13.
24. Apocalipse 19:6–7.
25. Salmos 22:3, KJA.
26. Não conseguimos dar nomes para letras como X, Y e Z, então mudamos para adjetivos.
27. Horatio G. Spafford, "It Is Well with My Soul", 1873, domínio público.

Sétima Parte: Confiando na Providência do Espírito Santo
1. Efésios 4:30.
2. 1 Pedro 5:7.
3. Romanos 8:28.

Capítulo 24: Confie em Sua Promessa
1. Minha aliança de casamento ficou em meu dedo por 52 anos... até minha cirurgia de câncer de mama, quando o cirurgião exigiu que eu a retirasse. Então, com lágrimas escorrendo pelo rosto, eu a removi pela primeira vez desde que Danny a colocou em meu dedo. Assim que a cirurgia terminou, coloquei meus anéis de volta. Mas, cerca de dois meses depois, a quimioterapia

fez minhas mãos incharem tanto que tive que tirar todos os anéis novamente.
2. João 14:2–3.
3. Jonathan Cahn, *The Book of Mysteries* (Lake Mary, FL: FrontLine, 2016), 220.
4. *Encyclopaedia Britannica*, s.v. "Shavuot", www.britannica.com/topic/Shavuot [conteúdo em inglês].

Capítulo 25: Confie no Selo Dele
1. Efésios 1:13.
2. 2 Timóteo 2:19.
3. Mateus 24:30–31; 1 Tessalonicenses 4:16–17.
4. Romanos 8:35. 5.
5. João 10:28–29.
6. Romanos 8:38–39.

Capítulo 26: Confie na Compreensão Dele
1. Meu desejo de conhecer a Deus no tipo de relacionamento que testemunhei na vida de minha mãe está descrito em meu livro *Magnífica Obsessão: Abraçando uma vida de plenitude de Deus* (Editora Vida, 2010).
2. Salmos 139:1–2, 4, 7.
3. Romanos 8:26–27.

Capítulo 27: Confie em Suas Orações
1. Romanos 8:26.

2. Lucas 22:17–24.
3. Lucas 22:31–32.
4. A história de Greg pode ser encontrada em seu livro *Jesus Revolution: How God transformed an unlikely generation and how he can do it again today* (Grand Rapids, MI: Baker Books, 2018).
5. João 17:20–21, 26.
6. João 17:2.
7. João 6:51; 14:16; Romanos 8:37–39; 1 Tessalonicenses 4:17; 1 João 2:17.
8. João 17:3.
9. Gênesis 4:1, KJA.
10. João 16:14.
11. João 17:11.
12. João 18:8.
13. João 17:13.
14. João 17:15.
15. Efésios 6:11, 13–14.
16. João 17:17.
17. João 17:17–19.
18. João 17:19.
19. João 17:21.
20. 1 João 1:9.
21. João 17:23.
22. João 17:24.
23. 1 Coríntios 2:9–10.

Conclusão: O Foco Inabalável do Espírito Santo: Jesus
1. 2 Timóteo 3:16.
2. João 1:14, KJA.
3. João 1:18.

Notas

4. Você se lembra onde Jesus realizou Seu primeiro milagre quando começou Seu ministério público na Terra? Foi no banquete de casamento em Caná. Era para beneficiar e abençoar o casamento de um jovem casal. Jesus preparou nosso primeiro lar no Éden, Ele está preparando nosso último lar no Céu e também ajudará a tornar seu lar hoje um lugar de bênção, amor e alegria. Ele ainda pode transformar água em vinho. Faça-O senhor de seu casamento, faça o que Ele disser e observe-O realizar um milagre.
5. João 14:2.
6. Gênesis 2:7.
7. Gênesis 2:18, 21–22.
8. Colossenses 1:15–17.
9. Gênesis 3:8–9.
10. Gênesis 3:10–19.
11. Gênesis 3:21.
12. Gênesis 4:1–16.
13. Gênesis 6:6.
14. Gênesis 6:8–9.
15. Gênesis 6:13.
16. Gênesis 6:14.
17. Atos 4:12.
18. Gênesis 7:6–23.
19. Gênesis 12:1–3; 15:4.
20. Gênesis 16:1–12.
21. Gênesis 16:13.
22. Para mais sobre a comovente história de Hagar, leia o livro de Anne Graham Lotz, *Feridos pelo Povo de Deus: Descobrindo como o amor de Deus cura o nosso coração* (Editora Vida, 2014).
23. Gênesis 18:1–14.
24. Gênesis 27:1–31:55.
25. Gênesis 32:22–32.
26. Gênesis 46:5–6; 47:4; Êxodo 1:7–11; 3:7–10; 12:31–41; Números 14:33–34.
27. Josué 1:1–2.
28. Josué 2.
29. Josué 5:13–6:5.
30. Juízes 6:1.
31. Juízes 6:3–11.
32. Juízes 6:12.
33. Juízes 7:1–8:12.
34. Isaías 6:1.
35. João 12:41.
36. Ezequiel 1:1–3.
37. Ezequiel 1:4–26.
38. Daniel 3:1–15.
39. Daniel 3:16–18.
40. Daniel 3:25.
41. Salmos 23:4; Isaías 43:2; Hebreus 13:5.
42. Lucas 2:11.
43. Lucas 2:14.
44. Lucas 2:8–16.
45. Lucas 2:52.
46. Mateus 28:18–20.
47. Lucas 24:50–51.

48. Atos 6:5; 7:55–60.
49. Atos 9:5.
50. Atos 9:1–19.
51. Apocalipse 1:9–16.
52. Para saber mais das visões incríveis de João, leia o livro de Anne Graham Lotz, *The Vision of His Glory: Finding hope through the apocalipse of Jesus Christ* (Dallas: Word, 1996).
53. Apocalipse 16:16.
54. Zacarias 14:1–11.
55. Apocalipse 19:11.
56. Apocalipse 19:12–13.
57. João 1:1, 14.
58. Apocalipse 19:6–7.
59. Apocalipse 19:16.
60. Filipenses 2:9–11.

Apêndice A: Aprenda a Escutar os Sussurros do Espírito Santo ao Ler Sua Bíblia

1. De tempos em tempos, sinto-me levada a abrir uma exceção e a recorrer a um Salmo. Nesse caso, depois de meditar nos Salmos por quantos dias fossem necessários para analisá-lo parágrafo por parágrafo, volto para onde parei no livro e continuo meditando parágrafo por parágrafo e capítulo por capítulo.
2. João 14:26.

Apêndice B: Aprendendo a Ser Preenchido — e Permanecer — com o Espírito Santo

1. Salmos 139:23–24.
2. Efésios 5:18.
3. J. Edwin Orr, "Cleanse Me", 1936, domínio público.
4. Atos 2:4; 4:8, 31; 13:9, 52.
5. Adaptado de "The Spirit's Work", em *The Valley of Vision*, ed. Arthur Bennett (Edinburgo: Banner of Truth, 1975), 56–57.

Apêndice C: Uma Visão Particular sobre o Pecado

1. Charles G. Finney, *How to Experience Revival* (New Kensington, PA: Whitaker, 1984), 19–27.
2. Anne Graham Lotz, *Expecting to See Jesus: A wake-up call for God's people* (Grand Rapids, MI: Zondervan, 2011), 146–48.
3. 1 João 1:8–10.

Apêndice D: Dons do Espírito

1. Romanos 12:6–8.
2. Deuteronômio 18:14–22.
3. Para um exemplo de Pedro exercitando seu dom de profecia, veja Atos 2:14–40.
4. 1 Timóteo 1:2.
5. Para um exemplo de Timóteo exercitando seu dom de ministério, veja 1 Coríntios 4:17; Filipenses 2:19–23.

Notas

6. Para um exemplo de Lucas exercitando seu dom de ensinamento, veja Atos 1:1–2.
7. Para um exemplo de Paulo exercitando seu dom de exortação, veja Filipenses 4:4–9.
8. Para um exemplo da igreja da macedônia exercitando seu dom de doação, veja 2 Coríntios 8:1–5.
9. Para um exemplo de Neemias exercitando seu dom de administração, veja Neemias 2:1–9.
10. Para um exemplo de João exercitando seu dom de misericórdia, veja 1 João 2:1–2.
11. 1 Coríntios 12:7.
12. 1 Coríntios 12:7–10.
13. 1 Coríntios 14:1.
14. 1 Coríntios 12:11.
15. Por favor visite o site do ministério de Matt e Misty Hedspeth para saber mais: www.heartscry children.com [conteúdo em inglês].
16. Por favor visite o site do ministério de Wes e Vicky Bentley para saber mais: https://frmusa.org [conteúdo em inglês].
17. Mateus 17:24–27.
18. Quando cheguei em casa, fui direto para o joalheiro e tinha meu anel tão apertado que só consegui tirá-lo com muito sabão e esforço. As únicas vezes em que o removi foram em cirurgias. Caso contrário, eu nunca o tiro, até hoje, três anos depois que Danny foi para o céu.
19. 1 Coríntios 14:27–28.
20. Atos 2:6.
21. Efésios 4:11.
22. Efésios 4:12–13.
23. 1 Coríntios 9:1.